AF484200

El cáncer: mi tragicomedia

Miguel Avendaño Diaz

EDIQUID

EL CÁNCER: MI TRAGICOMEDIA
© Miguel Avendaño Diaz

Editado por: Corporación Ígneo, S.A.C.
para su sello editorial Ediquid
José Olaya 169, Ofic. 504, Miraflores. Lima, Perú
Primera edición, abril, 2025

ISBN: 978-956-6404-24-8

www.grupoigneo.com
Correo electrónico: contacto@grupoigneo.com | Teléfono: +51 955 071 270
Facebook: Grupo Ígneo | X: @editorialigneo | Instagram: @grupoigneo

Colección: Integrales

Contenido

La muerte es el final de la vida, y el cáncer una enfermedad que nos recuerda que la vida es preciosa y frágil; en consecuencia, quienes sufrimos de esta enfermedad debemos aprovechar el tiempo que nos resta por vivir al máximo posible.

El autor

Dedicatoria

Este libro está dedicado con profundo amor y cariño a:

Mis nietos Sofía y Santiago Avendaño Castillo: la luz que ilumina mis días y me llena de esperanza.

Mi bisnieto Tomás Contreras Avendaño y sobrino nieto Franco Avendaño Olivares: la nueva generación que me inspira a seguir adelante.

Mi esposa Lorena: mi compañera de vida, mi apoyo incondicional.

Mis hijos Cristhian y Miguel: el orgullo de mi ser, mi legado y mi mayor motivación.

Mis hermanos Juan Carlos, Tamara e Iván: por su cariño, apoyo y por siempre estar presentes en mi vida.

Mis queridos parientes, amiga y amigos: por su constante preocupación por mi salud, por su invaluable apoyo y por estar siempre cerca en los momentos difíciles.

A todos ustedes les brindo mis infinitas gracias, con todo mi cariño y amor. Su presencia en mi vida ha sido un regalo invaluable.

También dedico este libro a quienes me consideraron amigo en el trabajo, pero que me abandonaron en las etapas más críticas de mi enfermedad de cáncer. Sin embargo, de ellos también obtuve la fuerza para continuar luchando y trabajando.

Prólogo

El cáncer es una enfermedad que se caracteriza por el crecimiento descontrolado de células. Estas células pueden invadir y destruir otros tejidos, lo que puede provocar graves problemas de salud. Esta enfermedad puede comenzar en cualquier parte del cuerpo, como el cáncer de próstata, que se desarrolla en la glándula prostática, glándula masculina cuya función es producir el líquido que forma parte del semen. En etapa 4, estadio más avanzado del cáncer, este se ha diseminado a otras partes del cuerpo, como los huesos, los ganglios linfáticos o los pulmones.

Para sobrellevar esta enfermedad existen los cuidados paliativos, que son tratamientos que se centran en aliviar los síntomas y mejorar la calidad de vida de las personas con esta enfermedad. Los cuidados paliativos pueden incluir tratamiento del dolor, tratamiento de los síntomas emocionales y tratamiento de los síntomas físicos.

Para el cáncer de próstata en etapa 4, los tratamientos actuales incluyen: terapia hormonal, que reduce la producción de hormonas masculinas, que estimulan el crecimiento de este cáncer; quimioterapia, donde se utilizan terapias con medicamentos para matar las células cancerosas; y radioterapia, que emplea rayos de alta energía también para matar las células cancerosas y que, además, produce alivio rápido del dolor.

Las tasas de supervivencia del cáncer de próstata, según los estudios realizados, varían con la edad del paciente y la salud general de este. En promedio, la tasa de supervivencia a cinco años del cáncer de próstata en etapa 4 es del 20 %.

El cáncer, como enfermedad compleja, tiene un impacto significativo en la vida de quien lo padece. Su diagnóstico puede provocar una amplia gama de emociones, como miedo, ansiedad, ira, tristeza y confusión. Si bien es importante que el propio paciente, así como sus cercanos, cuenten con los recursos necesarios para afrontar esta enfermedad y ayudarse a sobrellevarla, pienso que lo más importante es asumirla lo más pronto posible, considerando los riesgos que se deberán afrontar, y encararla con todo, principalmente, utilizando una actitud positiva. Más si uno demanda y necesita la comprensión y cuidados de quienes nos rodean, no debemos olvidar nunca que, a la hora de nuestra muerte, serán ellos quienes sufrirán la pena de perdernos.

Espero que, en mi caso, esto sea rápido, sin el padecimiento que he visto en algunos enfermos cercanos que han sufrido esta enfermedad, provocando un gran desgaste en sus familiares y amigos, quienes, por mucho esmero que pusieron en ayudarlos, no lo consiguieron, dejando en ellos un sentimiento de frustración inmenso al no poder haber logrado ayudar como quisieron; he sido uno de ellos.

En mi condición de ateo, no creyente en nada más allá de lo que nos ofrece esta vida, como, por ejemplo, creer que una vez muerto me reuniré con mis seres amados que partieron antes que yo, en una cena de bienvenida con una botella de la viña de «San Pedro», lo más importante es poder disfrutar de esta vida que tenemos hasta el último instante, tratando de no hacer sufrir a nuestros cercanos.

Por eso, como principales protagonistas que somos, como enfermos en el proceso de afrontamiento del cáncer, es importante que nos informemos sobre la enfermedad y sus tratamientos, para poder tomar decisiones fundadas sobre nuestra atención médica. También, de ser necesario, es importante buscar apoyo emocional, ya sea de nuestros seres queridos, de un psicólogo o de un grupo de apoyo. He conocido amigos que no lo hicieron y que, lamentablemente, ya no están con nosotros, pudiendo, aun con la enfermedad, estar presentes.

Es importante que conozcamos nuestro cáncer, sus síntomas, los tratamientos disponibles y los posibles efectos secundarios que estos nos hacen padecer. Los efectos secundarios que sufrimos en cada etapa de nuestros tratamientos son molestos y nos cambian radicalmente nuestra calidad de vida. En mi caso, la andropausia, las subidas y bajadas de la presión arterial, la fatiga junto con el agotamiento, la retención de líquido, sumado al aumento de peso, que me ha procurado llegar a desarrollar «mamas», los bajos niveles de potasio, que contribuyen al agotamiento y a sufrir calambres horribles, las alzas en los niveles de glucemia, la aparición del Síndrome de Pierna Inquieta (SPI), que hace sentir malestares insoportables, al igual que los efectos de su medicación, junto a otros. Son efectos que debemos aprender a sobrellevar, pues afectarán toda nuestra forma de vida; debemos ser capaces de reinventarnos, adaptando nuestra nueva realidad a nuestro entorno, incluyendo nuestro trabajo, sin dejar de ser productivos en la medida que podamos. Debemos hacerlo.

Es importante establecer metas y objetivos a corto y largo plazo, lo que nos permitirá centrarnos en el futuro y mantener la esperanza. En el trabajo, he debido reinventarme, centrando mi actividad como docente e investigador en concluir publicaciones pendientes de investigaciones ya realizadas que no se habían divulgado en revistas especializadas; en escribir un libro sobre toda la investigación desarrollada junto al equipo de trabajo en la reserva marina de La Rinconada (Antofagasta), de la cual fuimos sus gestores, incluyendo cinco historias de mar vividas.

Ahora, intento con este libro, que me tiene muy motivado realizarlo, con la esperanza de que, una vez terminado, sirva de apoyo a otros enfermos de cáncer para enfrentar y resignarse a esta enfermedad. A través de mi experiencia personal, comparto información sobre los síntomas, tratamientos, desafíos y alegrías de vivir con cáncer. Espero que mi testimonio les sirva de consejo y apoyo para sobrellevarla.

No soy oncólogo ni pretendo serlo, pero, como profesional, poseo una formación que me permite comprender ciertos procesos biológicos. Es por ello que deseo compartir con ustedes todo lo que he considerado importante aprender sobre el cáncer. He recopilado información de libros de divulgación escritos por médicos e investigadores de prestigio, que me han permitido comprender mejor qué es el cáncer, qué lo desencadena y cómo podemos combatirlo. En este libro también abordaré la importancia de modificar nuestros hábitos alimenticios como complemento a la medicina convencional para atacar la enfermedad.

Después de instruirme con ellos, estoy convencido de que la alimentación desempeña un papel fundamental en la prevención y el tratamiento del cáncer.

También es necesario mantener un estilo de vida saludable, sobre todo porque el cáncer debilita el sistema inmunitario; ello incluye mantener una dieta equilibrada, ejercicio físico regular y descanso suficiente. Durante toda la primera etapa de mi cáncer, tratado con hormonoterapia, caminaba de lunes a viernes, a veces los sábados, un promedio de 6 km diarios, que luego reduje a 4 km, incluyendo irme a pie al trabajo, que distaba 2,5 km de la casa. Sin embargo, luego de iniciar tratamientos con quimioterapia, ya no lo pude hacer, pues este tratamiento hace sentir muy mareado, agotado y con problemas de presión que pueden ser muy baja o muy alta.

Como hombre de mar que he sido toda mi vida, mi alimentación ha estado constituida principalmente a base de pescado, mariscos y algas frescas del día; en ello soy riguroso, porque tengo el hábito de consumirlos crudos, con mucha cebolla, ajo, jengibre y limón. Evito las carnes rojas. No obstante, ayudado de los efectos secundarios que se padecen por los tratamientos recibidos, actualmente he llegado a pesar 118 kg; por eso, cuando mis nietos y bisnietos me dicen que estoy gordo, yo les respondo: «¿Qué quieren, un abuelo esbelto y muerto, o uno gordo, simpático y vivo?». Ellos me responden en coro: «¡Uno gordo!».

Creo, que es importante aprender a querernos por lo que somos, incluso si el cáncer nos ha causado cambios físicos. El cáncer es una enfermedad desafiante, pero no imposible de superar. Podemos tratarla como una enfermedad crónica, es decir, como una condición de salud que puede controlarse, pero no curarse. Con el apoyo de nuestros seres queridos, podemos superarla y seguir adelante con nuestras vidas, aunque tengamos que readaptarlas. Debemos estar convencidos de que el cáncer puede controlarse y prevenirse, lo que nos permitirá ganar tiempo y prolongar un tiempo más nuestra vida, para disfrutarla en compañía de quienes amamos.

Espero que este libro sea una fuente de información útil y un faro de esperanza para quienes se enfrentan al cáncer. Mi deseo es que puedan encontrar en él el conocimiento básico que les apoye y la motivación que necesitan para transitar este camino con la mayor fortaleza posible.

Capítulo 1

Me presento

Comenzaré este libro señalando que me percibo ateo; lo señalo porque el cáncer no solo afecta a quien lo padece, sino que puede afectar significativamente a los amigos y familiares, provocando, además, que estos hagan comentarios inapropiados, aunque sea con buena intención. Algunos, que no saben qué decir, simplemente evitan al paciente con cáncer o realizan comentarios que pueden ser desafortunados, como el siguiente: «Seguro que saldrás de esto. Si confías en Dios, se apiadará de ti».

Hay personas que no se curan del cáncer, por lo que no se pueden prometer cosas que no están a nuestro alcance y que no sabemos si se cumplirán. Por otro lado, las afirmaciones religiosas solo ayudan si la persona tiene estas creencias. De lo contrario, lo puede ver como intrusivo o, incluso, puede pensar que se le está poniendo condiciones para que se cure.

Richard Dawkins (2022), en su libro *El espejismo de Dios*, señala que Francis Galton, primo de Darwin, fue uno de los primeros científicos que estudió el efecto de la oración sobre enfermos creyentes y no creyentes, y encontró que no había ninguna diferencia estadística en ello. Más recientemente, señala, el físico Russell Stannard, uno de los tres científicos religiosos británicos más conocidos, apoyó la realización de un estudio para comprobar experimentalmente la proposición de que rezar por los pacientes mejoraba su salud.

El experimento fue llevado a cabo con toda rigurosidad conforme a los estándares de las técnicas del doble ciego, criterio que se siguió escrupulosamente. Los resultados, que aparecieron en el número de abril de 2006 de la revista *American Heart Journal*, fueron inequívocos: no existía ninguna diferencia entre los pacientes por los que se había rezado y aquellos por los que no.

Dicho lo que acabo de señalar, como ateo, no creo en el diseño inteligente o en que un ser superior haya creado todo lo hermoso y complejo de nuestro universo, incluyendo la diversidad de vida que en él pueda existir, como la que ya existe en nuestro planeta.

Definirme ateo lo sostengo sobre mi racionalidad, entendiendo por ella la capacidad de pensar, razonar y actuar de manera lógica y coherente, usando la razón para resolver problemas, tomando decisiones a través del pensamiento crítico de sus argumentos, para que estas decisiones sean informadas y me permitan comprender el mundo que nos rodea.

Martín Lutero, teólogo reformista protestante alemán, que vivió entre 1483 y 1546, consideraba en esos años que la razón era el mayor enemigo de la fe; creo que estaba en lo correcto, pues fue la razón la que me permitió comprender que nuestra existencia se debe a la evolución. La evolución que nos enseñó, a través de sus investigaciones, Charles Darwin, plasmada en su libro *El origen de las especies,* publicado en 1859, la cual podemos comprobar gracias a los avances científicos irrefutables que se han desarrollado y publicado en el último tiempo, dando prueba, respaldando y fortaleciendo que la vida en nuestro planeta ha sido producto de la evolución, que continúa desarrollándose a través de la selección natural de las especies.

La teoría de la evolución por selección natural, como lo señala Ed Regis (2008), doctor en Filosofía por la Universidad de Nueva York, es uno de los esquemas explicativos de más éxito y más inexpugnables de la historia de la ciencia, quizá incluso de la historia del pensamiento. Este autor se plantea la siguiente pregunta: ¿Qué teoría unitaria podría abarcar a todas esas variadas formas de vida que existen en nuestro planeta y afirmar con confianza cómo llegaron a ser?, y se responde: «La evolución por selección natural es la respuesta».

Los descendientes de un organismo cualquiera no son todos idénticos, existen variantes, algunas de las cuales están mejor preparadas para vivir en su entorno, mientras que otros lo están menos. Los mejor adaptados prosperan y se multiplican, y los menos adaptados mueren en forma progresiva y finalmente desaparecen. Ello nos demuestra que no hay la más mínima sombra de duda de que estos dos procesos básicos —variación y selección— operan en la naturaleza y que sus principios genéticos de descendencia común son ciertos.

En su libro *La peligrosa idea de Darwin*, el filósofo Daniel Dennett (1995, en Dawkins, 2009) proclamó que la selección natural era «la mejor idea que nadie había tenido nunca».

Muchos de los avances científicos alcanzados en los últimos años, que confirman el fundamento científico de la evolución, se pueden encontrar en los libros escritos por Richard Dawkins, doctor en Zoología, biólogo evolutivo, etólogo y divulgador científico británico, que trabajó en la Universidad de Oxford, entre los cuales recomiendo: *El relojero ciego, El gen egoísta, El fenotipo extendido, El espejismo de Dios, Evolución*, entre otros.

Este mismo autor se ha encargado de aclarar el significado de la palabra «teoría» utilizada para referirse a la evolución y que genera controversia con quienes tienen la mirada creacionista, indicando que la acepción utilizada según el *Oxford English Dictionary* señala: teoría: esquema o sistema de ideas o afirmaciones mantenidas como explicación de un grupo de hechos o fenómenos; hipótesis que ha sido confirmada o establecida por observación o experimento y está propuesta o aceptada como explicatoria de los hechos conocidos; afirmación de lo que se mantiene que son las leyes generales, principios o causas de algo conocido u observado.

Ed Regis (2008) denota en disensión con las razones religiosas: «Quienes creen que las especies, el mundo y todo cuanto hay en él son el producto de un creador sobrenatural que milagrosamente exhaló vida a los objetos inanimados, nos plantea que rara vez ha habido una teoría con mayor evidencia de hechos que la soporta. La teoría científica de la evolución actualmente aceptada, conocida como "la síntesis moderna" o "neodarwinismo", como también se le conoce, combina los principios darwinianos de ascendiente común, la modificación aleatoria y la selección natural con las leyes de la genética de Mendel y con los mecanismos de la herencia tal y como se explica con el ADN y todas las demás subestructuras de la biología molecular».

Este autor continúa señalando: «La prueba de la descendencia común de todos los organismos, por ejemplo, proviene del hecho de que las células vivas de todas las criaturas comparten los mismos métodos, medios y modos de operación: expresan su información genética en ácidos nucleicos, utilizan el mismo código genético para traducir secuencias de genes en aminoácidos y (con algunas excepciones en el caso de las plantas) hacen uso de los mismos veinte aminoácidos como los bloques con los que se forman las proteínas. Dado que todas estas características son esencialmente arbitrarias, el hecho de que sean universales entre todas las formas de vida de la Tierra es una evidencia de su linaje común».

Agrega también que, «cuando los biólogos moleculares comparan los genomas de especies muy próximas, sus secuencias genéticas son extraordinariamente parecidas; por ejemplo, hay un 95 % de similitud entre el genoma de los humanos y el de los chimpancés. También hay evidencias de la embriología, que muestra que un embrión humano temprano es morfológicamente similar al de un mamífero como el perro, la vaca, el ratón; y en sus primeras etapas, es también similar a los embriones de reptiles, anfibios y peces.

En algún punto de su desarrollo, el embrión humano incluso posee pequeñas hendiduras parecidas a branquias y, exactamente el mismo número de ellas (cuatro) que los embriones de peces, salamandras, tortugas, pollos y cerdos, entre otros animales». Concluye en este análisis, adicionando datos de morfología comparada, del registro fósil, de los descubrimientos rutinarios de los llamados «eslabones perdidos», que se hace difícil poder negar la opinión de que los organismos más evolucionados descienden de los más primitivos.

Con ello, Regis pretende resaltar la importancia de la evolución en la comprensión de la vida. El hecho de que los embriones humanos tengan pequeñas hendiduras parecidas a branquias durante un período de su desarrollo es una evidencia de que los humanos evolucionaron a partir de animales acuáticos. Las hendiduras branquiales se forman en el embrión humano durante la cuarta semana de desarrollo. En este momento, el embrión tiene una forma de pez y tiene una cola. Las hendiduras branquiales se cierran gradualmente durante la quinta y sexta semana de desarrollo.

Dawkins (2009), en su libro *Evolución*, nos aporta que, si nos remontamos lo suficiente en el tiempo, todo vivió en el mar, *alma mater* de toda la vida. Sin embargo, en varias etapas de la historia evolutiva, individuos emprendedores de muchos grupos diferentes de animales abandonaron el agua, llegando en ocasiones hasta los desiertos más secos, transportando su propia agua de mar en los fluidos celulares de la sangre. Más adelante nos revela en su libro que compartimos un antepasado común con los peces pulmonados, a los que se le parecía más que a nosotros.

Este antepasado aparece en uno de los saltos más famosos del registro fósil, revelándonos suficiente evidencia que ha sido señalada como «la brecha de Romer» (en honor a S. Romer, un famoso paleontólogo estadounidense). Esta brecha se extiende desde aproximadamente 360 millones de años, al final del período Devónico, hasta hace unos 340 millones de años, a comienzos de la primera etapa del Carbonífero. Este paleontólogo solo veía en la brecha peces con colas lobuladas que vivían en el agua.

Dawkins agrega también que el eslabón perdido entre los peces y los humanos lo encontró un equipo científico de la Universidad de Pensilvania, entre los que se encontraban Neil Shubin y Edward Daeschler. Buscando el mejor sitio para indagar, eligieron una zona rocosa de la época del devónico tardío en el Ártico canadiense.

Fue allí donde, en 2006, hicieron el anuncio de haber encontrado este eslabón, que llamaron Tiktaalik (que deriva de la palabra inuit que designa un gran pez de agua dulce); como nombre específico le pusieron *roseae* (*Tiktaalik roseae*). A diferencia de cualquier pez, Tiktaalik tenía cuello y podía girar la cabeza.

Esta evidencia de la evolución tiene implicaciones para la comprensión de la naturaleza de la vida. Si los humanos evolucionamos a partir de animales acuáticos, entonces la vida en la Tierra habría comenzado en el agua, siendo allí donde las características esenciales de la vida, como la autoorganización, la reproducción y la evolución, comenzaron. La transición de nuestros antepasados que originarían a los humanos, desde el mar a la tierra, fue un proceso gradual que se extendió durante millones de años, tiempo en que se moldeó nuestra naturaleza humana.

Adicionalmente, Carl Sagan, astrónomo y divulgador científico estadounidense que dedicó gran parte de su obra a reflexionar sobre nuestra naturaleza y sus orígenes, en su libro *Los dragones del Edén*, publicado en 1977 y galardonado con el premio Pulitzer, nos plantea la idea de que heredamos de nuestros antepasados reptiles una serie de características, tanto físicas como psicológicas, que continúan moldeando nuestro comportamiento.

En el plano físico, indica que los humanos compartimos con los reptiles un cuerpo ectotérmico, es decir, que dependemos del calor externo para regular nuestra temperatura corporal. Esto nos confiere una mayor flexibilidad y adaptación a diferentes entornos, pero también nos hace más vulnerables a los cambios de temperatura. Además, tenemos una piel que es relativamente impermeable, al igual que la de los reptiles. Esto nos protege de la deshidratación, pero también dificulta la transpiración y el enfriamiento del cuerpo.

En el plano psicológico, sostiene que heredamos de los reptiles una serie de instintos básicos, como la agresión, la territorialidad y el miedo. Instintos que nos ayudaron a sobrevivir en un mundo peligroso y competitivo, pero también pueden ser fuente de conflicto en una sociedad civilizada como en la que vivimos actualmente y que nos revela nuestra reciente historia, a través de las guerras y el terrorismo que continuamos sufriendo; creo que no se equivoca. Territorialidad: los reptiles suelen defender su territorio de los intrusos; los humanos también tenemos un sentido de la territorialidad, que puede expresarse en forma de patriotismo, nacionalismo o xenofobia.

También señala que tenemos tendencia a la jerarquía y a la dominación, rasgo común a los reptiles. Esta tendencia puede manifestarse en el ámbito social, político o religioso. El miedo: los reptiles tienen un sistema nervioso muy sensible a los estímulos peligrosos; los humanos, igual, somos propensos al miedo como respuesta adaptativa a situaciones de peligro.

En definitiva, Sagan sostiene que la herencia de los reptiles sigue siendo una parte importante de la naturaleza humana. Estas características, que nos ayudaron a sobrevivir en el pasado, continúan moldeando nuestro comportamiento en el presente y son una parte importante de lo que somos. Por supuesto, la herencia de los reptiles no es la única influencia que moldea la naturaleza humana; como señala, también estamos influenciados por nuestra cultura, nuestras experiencias y nuestro entorno.

Con la convicción de haber fundamentado apropiadamente mi ateísmo, y disculpándome por su extensión, quisiera agregar que, personalmente, no me interesa ni me molesta quienes quieren creer en el creacionismo, como obra realizada por el ser superior que postulan las religiones para explicar nuestra existencia. Lo que sí me molesta es su fanatismo por tratar de convencer de que ella es la verdad absoluta, sin disponer de ningún argumento que pueda comprobarse, que no sea el tener que creer a rajatabla. La evolución, por su parte, es un hecho ampliamente demostrado a través de restos fósiles y los hallazgos realizados por la moderna biología molecular.

No voy a negar que, hasta mi treintena, me dejé influir por mis cercanos, quienes en su mayoría son creyentes, como mi familia directa (evangélicos) y mis parientes (católicos); sin embargo, siempre manifesté mis dudas por esta creencia. Mi amada madre, que ya no está con nosotros, en uno de mis cumpleaños me regaló una Biblia, que aún conservo; la tengo completamente rayada con observaciones de las contradicciones encontradas, que acentuaban mis dudas e incredulidad.

Para responder a estas dudas, comencé a leer libros de filosofía y de autores críticos de las historias bíblicas, que fueron muchos; sin embargo, algunos de ellos, tales como *Así hablaba Zaratustra* y *El Anticristo* (Nietzsche, 1844; 1888), junto a *Dios no es bueno* (Hitchens, 2007) y *Mentiras fundamentales de la Iglesia Católica* (Rodríguez, 2011), fueron cruciales para concluir mi alejamiento definitivo de esa creencia.

Convencido de que la vida que tenemos es una sola, y esta se acaba definitivamente con nuestra muerte, a la cual me referiré en un próximo capítulo, también me siento algo hedonista moderado. La felicidad que produce vivir ha hecho que privilegie el disfrutar los placeres que esta nos ofrece en este mundo material en que vivimos.

En este vivir hedonista, gozando de buena salud, olvidé y postergué cualquier hecho que me pudiera provocar dolor o sufrimiento, priorizando todo lo que permitía ser feliz y gozar de la vida junto a la familia, mis parientes, amigos y conocidos con los que he compartido por todos los derroteros recorridos en estos 70 años de vida, sin negarme a ser solidario y prestar apoyo o ayuda cuando he podido hacerlo. Si me lo permiten, compartiré con ustedes la siguiente anécdota que me pasó por tratar de ser solidario y siendo consecuente con la tragicomedia que pretende este libro:

Un día llegó una mujer llorando a mi oficina en la universidad donde trabajaba; entre llantos, me contó una historia con lujo de detalles. Algunos fragmentos de lo que me contaba los conocía, haciéndome pensar que lo que me relataba era cierto.

Me señaló que era empleada doméstica en la casa de un colega amigo que, en ese momento, se encontraba realizando un perfeccionamiento fuera del país, al que ella bien conocía.

Me relató que, en una oportunidad, mi colega habría llegado un poco pasado de copas a su casa (lo que me pareció extraño, ya que nunca lo he visto en esas condiciones, pero bueno, pudo haber sido una excepción); estando en ese estado y ella ayudándolo a acostarse, este la habría seducido, a lo que ella accedió. Lamentablemente, continúa relatándome con su llanto, de esa seducción nació un niño enfermo, que debieron internarlo en un hospital en Santiago donde lo trataban, y de lo cual mi colega se hacía cargo de los gastos.

Desafortunadamente, ahora que estaba fuera del país, el niño había fallecido y debía trasladarlo lo más pronto posible hasta Antofagasta para darle sepultura. Me detalla que había conversado con mi colega, quien le dijo que recurriera a mí, como su amigo, para que le prestara ayuda económica. Yo me lo creí y le hice un cheque con lo que podía ayudarla; me expresó su agradecimiento y se retiró de la oficina.

Cuando regresó mi colega semanas más tarde, le manifesté privadamente el pésame por la pérdida de su hijo, a lo que mi colega respondió si le tomaba el pelo, no tenía idea de lo que le hablaba. En ese instante me di cuenta de que todo había sido una burda mentira de la mujer que me timó, viéndome la cara una vez más de las varias que pasé en mi vida por confiado y crédulo en la gente.

Reanudando, debo mencionar que también me percibo algo estoico, principalmente con los problemas que se me presentan, que trato de enfrentar y resolver calmadamente en un tiempo prudente. Cuando me han superado, he recurrido al autocontrol y al tiempo necesario para meditarlos, convencido siempre de que poseía capacidad para resolverlos.

Tranquilamente buscaba soluciones, proponiéndome siempre más de una para enfrentar distintos escenarios de solución. Supe hacer un buen uso del tiempo, aunque muchas veces despreocupé estar con la familia por privilegiar las actividades laborales; sin embargo, eran sacrificios que a la larga nos traían bienestar.

Me esforcé porque las relaciones con los demás fueran buenas, no obstante, cuando se ostenta un mando y existen tareas que deben ser cumplidas en tiempos acotados, surgen problemas con algún subordinado o colaborador que no se ajusta a los ritmos de trabajo o no responde con eficacia a las labores encomendadas. Lamentablemente, procurar que enmienden esas actitudes requiere muchas veces un llamado de atención, lo que siempre traté de hacer con respeto y claridad para que se comprenda lo que se debe enmendar; sin embargo, esto nunca es agradable.

Por lo mismo, este tipo de acción traté de respaldarla con la moral que otorga el ejemplo demostrado de hacer las cosas bien en el trabajo propio. Esta es la forma en que he creído se fortalece el poder para llevar una existencia placentera en el mundo laboral, donde permanecemos nuestra mayor parte del tiempo de nuestra vida adulta (recomiendo leer a John Sellars, 2021).

El estoicismo considerado en mi forma de vida, ligado preferentemente al trabajo y las relaciones humanas que en él se establecen, me obliga a señalar también que me considero algo pragmático, en el sentido de buscar cumplir objetivos de forma práctica y rápida, pero siempre evitando tomar riesgos no calculados o irracionales.

Refiriéndome al trabajo, eje central en el desarrollo de mi vida, desde niño he sido excesivamente laborioso; todo lo material que me ha procurado bienestar y felicidad en la vida, junto a la familia, ha sido logrado como fruto del esfuerzo realizado en él, complementado con los aportes hechos por mi mujer, a través de la sociedad conyugal que establecimos, quien también es muy trabajadora.

El bienestar disfrutado y los placeres hedonistas que busqué de la vida fueron posibles gracias al trabajo, con el cual asumí una gran responsabilidad y entrega. El esfuerzo y dedicación puestos en él permitieron construir mi base de sustentación para vivir de la manera que lo he hecho, permitiéndome priorizar y asumir cada etapa de mi vida de forma responsable.

Siendo niño y el mayor de cinco hermanos —uno fallecido a muy corta edad—, disfruté la vida sobre la base del cariño y seguridad que nos proporcionaron nuestros padres, con nuestra preocupación centrada en el estudio y el juego en la calle con los amigos, como se podía hacer en esos años de mi niñez, donde no existía el temor que nos impone la sociedad actual en la que vivimos, donde nadie está libre de morir en manos de delincuentes en un asalto o enfrentamiento de los que lamentablemente ocurren a diario en nuestro amado país.

Como he señalado previamente, siempre me gustó el trabajo; aunque no tenía necesidad de hacerlo, de niño lo busqué. Fue así como a los 9 años, saliendo del colegio en Chuquicamata, donde vivíamos, tomaba la escoba de la casa y me iba a barrer el correo y la oficina de casa en ese mineral, que se encontraban cercanos a nuestro hogar, lo que hizo ganarme el afecto de sus empleados, que terminaron convirtiéndome en el niño de los mandados, por lo cual me daban algunas propinas que servían para mis gastos infantiles.

De regreso a Antofagasta, estudiando ya en la enseñanza básica, que en esos años integraba el séptimo y octavo, dejando de considerarse enseñanza primaria, que solo llegaba hasta el sexto año, trabajé como ayudante de enfierrador en la construcción de la escuela N.° 36 en esta ciudad. Al pasar a la enseñanza media, siendo alumno del glorioso Liceo de Hombres N.° 1 de Antofagasta, durante las vacaciones de verano laboraba como ayudante de bodega en una de las grandes tiendas de la ciudad.

En años posteriores, lo hice en una empresa de soldadura, donde cortaba y estiraba platinas para fabricar las rejas de las casas que se construían para la población COVIEFI (Cooperativa de Viviendas de Empleados Fiscales). Pese a que me gustaba el trabajo, porque siendo joven a través de él pude regalarle a mi amada madre una toca discos y una lavadora, lo que me produjo una de las mayores satisfacciones que he tenido en mi vida al poder hacerlo, y personalmente me permitió regalarme mi primer microscopio y ropa de mi gusto, nunca despreocupé los estudios.

Me caractericé como un buen estudiante, que disputó los primeros lugares en los cursos en que estuve, recibiendo por los rendimientos obtenidos el reconocimiento de las autoridades de los colegios donde estudiaba. Estando en el liceo, junto a mis amigos y compañeros de curso, pasamos a formar parte de la Cruz Roja Chilena de la Juventud, donde alcancé el nivel de líder, lo que me habilitó para participar como «paramédico», reemplazando a los empleados en los paros que ocurrían en esos años (1972-1973) en el Hospital Regional de Antofagasta; las acciones que realizábamos eran controlar temperatura, presión y realizar curaciones en los enfermos. Una de las cosas más impactantes que me tocó vivir fue ayudar en un parto con fórceps; salí muy impresionado y choqueado después de ello.

Paralelamente, en el mismo periodo, mis amigos del barrio me invitaron a militar en la JJCC (juventudes comunistas); lo hice, más que por convicción política, por la amistad que nos unía. Sin embargo, mi responsabilidad en esta participación me impulsó a asumir entre fines de 1971 y comienzos de 1973 la reedición de «Diablo Rojo», diario tradicional que tenía nuestro liceo. Lo sacaba una vez a la semana, depositando uno de los ejemplares en el casillero del diario *La Estrella del Norte*, el cual siempre hacía una crítica que yo les respondía a la semana siguiente.

En esos años de militancia, las contiendas políticas en el liceo solo ocurrían a nivel de ideas, nunca en agresiones; en el fondo, primaba el sentirnos liceanos, demostrándonos consideración, amistad y respeto, que, más tarde, viviendo el golpe militar, sentí y aprecié de parte de mis adversarios políticos.

Esta actividad emprendida en el liceo me honró con el reconocimiento de nuestro rector, profesor Mario Baamondes Silva, quien me escribió una carta muy hermosa y emocionante, que lamentablemente se perdió cuando la casa de mis padres, donde vivía, fue allanada por el Grupo Móvil de Carabineros, que me buscaba luego de los primeros días del golpe.

El golpe también me privó de dos opciones de estudio que me habían ofrecido para ir a estudiar Medicina a la Universidad de La Habana en Cuba, o en la Universidad Patricio Lumumba, en Moscú, Unión Soviética, una vez que egresara de cuarto medio en 1973.

¿Por qué me buscaban? Porque la responsabilidad demostrada en todas las acciones que asumí en el transcurrir de mi vida hizo que en el ámbito político se me invitara a participar como miembro del frente de seguridad de la JJCC, donde recibí instrucción de autodefensa, transformándome en una suerte de guardaespaldas, que me permitió cuidar en forma individual, o formar parte de grupos que cuidaron a una serie de personajes políticos, entre ellos al alcalde, intendente, diputados, senadores, periodistas, miembros importantes del partido; también, ministros, representantes del Konsomol soviético, al presidente Salvador Allende y a Fidel Castro cuando estos visitaron Antofagasta.

Al momento de allanar la casa de mis padres, buscaban al mayor, o sea, yo, que en tamaño era mucho más chico que mi hermano que me seguía en edad (unos 17 cm), y a quien lamentablemente se llevaron por ser más alto. A mí, por levantar la cabeza del piso mientras llevaban a mi hermano fuera de casa para subirlo al bus, me gané un culatazo de fusil que me dejó «grogui» en el piso.

A mi amado hermano lo tuvieron tres días detenido, amenazándolo de muerte, para que les entregara información de cosas que no sabía, porque jamás militó o simpatizó en algún partido o grupo político, por tanto, debieron soltarlo al no comprobarle nada de lo que se le acusaba. Ahora, después de todo lo que hemos sabido de compañeros que fueron llevados de sus casas y que nunca más volvieron, me doy cuenta de que ese error salvó mi vida; de lo contrario, no estaría escribiendo este libro ni sufriendo del cáncer que me aqueja en esta tragicomedia.

Como la cosa se ponía fea para mí y veía sufrir a mi madre y a mi padre, me alejé definitivamente de la actividad política e ingresé a estudiar a la Universidad del Norte, entrando a un ciclo básico que se había creado, para después de tres semestres, ingresar a las carreras que la aprobación de este permitía. Lamentablemente, al concluir el segundo semestre, ya con todas las asignaturas del primer año aprobadas, se detectó en la universidad la filtración de las pruebas del segundo semestre, que habían realizado miembros de la Secretaría Nacional de la Juventud (organismo de la dictadura militar de Chile dirigido a la juventud, que dependía del Ministerio Secretaría General de Gobierno). En consecuencia, con el semestre aprobado, «justos y pecadores» debimos, en el lapso de una semana, rendir nuevamente las últimas pruebas de todas las asignaturas cursadas ese semestre.

Esta situación me hizo sentir muy impotente al no haber nadie a quien recurrir para que se nos defendiera; ello me provocó una profunda frustración al sentir vulnerados mis derechos. Sin embargo, igual debí presentarme a dar las pruebas, reprobando tres de cinco asignaturas que ya había aprobado (la reprobación era obvia, ya que los profesores nos cargaron la mano en las preguntas). La frustración de haber reprobado estas asignaturas hizo que congelara el año que debía cursar en 1975 y me fui a Santiago, junto a otros dos compañeros de curso, a realizar los trámites para irnos, a través de una empresa canadiense, a trabajar en la instalación de un oleoducto en Alaska, pensando que allí podríamos trabajar y estudiar.

Realizados los trámites, regresamos a Antofagasta a esperar a que nos llamaran. Como el tiempo transcurría, se me presentó la oportunidad de contratarme como capataz en un proyecto de cultivos marinos, que la División de Pesca y Caza del Servicio Agrícola Ganadero pretendía desarrollar en las instalaciones que tenían en Caleta Constitución, sector Isla Santa María, Antofagasta, introduciendo la ostra chilena (*Tiostrea chilensis*).

El trabajo, además de todo lo relacionado al cultivo de ostras y mantención de balsas de cultivo, involucraba entregar reportes diarios de las condiciones ambientales que primaban en la región, a través de la Red de Radios del Agro de Chile, dependiente del Ministerio de Agricultura y que era controlada por los militares.

También, jocosamente, como lo veo ahora porque esos tiempos eran tiempos de mucho temor, debí participar en los juegos de guerra que se hacían a comienzos del golpe en el sector Isla Santa María, debiendo transportar en la embarcación que disponíamos para el trabajo, soldados de la Fuerza Aérea, quienes solicitaban ser trasladados hasta la isla, donde supuestamente emergerían submarinos cubanos. Durante la navegación realizada hasta dicho lugar, las balas de las ametralladoras disparadas por los soldados silbaban por nuestras cabezas.

El asesor científico que tenía este proyecto de cultivo era director del Instituto de Investigaciones Oceanológicas de la Universidad de Chile, sede Antofagasta (actualmente Universidad de Antofagasta), profesor Jorge Tomicic Karzulovic, quien falleció trágicamente realizando actividades de buceo en Perú, y con quien entablamos una sincera amistad en esos años. Él me comentó que la Universidad de Chile había trasladado a su sede en Antofagasta la carrera de Ingeniería en Acuicultura, que previamente se dictaba en Arica y Osorno.

Me aconsejó volver a rendir la prueba de aptitud académica para ingresar a ella, cosa que, por supuesto, hice, logrando en 1977 el ingreso y el reconocimiento de asignaturas cursadas en la Universidad del Norte. Siendo alumno de esta carrera, y por la experiencia que tenía, fui contratado como alumno ayudante para asistir en proyectos que allí se desarrollaban, cosa que mantuve hasta que egresé en 1980.

Ya con el título profesional en mano, inicio mi vida profesional como supervisor del Centro de Investigaciones y Cultivos

Marinas (CICUM), que Pesquera Guanaye S.A. poseía en la ciudad de Mejillones, para producir cholgas (*Aulacomya atra*) desde balsa de cultivo. También fui asesor de los cultivos emprendidos en esa localidad por las empresas Algas Playa Blanca, PECREMAR y EICOMAR, entre otros emprendimientos de cultivo de alga *Gracilaria* y ostiones (*Argopecten purpuratus*) que allí se desarrollaron.

En 1983 ingresé como académico al Departamento de Acuicultura de la Universidad de Antofagasta, actualmente Departamento de Ciencias Acuáticas y Ambientales, donde alcancé la jerarquía de Profesor Titular en 1994, luego de obtener un doctorado en Oceanología Biológica en la Universidad de Bretaña Occidental, en Brest, Francia, el 18 de septiembre de 1993, siendo el primer extranjero en obtener este grado con la mención «Muy Honorable y con Felicitaciones del Jurado».

Como académico, emprendí una línea de investigación dirigida a estudiar aspectos como: ciclos y estrategias reproductivas de moluscos bentónicos; su dinámica poblacional, incluyendo estados larvales y prerreclutas bentónicos (poslarvas y juveniles), en zonas tradicionales de captación de semillas y zonas de fuerte concentración de adultos. Así también, a la definición de la variabilidad espaciotemporal, intra- e interespecífica; a la relación existente entre las variaciones de reclutamiento y las fuerzas medioambientales; y al estudio del crecimiento de postlarvas y juveniles en sistemas de cultivo suspendido y de fondo.

Todas las muestras para obtener la información que me permitió desarrollar esta línea de investigación las realicé a través de actividades de buceo; la mayoría de las veces, el buceo lo hacía solo, en aguas profundas, lo que me ganó la crítica justificada de colegas franceses que bucearon conmigo alguna vez. Ello porque nunca se debe bucear en solitario; el hacerlo me hizo romper todas las normas de seguridad que demanda esta actividad, pero la terquedad por obtener información me impulsó al riesgo.

Y digo riesgo porque en las tantas inmersiones realizadas, algunas no estuvieron ajenas a sorpresas. Unas cuantas de ellas requirieron de mucho autocontrol, para evitar que la ansiedad o el temor causaran efectos inevitables, como casi ocurrió, por ejemplo, en un encuentro con un tiburón sardinero (*Lamna nasus*); o con un lobo macho cebado que me dañó mi mano derecha; encuentros con orcas; con un calderón (*Globicephala sp.*). Otros encuentros sorpresivos fueron con falsas orcas; mantarrayas gigantes (*Móbula tarapacana*); cardúmenes de dorado (*Seriola lalandi*), que se refregaban en mis aletas para sacarse los parásitos de su piel; o cardúmenes de palometas (*Coryphaena hippurus*), que nadan alrededor cuando hay presencia de ENSO (El Niño-Oscilación del Sur, por sus siglas en inglés); o la de una manada de delfines manchados (*Estenella sp.*), que me rodearon para observar la instalación de un fondeo que realizaba para una línea madre submarina que puse en la reserva marina de La Rinconada, la primera reserva establecida en Chile por Decreto Supremo, gracias a la gestión realizada junto con quienes trabajaron conmigo.

Otros peligros que debí vivir bajo el agua fueron la detención del compresor que suministra el aire para respirar a través de una manguera, con el consiguiente tirón que le hace a esta el «telegrafista» (ayudante de buceo encargado de la manguera), quien rápidamente pretende subirnos a la superficie, por lo que se debe «luchar» para frenar esta subida precipitada y evitar que el nitrógeno forme burbujas y lesione alguna articulación, como me ocurrió una vez, dañándome el hombro izquierdo, y que aún lamento, porque el dolor con los años se va haciendo más intenso y no deja dormir. Experiencias todas ellas que nunca se olvidan y que forman parte del trabajo desplegado en algunas de las tantas inmersiones realizadas para obtener información necesaria en las investigaciones realizadas.

Como investigador, participé en 38 proyectos, producto de los cuales se generaron 20 documentos de trabajo que resumen investigación científica; 43 presentaciones en congresos nacionales e internacionales; y 55 artículos científicos en revistas indexadas, capítulos de libros y un libro que resume la investigación realizada principalmente en la reserva marina La Rinconada.

Cumplí también funciones académicas para las carreras de pregrado de Ingeniería en Acuicultura, Ecología Marina y Biología Marina; y de posgrado en el doctorado en Ciencias Aplicadas de Sistemas Marinos Costeros; y como profesor invitado al programa de doctorado en Acuicultura de la Universidad Católica del Norte, sede Coquimbo.

Administrativamente, ejercí los siguientes cargos y funciones: director de departamento, decano, miembro de la Honorable Junta Directiva de la Universidad de Antofagasta y vicerrector académico; además de representaciones institucionales ante el Comité Técnico Asesor de la Pesquería del Ostión de la Subsecretaría de Pesca; miembro del Consejo Regional de Pesca; miembro del Consejo Zonal de Pesca de la XV, I y II Regiones; miembro del Comité Científico Técnico de Ordenamiento Territorial de Acuicultura de la Subsecretaría de Pesca; miembro de la Mesa de Trabajo de Acuicultura del Comité Oceanográfico Nacional (CONA) del SHOA, entre otros; par evaluador de la CNA Chile de carreras técnicas y de ingeniería en acuicultura.

Como parte del trabajo propio realizado a lo largo de la vida, participé también en la construcción de dos casas: la primera, junto a mi hermano (prestigiado ingeniero de nuestro país que ha alcanzado los puestos más altos en la industria minera, tanto estatal como privada), siendo aún estudiantes universitarios, y junto a nuestro abuelo paterno construimos la primera casa de la familia en el balneario Juan López (Antofagasta), que mi padre más tarde convirtió en un restaurante muy conocido por su nombre de «Miguelete», al cual se invitaba a visitar con su clásica frase cliché «del mar a su paladar». Allí se podía disfrutar generosamente de pescados y mariscos frescos que se extraían en el día.

La segunda casa fue realizada para desarrollar mi proyecto de vida luego de jubilarme. Para ello, había comprado tres parcelas agrícolas en Quebrada Honda, un sector a 9 km de Vallenar camino a Huasco, a las que se le anexaron dos acciones de agua inscritas en el tranque Santa Juana. El proyecto de vida contemplaba que, al jubilarme a los 65 años, me convertiría en pequeño agricultor. Hice los planos de una casa de 160 metros cuadrados, edificada completamente en bloques por un contratista, al que controlaba cada 15 días viajando desde Antofagasta. Contaba con suficientes piezas y baños para recibir a toda la familia, hijos, nueras, nietos y bisnietos, a quienes esperaríamos ansiosos, junto a mi esposa, para las fiestas patrias y el verano.

Se construyó también una piscina de diez por cinco metros, para refrescarnos del calor del verano que se vive en ese sector. Era el sueño de vida para nuestra vejez, por ello no escatimé en gastos en su construcción y alhajamiento. En un sector del terreno se plantaron árboles frutales como damascos, duraznos, manzanas, naranjas, almendras, limones, peras, membrillos, olivos, granadas y parras de la cepa cabernet *sauvignon*. También había un pequeño huerto que proveía de lo básico como lechugas, acelgas, calabacines, zanahorias, cebollas, habas, maíz, entre otras. Se dotó también de un estanque de carpeta para almacenar 500 metros cúbicos de agua con el objeto de regar diariamente estas plantaciones.

Aparte, contaba con un paisaje espectacular, pues se podía ver el río corriendo entre sauces, algarrobos y otros árboles que crecían junto a él, entre ellos inmensas higueras. Se observaban también los caballos galopando y comiendo todo el año, y en diciembre sus pariciones, pues los criadores los dejaban todo el año en el río; a comienzos de febrero los arreaban para marcar las crías nacidas.

Era muy hermoso; también tenía vista hacia la cordillera, que cuando estaba nevada en invierno, nos invitaba a servirnos alimentos calientes que cocinábamos en una cocina de leña que habíamos instalado. Sentía mucha felicidad por la forma en que había proyectado vivir mi vejez, y apuraba que llegara el día en que debería jubilarme.

Mientras continuaba en mi trabajo los últimos cinco años antes de cumplir la fecha de jubilación, seguí desarrollando mi rutina, que también incluía distraerme y ejercitarme yendo a nadar de lunes a viernes en la piscina olímpica de Antofagasta; a veces partía a las 5 a. m. para hacerlo y poder volver a casa para entrar a trabajar a más tardar a las 8 a. m.

Lo hacía porque una de mis facetas en la vida también fue hacer deporte competitivo; en mi juventud me gustaba el atletismo, corría los 100 y 200 metros; lo más rápido que llegué a la meta en competencia fue en segundo lugar. Corrí también maratones; en dos de ellas alcancé el segundo y tercer lugar. Después del golpe, acompañé a mi hermano, que pertenecía a un club de waterpolo de Antofagasta, el YMCA de la Asociación Cristiana de Jóvenes, donde comencé a entrenar y a nadar para competir en dicho deporte.

Tuve el privilegio de que nos entrenara como club el Sr. Milton Meneses, quien fuera entrenador de la selección de Antofagasta, repetidas veces campeón de Chile en este deporte, y que, en el Campeonato Sudamericano de Waterpolo de 1963, Chile ganó medalla de bronce gracias a este equipo antofagastino, considerado como los mejores waterpolistas del país y de Sudamérica en esa época.

La natación comenzó a gustarme, y me esforzaba mucho entrenando; en 1979, integré el equipo que representó a Antofagasta en la Primera Posta Náutica de Chile organizada por CANADELA (Canal Nacional Deportivo Laboral). Este equipo lo integró mi hermano Juan Avendaño, Manuel Llanos, Abel Jofré y el suscrito; Manuel y Abel fueron campeones nacionales y sudamericanos de natación.

En esta posta, que comenzó en el muelle Prat en Valparaíso, me tocó rematar desde la playa Poca Ola (Recreo) a Caleta Abarca, y si no fuera por el bote que guiaba mi trayectoria, que me llevó alejándome de la costa y del grupo de nadadores, hubiéramos logrado el primer lugar. No habiéndolo obtenido, debimos conformarnos con el segundo lugar, por el cual nos entregaron el Premio O'Higgins.

Con los años continué nadando, con una rutina de 2000 metros diarios, que me ayudaba en las labores de buceo que realizaba, y participando esporádicamente en competencias seniors, agregando una nueva medalla de tercer lugar, que obtuve en 2003 en la Copa VTR realizada en Antofagasta.

Al comenzar el 2015, y continuando con la rutina de natación diaria, un dirigente de uno de los clubes que entrenaban en la piscina se me acercó para invitarme a participar en una competencia senior, que se realizaría en Iquique; por supuesto, dije que aceptaba. Ello me motivó mucho, y comencé a entrenar más duro, ya a mis 61 años. Sin embargo, al llegar agosto, cada vez que terminaba el entrenamiento, comencé a tener problemas para miccionar; me costaba mucho y sentía dolor. Pensé que estaba sufriendo de enfriamiento en la vejiga por el frío del agua en la piscina, de manera que comencé a tomar infusiones para aliviar este problema.

Sin embargo, no hubo respuesta positiva de aliviarme el dolor que sentía al miccionar; en cambio, el problema comenzó a agudizarse. En septiembre, el problema y los dolores se sentían más intensos, por lo que decidí ver a un médico, cosa que hice la primera semana de octubre, luego de conseguir hora para la atención. Se me envió a realizar exámenes, entre los que se consideraba el de antígeno prostático específico (PSA).

El último que me había hecho años atrás había arrojado valores menores de 0,9, por lo que no sentía preocupación, menos sabiendo que ninguno de mis familiares había sufrido de algún tipo de cáncer, aun habiendo vivido todas sus vidas en Antofagasta, donde las generaciones de los 60 consumimos cerca de 900 mg de arsénico por litro de agua potable que bebimos. Este elemento ha sido señalado como un vector de varios tipos de cáncer que ha padecido y padecen los habitantes de esta ciudad.

Los resultados obtenidos no fueron buenos; los niveles de PSA el 20 de octubre de 2015 eran de 17,88, y el 5 de noviembre habían subido a 18,74. El médico tratante que consultaba manifestó que podía ser producto de una infección, que generalmente atacaba a los hombres de mi edad, por lo que comenzó a tratarme con antibióticos (ciprofloxacina de 500 mg), mientras me hacía hora para un examen en su laboratorio, que como resultado arrojó que padecía de estenosis uretral con PSA alto, concluyendo que, por la obstrucción de la uretra que impedía que miccionara adecuadamente, era necesario operar el problema.

Debo explicar aquí que la estenosis uretral es un estrechamiento anormal de la uretra, que puede ocurrir en cualquier parte de ella, pero comúnmente tiene lugar en la parte anterior de la uretra, que se encuentra en el pene. Esta enfermedad puede causar una serie de síntomas, que incluyen: dificultad para orinar; dolor al orinar; goteo de orina después de orinar; infección del tracto urinario; e incontinencia urinaria.

Tiene como causa una serie de factores, que incluyen: traumatismo uretral, como una lesión por fractura de pelvis o por una inserción de catéter uretral traumática; infección uretral, como la uretritis o la prostatitis; enfermedad inflamatoria pélvica (EIP); cáncer de uretra; o cirugía uretral previa. La literatura médica indica que solo las estenosis graves pueden requerir cirugía para reparar el estrechamiento.

Con ese diagnóstico, ingresé a la clínica en Antofagasta el 12 de noviembre, donde se me intervino realizándome una uretrotomía y, de paso, por la preocupación que manifesté frente a los niveles de PSA exhibidos, se me hizo una biopsia de próstata. Por supuesto, se me puso una sonda para la micción; sin embargo, cuando esta fue retirada, volví a los problemas iniciales, que me llevaron nuevamente a consultar al médico, pero ahora los dolores parecían mucho más intensos. Los resultados de la biopsia los obtuve después de una semana; lamentablemente para mí, resultaron lapidarios.

El informe indicaba: «Biopsia prostática por punción: lóbulo izquierdo, fragmento de tejido prostático infiltrado en un 90 % por adenocarcinoma de tipo acinar poco diferenciado, *score* Gleason 8 (patrón 4 + 4); lóbulo derecho, fragmento de tejido prostático infiltrado en un 80 % por adenocarcinoma de tipo acinar poco diferenciado, *score* Gleason 8 (patrón 4 + 4)». Es pertinente agregar que un *score* de 2 a 4 indica un cáncer de próstata de bajo grado, poco probable que se propague.

Un *score* de 5 a 7 indica un cáncer de próstata de grado intermedio que tiene un riesgo moderado de propagación.

Un *score* de 8 a 10 indica un cáncer de próstata de alto grado con un alto riesgo de propagación. Los pacientes con un *score* de Gleason alto suelen recibir un tratamiento más agresivo, como la prostatectomía radical o la radioterapia. Estos pacientes con un puntaje de Gleason tienen, además, un mayor riesgo de muerte por cáncer de próstata.

Por ello, cuando le llevé el informe de biopsia al médico, le vi ponerse muy pálido y nervioso; me extendió unas órdenes médicas para realizarme un cintigrama óseo y un TAC de abdomen y pelvis, cuyos resultados señalaron en el primero la existencia de un pequeño foco osteoblástico costal posterior derecho inespecífico.

Probablemente corresponde a trauma o contusión antigua; sin embargo, dado el diagnóstico de referencia, se sugería controlar. ¿Por qué se sugiere el control? Porque los osteoblastos son células que forman el hueso; son esenciales para el crecimiento y la reparación de este; sin embargo, estos también pueden estar involucrados en el desarrollo del cáncer de hueso. En algunos casos, las células cancerosas pueden imitar la función de los osteoblastos, produciendo proteínas que forman la matriz ósea.

El segundo informe de TAC señaló linfonodo en relación con vasos ilíacos externos derecho discretamente aumentado de tamaño y pequeño linfonodo en cadenas obturatrices inespecífica. Agreguemos aquí que los linfonodos son estructuras pequeñas que se encuentran en todo el cuerpo. Son parte del sistema linfático, que ayuda al cuerpo a combatir las infecciones.

Cuando el cuerpo está luchando contra una infección, los linfonodos pueden inflamarse y aumentar de tamaño, designándose a ello linfadenopatía. La linfadenopatía es un signo común de infección, pero también puede ser causada por otras afecciones, como el cáncer. En consecuencia, los linfonodos son importantes para el diagnóstico del cáncer. Cuando el cáncer se disemina a los linfonodos, se le denomina metástasis, punto en que se puede afectar el pronóstico del cáncer.

Con estos informes, me dirigí al médico, con quien luego de conversar un rato, le manifesté mi intención de viajar a Santiago a tratarme, a lo que respondió que estaba bien hacerlo, recomendándome un médico que él conocía. Enseguida me dirigí a la isapre, para consultar con qué centros tenía esta convenio en Santiago; me señalaron que con el Hospital Clínico de la Universidad Católica, a donde partí el 15 de diciembre de 2015.

Previamente busqué en internet los especialistas que ese hospital tenía, procurando encontrar también su currículo vitae, para contar con antecedentes de su formación y trayectoria. Así encontré a un médico con especialización fuera de Chile, que además era profesor e investigador de la universidad, con publicaciones propias sobre cáncer de próstata, las que bajé de internet y leí. Sin conocerlo, sentí inmediatamente mucha confianza y simpatía por él.

Conseguí hora para verlo a primera hora de la mañana del jueves 17 de diciembre, en el Centro San Joaquín de la Católica. No me equivoqué con la percepción que tuve de él. A la hora de la citación, salió de su consulta y me llamó personalmente. Me impresionó que no tuviera que haber esperado las dos horas mínimas que uno debe hacer en Antofagasta, ante cualquier consulta médica. Espera que, cuando se está enfermo, «puchas» que afectan el bienestar y estado anímico del paciente. Una a dos horas para un enfermo es una larga espera para recibir la atención que requiere.

Desconozco si nuestros médicos locales tienen conciencia de ello, y del sentimiento de «menosprecio» que se nos hace sentir por esta situación, que nos deprime como enfermos (volveré a dirigirme a ello en uno de los próximos capítulos). Una vez que ingresé a su consulta y vio los resultados de los exámenes que le llevaba, me hizo tenderme en la camilla para realizarme el tacto rectal de la próstata, que la gran mayoría de los médicos les hace a sus pacientes con estos síntomas, y que nunca hizo el médico urólogo que me atendió en Antofagasta.

El dolor que sentí con el tacto nunca lo voy a olvidar; me dijo que mi próstata parecía un «cuesco de palta», que había que operar, a lo que respondí que lo hiciera lo más pronto posible, acordando realizarlo el lunes 21 de diciembre, para ello me extendió todos los documentos que debería presentar para proceder con la cirugía. Una vez realizados y finiquitados todos los trámites en el hospital y en la isapre, ingresé a las 6:00 a. m. de la fecha fijada al Hospital Clínico de la Católica en calle Marcoleta, para que se me interviniera.

Previo a mi ingreso, debí arrendar un departamento para estar cerca del hospital y para pasar la convalecencia una vez que me dieran el alta, y poder estar además con mi esposa y alojar a mis hijos cuando estos vinieran a visitarme; lo hice encontrando uno en calle Lira (Santiago). Desde este departamento salí a las 5:00 a. m. el día 21 e ingresé al hospital como paciente GES (Garantías Explícitas en Salud, conjunto de beneficios garantizados por ley en Chile, para personas afiliadas al Fonasa e isapres, del cual me referiré en el último capítulo). Ya ingresado, fui preparado para la operación. A las 7:00 a. m. ya estaba ingresando al pabellón de cirugía. Una vez anestesiado, no supe más de mí hasta cerca de las 5:00 p. m., en que comencé a despertar de la anestesia.

A mi alrededor no veía nada; sentía ganas de miccionar y me aguantaba; también percibía un malestar en mi boca y algo dentro de la garganta: estaba entubado. Divisé a mi esposa y, como pude, emití ruidos para llamarla; vino con una enfermera, quien me dijo que tratara de no hablar. Le manifesté que necesitaba miccionar y que no me podía contener más. Me respondió «hágalo, tiene una sonda puesta». Sentí gran alivio al saberlo, porque en ese momento ya había evacuado todo.

Luego me pasaron a una sala común donde había ocho pacientes; todos recibíamos un excelente cuidado de parte del personal que nos atendía. Al rato hicieron pasar a mi esposa y pude conversar con ella. Me enteré de que la operación había estado complicada y había durado más de seis horas. Ingresé a la operación con un cáncer de próstata de alto riesgo y se me realizó una prostatectomía radical más linfadenectomía iliobturatriz bilateral. Para ello, se me abrió desde debajo del ombligo a lo largo de toda la pelvis.

En la visita médica al día siguiente por la tarde (martes 22), el doctor que me operó señaló que la intervención había sido muy difícil, pero se veía que me recuperaba bien. Si seguía evolucionando de esa manera, podría darme de alta el 24 de diciembre, para que pasara la Navidad con mi esposa e hijo mayor, que había viajado para acompañarme en ese instante.

Me demandó también que caminara un poco al día siguiente, y que lo siguiera realizando cuando estuviera en casa para ayudar a la cicatrización de la operación, que contaba con 27 grapas. Contento de cómo estaba resultando todo, me fui la víspera de Navidad a recuperar al departamento junto a mi esposa y Cristhian, mi hijo mayor, quien, junto con acompañarnos y prestarnos ayuda, me había conseguido los dadores de sangre que solicitaron previa a la operación con sus colegas de la fiscalía en Santiago, a quienes agradezco mucho, pues hubiese sido difícil operarme sin este requisito que exige el hospital.

El día de Navidad, por supuesto, tenía que recibir un regalo, y este me lo hizo el cuidador de la casa de campo construida en Vallenar para mi proyecto de vida después de la jubilación. Me llamó cerca de las 11 de la noche para decirme que, mientras él estuvo compartiendo con sus parientes y su familia en otro lugar lejos de la casa, habían disparado a uno de los ventanales de la terraza, que mostraba un impacto de bala de bajo calibre; seguramente lo hicieron para asegurarse de que no había nadie en ella.

Luego arrancaron la reja de fierro y la puerta que daba hacia una huella que bajaba al río, y procedieron a desmantelarla de todos los electrodomésticos, televisores (tres televisores LED), equipos musicales, reproductores de DVD, instrumentos musicales, un telescopio y un largavista de largo alcance (que usaba cuando me convertía en «astrónomo»), ropa, zapatos, adornos, entre otros, incluyendo mis vinos de guarda.

Mi segundo hijo, Miguel (abogado), debió viajar desde Antofagasta para poner la denuncia en Carabineros; sin embargo, hasta la fecha nunca se recuperó nada de lo robado. Solo dejaron las camas, tiradas por todos lados buscando objetos de valor debajo de los colchones. Lo peor fue el daño en los muros y cielo del techo al arrancar los cables de los equipos y televisores que había en el interior. Otras cosas de valor que no pudieron llevarse quedaron destruidas en el piso.

Luego de este regalo navideño, me concentré en recuperarme, y como el doctor lo había recomendado, comencé a caminar. Todos los días ataba la bolsa de la sonda a mis piernas y bajaba del departamento a caminar por el barrio; la meta que me impuse fue desplazarme ocho cuadras diarias. Fue así como antes de la semana comencé a tener problemas con la sonda; la micción ya no pasaba por ella, sino que se desparramaba en mi ropa.

Cerca de las 20 horas del jueves 30 de diciembre, debí ir a urgencias del Hospital Clínico para que vieran el problema que estaba presentando. Vino la doctora de turno a revisarme y decirme que la sonda se había corrido y que debía ser reemplazada. Me preguntó cuándo había ocurrido y bajo qué circunstancias.

Le comenté que mientras caminaba la micción había comenzado a no ser recepcionada en la bolsa, ganándome con ello el primer reto posoperatorio. Me señaló que bajo la condición de convaleciente que tenía, no podía caminar como lo estaba haciendo. Le repliqué que el médico me lo había indicado, a lo que respondió que sí, pero que las caminatas recomendadas son dentro de la casa y lentamente. Había entendido mal la indicación, y por ello debí estar hasta cerca de las 4:00 a. m. para que me reemplazaran la sonda.

Al cumplir el tiempo de reposo en Santiago, se finalizó la fecha para que me retiraran la sonda y las grapas de la herida. Me realizaron curaciones y, al bajarme de la camilla, no pude contener la micción, soltándola completamente. Había quedado con problemas de incontinencia urinaria, por lo que debí comenzar a utilizar pañales. Primer problema posoperatorio que se manifestaba. Luego el médico me entregó los resultados de la biopsia realizada durante la operación y me dio autorización para viajar de vuelta a Antofagasta el 16 de enero de 2016, debiendo volver a verlo en dos meses más (comienzos de marzo).

Los resultados de esta biopsia no eran buenos; las muestras de ganglio ilíaco izquierdo, ganglio ilíaco derecho, de la próstata extraída, conductos seminíferos y otros indicaron que cuatro de siete linfonodos estaban infiltrados por carcinoma (4/7); otros nueve de nueve linfonodos también se encontraban infiltrados por carcinoma (9/9); concluyendo con las otras muestras analizadas de próstata (periférico, multifocal, bilateral, de las zonas posterior, anterior, izquierda y derecha), en un diagnóstico de tipo histológico de adenocarcinoma acinar grado 4+4 de Gleason. Con extensión tumoral, donde el tumor invade el tejido conectivo periprostático y el ápex, también invade las vesículas seminales y se observa infiltración perineural. El diagnóstico no se veía bueno.

Como otro regalo de esa Navidad, y encontrándome convaleciente en el departamento, me llaman de la isapre para señalarme que me autorizaban el AUGE, pero que debería operarme en Antofagasta, que era donde me habían asignado la clínica para ello. Les manifesté que ya me había operado en el Hospital Clínico de la Católica en Santiago, luego de haber averiguado con la misma isapre que esta mantenía convenio con este hospital, a lo que respondieron que este convenio había terminado. Ello implicaba que el GES no se me activaría.

Repliqué, sabiendo que la conversación estaba siendo grabada, que debí operarme de urgencia, que no se podía esperar más tiempo, por tanto, les haría llegar una carta de reclamos y apelaría ante la Superintendencia de Salud. Mientras los trámites del reclamo que interpuse seguían su curso, me llegó la cuenta de la intervención, debiendo pagar cerca de 8 millones de pesos del año 2016.

Para hacerlo, debí liquidar un seguro que había contratado para viajar después de jubilarme, y por el que me reembolsaron solo una parte, que correspondía a más de 7 millones que me permitieron pagar el costo. La demanda que interpuso mi segundo hijo, Miguel, a la Superintendencia tuvo una respuesta favorable después de cerca de dos años, por lo que solo debí pagar a la isapre el copago correspondiente al GES, devolviéndome la diferencia, lo que agradecí mucho.

Sin embargo, no todos los regalos que me reparó esta Navidad fueron aciagos; también existió uno que me causó mucha felicidad, como la visita de mi hermano Juan, que viajó a Santiago para verme. El encuentro, que duró gran parte de una mañana, fue muy agradable. Me llevó un libro de regalo, pues me conoce como buen lector. Lo devoré en una semana; este libro, que recomiendo, tiene por título *1421, el año en que China descubrió el mundo*, escrito por Gavin Menzies (2002), quien en sus investigaciones realizadas nos plantea la hipótesis de que América fue descubierta sesenta años antes que Cristóbal Colón, por navegantes chinos que salieron de ese país el 8 de marzo de 1421, en una de las flotas más grandes que habían visto esos tiempos, formada por 107 juncos, algunos de casi 150 metros de eslora. Es un excelente libro para quienes les gusta la historia.

En este escenario se desarrolla el cáncer que paso a relatar a continuación, que acabó con mi proyecto de vida concebido para pasar la vejez y que me ha absorbido en una lucha por continuar viviendo, principalmente por el compromiso que adquirí años más tarde con mi nieta Sofía, quien me pidió en 2021 que me cuidara unos ocho años más, para que Santiago, su hermano menor, que en ese tiempo tenía cuatro años, llegara a conocerme como lo hizo ella. Es la promesa que le hice, y contra viento y marea debo y quiero cumplirle.

Capítulo 2

Mi cáncer

Al regreso a Antofagasta, el problema más molesto que presentaba fue la incontinencia urinaria. Antes de volver de Santiago, el médico me recomendó realizar los ejercicios de Kegel para ayudarme a superar la etapa, dándome una expectativa de que entre seis meses o un año podría superar el problema. Estos ejercicios consisten en apretar los músculos del piso pélvico, mantener la contracción durante tres segundos y luego relajarse durante tres segundos; ello debe realizarse varias veces seguidas.

Cuando los músculos se fortalecen, se debe tratar de hacer los ejercicios mientras se está sentado, de pie o caminando. Este tratamiento lo encontré poco práctico, de manera que, aplicando algo parecido al objetivo que se buscaba, desarrollé mi propio sistema de ejercicio, que consistió en que cada vez que sentía ganas de miccionar, corría al baño y soltaba la micción, luego la cortaba y la controlaba bajo la cuenta de 10, luego volvía a aflojar y a cortar, aflojar y contar, las veces que durara la micción. Esta rutina me permitió al mes ya controlar la incontinencia; solo me aflojaba un poco cuando hacía alguna fuerza o me reía, por lo cual continué usando apósitos para no mojarme.

Controlada la incontinencia, viajé a Santiago a la primera consulta médica posoperatoria, la cual ocurrió la primera semana de marzo de 2016. Previamente, el médico me envió a realizar exámenes de sangre, cuyos resultados de PSA mostraron niveles de 15,19 ng/ml (muy altos) y un nivel de testosterona de 193 ng/dl (adelantándonos a lo que señalaré más adelante, la testosterona es la hormona que estimula este tipo de cáncer); en consecuencia, había que comenzar con tratamiento.

La PSA (antígeno prostático específico) es una proteína creada por las células en la glándula prostática, tanto por células normales como cancerosas. Este antígeno se puede encontrar principalmente en el semen, aunque también se encuentra en pequeñas cantidades en la sangre. Por ello, también, me solicitó hacerme un examen de imagenología PET CT (PSMA), con el objeto de conocer la extensión de la enfermedad posoperatoria, que permitiera hacer un diagnóstico y darme un tratamiento.

El PET CT (PSMA) es un examen de imagen no invasiva para el estudio del cáncer de próstata con incremento de la expresión del antígeno prostático específico de membrana (PSMA). Utiliza la tomografía por emisión de positrones/tomografía computarizada (PET/TC), empleando Galio68-PSMA como agente de diagnóstico radiactivo, que se administra en forma de inyección intravenosa.

Este es el primer fármaco para la obtención de imágenes por tomografía por emisión de positrones (PET) de las lesiones positivas del antígeno de membrana específico de la próstata, y está designado para pacientes con sospecha de metástasis por este tipo de cáncer, cuando las células cancerosas se han disipado al resto del cuerpo, o para pacientes con sospecha de recurrencia de este debido al incremento en los niveles de PSA. El costo de dicho examen, no cubierto por GES, fue de 1,5 millones de pesos, y la isapre me cubrió menos del 30 %.

Los resultados de este análisis revelaron, en síntesis, adenopatías secundarias ilíacas derecha, retroperitoneales, mediastínicas y cervicales izquierdas, con un extenso compromiso óseo secundario. Nódulo suprarrenal izquierdo, probablemente determinado por un adenoma. Múltiples pequeñas lesiones osteoblásticas en el esqueleto axial, compatibles con compromiso óseo secundario. La de mayor tamaño se localizaba en el cuerpo de L4 (segunda vértebra más baja de la columna vertebral), que presentaba tenue sobreexpresión de PSMA; las demás no presentaban aumento de captación del radioligando o se encontraban bajo la expresión del PET. El cáncer había hecho metástasis.

Con estos resultados, el doctor comenzó su tratamiento en base a hormonoterapia, recetándome el medicamento Decapeptyl (triptorelina 11,25 mg), que se me inyecta cada 12 semanas, agregando Zometa (ácido zoledrónico de 4 mg/5 ml), que se inyecta trimestralmente en un sillón para quimioterapia en un lapso de media hora. Ello es complementado diariamente con una cápsula de Elcal D de 500/800 (calcio).

La triptorelina (principio activo) es un decapéptido sintético de liberación prolongada, análogo (agonista) de la hormona liberadora de gonadotropina (LHRH). Funciona disminuyendo la cantidad de ciertas hormonas en el cuerpo, como los andrógenos (testosterona y dihidrotestosterona), que estimulan el crecimiento de las células cancerosas de la próstata. Este medicamento se une a los receptores de LHRH en el hipotálamo, provocando que este deje de producir LHRH. Sin esta hormona, los testículos dejan de producir hormona luteinizante (LH) y hormona folículo estimulante (FSH), provocando que la producción de testosterona se reduzca.

Si bien los testículos producen la mayor parte de andrógenos (testosterona), las glándulas suprarrenales, ubicadas sobre los riñones, también producen una pequeña cantidad de andrógenos. La triptorelina es entonces un medicamento indicado en hombres adultos para tratar el cáncer de próstata hormonodependiente localmente avanzado y para el cáncer de próstata hormonodependiente que se ha diseminado a otras partes del cuerpo (cáncer metastásico).

También se utiliza para tratar el cáncer de próstata localizado de alto riesgo o localmente avanzado, en combinación con radioterapia. Sin embargo, debe agregarse que este medicamento puede causar que la densidad de los huesos descienda, generando osteoporosis, que incrementa el riesgo de fracturas óseas. Para prevenir ello, el médico complementó su uso con ácido zoledrónico y Elcal D.

Como parte de la tragicomedia provocada por esta enfermedad, debo agradecer al Decapeptyl, que hasta ahora lo sigo recibiendo, por generar una «castración hormonal» que me mantiene con muy bajos niveles de testosterona. Le agradezco, porque hasta días antes de la intervención quirúrgica, gozaba de una activa vida sexual; sin embargo, la cirugía radical de próstata que me realizaron me provocó una disfunción eréctil debido a diversos factores que esta puede causar en el pene, como una fibrosis de los cuerpos cavernosos, disminución en su longitud o producción de fuga venosa.

También puede agravarse cuando, a través de esta cirugía, se cortan las bandeletas nerviosas (los nervios que lo inervan y que pasan a ambos lados de la próstata), como fue en mi caso. Si bien existe una técnica quirúrgica, a través de una prostatectomía radical robótica, que permite la preservación de la erección a través de una mejor disección de las bandeletas neurovasculares, esta no es indicada cuando existe una alta probabilidad de extensión del cáncer de próstata por fuera de este órgano, o con *score* de Gleason por encima de 8, cual era mi caso.

Por ello, no me quedó más que resignarme. Resignación que, como lo he señalado, me ha ayudado mucho el tratamiento de hormonoterapia que recibo, al mantener muy bajos mis niveles de testosterona. Por otro lado, también he tenido que aprender a sobrellevar y reírme de los otros efectos que la falta de esta hormona ocasiona, como la andropausia, que me ha hecho subir más de 25 kg durante todo este tiempo que llevo en tratamiento, junto a otros efectos secundarios molestos que se padecen como bochornos o sofocos, debilidad, exceso de sudoración y mareos, entre otros.

La andropausia por castración hormonal es una condición que ocurre cuando los niveles de testosterona en un hombre se reducen a niveles castrados, o inferiores a 30 ng/dl, y presenta cierta semejanza con la menopausia femenina. La andropausia puede ocurrir por terapia hormonal para el cáncer de próstata, cuyo objetivo es reducir los niveles de testosterona, ayudando a controlar que el cáncer se desarrolle.

Los síntomas de la andropausia por castración hormonal son similares a los de la andropausia natural, pero suelen ser más graves e incluyen: disminución de la libido, dificultad para lograr o mantener una erección, disminución de la masa muscular, aumento de la grasa corporal, cansancio, cambios de humor y disminución de la densidad ósea. La andropausia por castración hormonal es una condición crónica que requiere un tratamiento continuo (que en mi caso nunca he recibido, y la preocupación por ello vino recién cuando ingresé al grupo de estudio, en Santiago en 2022, cuando se me recetó sertralina).

La sertralina, también conocida como Zoloft, es un inhibidor selectivo de la recaptación de serotonina (ISRS) que se usa para tratar una variedad de trastornos de salud mental, tales como trastorno depresivo mayor, tanto en adultos como en adolescentes. Puede ayudar a mejorar el estado de ánimo, reducir la tristeza y la ansiedad, y aumentar los niveles de energía.

También se usa en los trastornos obsesivo-compulsivos (TOC), ayudando a reducir los pensamientos y comportamientos obsesivos; en los trastornos de pánico, donde permite reducir la frecuencia e intensidad de los ataques de pánico; en los trastornos de estrés postraumático (TEPT), aliviando sus síntomas, como los *flashbacks*, las pesadillas y la ansiedad; y en los trastornos disfóricos premenstruales (TDPM), donde permite reducir sus síntomas, como la irritabilidad, la ansiedad y la depresión.

En los enfermos con cáncer de próstata, la sertralina ayuda a aliviar los síntomas de la andropausia provocada por la disminución de la testosterona, que causa una variedad de síntomas como sofocos, irritabilidad, depresión, pérdida de la libido y disfunción eréctil. La sertralina, al aumentar los niveles de serotonina en el cerebro, puede ayudar a mejorar estos síntomas.

Sin embargo, este medicamento también posee efectos secundarios que se hacen sentir, tales como náuseas, diarrea, estreñimiento, boca seca, insomnio, somnolencia, mareos, dolor de cabeza, temblores y disminución del apetito. También produce otros efectos, como agitación, ansiedad, nerviosismo, confusión, sueños vívidos, disfunción sexual y eyaculación precoz.

Además, presenta efectos graves como reacciones alérgicas, convulsiones, síndrome serotoninérgico (una afección rara pero grave que puede ser potencialmente mortal) y pensamientos o comportamientos suicidas.

Algunos de estos efectos los experimenté; el más molesto fue el insomnio, desvelándome prácticamente toda la noche, y cuando lograba dormir un poco tenía visiones que me hicieron caer en tres oportunidades de la cama: una vez, al tratar de alcanzar una mano que me llamaba desde el techo; otra, por intentar huir de un león que me perseguía; y una tercera, por esquivar una rata que me saltaba en la cara. Por tanto, hasta allí llegó su uso, y continué sufriendo los efectos de la andropausia.

El ácido zoledrónico, utilizado como tratamiento complementario del Decapeptyl, pertenece a una clase de medicamentos llamados bisfosfonatos, que interfieren en la desintegración del tejido óseo generada por las células cancerosas cuando forman metástasis en los huesos. Las metástasis óseas pueden causar dolor óseo, fracturas y otras complicaciones.

El ácido zoledrónico actúa de dos maneras: 1) inhibiendo la resorción ósea (proceso por el cual los osteoclastos eliminan tejido óseo liberando ion calcio desde la matriz ósea a la sangre), al unirse a las células osteoclásticas que descomponen el hueso e inactivarlas, reduciendo este proceso (resorción ósea). Esto ayuda a prevenir la destrucción causada por las células cancerosas; 2) induciendo la apoptosis (muerte celular programada) en las células cancerosas que se encuentran en los huesos, lo cual contribuye a reducir el crecimiento y la supervivencia de las metástasis óseas. Sus beneficios incluyen la reducción del riesgo de fracturas óseas, la disminución del dolor óseo y la mejora de la calidad de vida, pudiendo incluso aumentar la supervivencia.

Sin embargo, los efectos secundarios más comunes que se padecen y que se suman a los que produce el Decapeptyl son: bajo recuento de glóbulos rojos, dolor de huesos, articulaciones y músculos, fatiga y dificultad para respirar. Otro efecto que provoca y que es necesario controlar periódicamente mientras se utiliza es el riesgo de osteonecrosis de mandíbula (ONM), que puede estar asociada a una extracción dental y/o infección local (incluida osteomielitis) en pacientes con cáncer.

La osteonecrosis mandibular (ONM) es una enfermedad que se caracteriza por la muerte del tejido óseo en la mandíbula. Se produce cuando el hueso de la mandíbula pierde su capacidad de regenerarse, lo que provoca la muerte del tejido óseo en esa zona. Por ello, debe existir un control periódico del estado mandibular, al menos cada seis meses, a través de radiografía.

El costo de ambos medicamentos suma un poco más de 600 mil pesos, que al comienzo debí costear en su totalidad, pero más tarde la isapre me los incluyó en la Canasta GES, cambiando el Zometa por un bioequivalente llamado Osteoker. Con el apoyo de GES, solo hago un copago de alrededor del 15 % del costo, pero, para mi molestia como paciente, dicha canasta debo activarla cada tres meses en la isapre.

Los resultados de este tratamiento en los primeros dos meses (5 de mayo de 2016) indicaron valores de PSA de 3,89, bajando a 0,98 el 18 de ese mes, y a 0,29 el 7 de julio de 2016; mientras que la testosterona había descendido a 5,4 y 4,4 en los últimos dos meses. Durante el 2017, los valores de PSA se mantuvieron entre 2,63 y 0,27, mientras que la testosterona mantuvo valores menores a 2,5 durante el período.

No obstante, en febrero de 2018, los resultados de PSA revelaron un incremento de su valor a 0,49, que aumentó a 0,71 a comienzos de mayo y a 0,78 a fines de este mes. Los valores de testosterona se alzaron a 3,2 y 7,3, respectivamente.

Frente al alza que se manifestaba del PSA, el médico me envió a realizar un nuevo PET CT (PSMA) en febrero de 2018. Los resultados señalaron cambios posprostatectomía radical sin focos de aumento de la expresión de PSMA, sin evidencia de recidiva a nivel de lecho. Lesiones escleróticas en el esqueleto axial, algunas disminuidas en tamaño, además de nuevas lesiones en cresta ilíaca, algunas de ellas hipermetabólicas, de carácter secundario (como antecedente debo señalar que las lesiones hipermetabólicas de carácter secundario pueden ser causadas, entre otras razones, por metástasis, en la cual las células cancerosas que se han diseminado a otras partes del cuerpo suelen tener una mayor actividad metabólica que las células normales, debido a que requieren de mucho más energía para crecer y multiplicarse).

El examen también señaló disminución en tamaño y expresión del antígeno prostático de membrana de las adenopatías retroperitoneales e ilíacas derechas, y estabilidad en tamaño y captación de radioligando de las pequeñas adenopatías mediastínicas, de carácter secundario (las adenopatías mediastínicas secundarias son un signo común de una variedad de cánceres y pueden causar dificultad para respirar, tos, dolor torácico y pérdida de peso).

Con estos resultados, se concluía que el cáncer, a 2,5 años de la operación, comenzaba a hacerse resistente y a progresar ante el tratamiento hormonal de primera línea que recibía. Había que comenzar un tratamiento hormonal de segunda línea. El objetivo era ralentizar o detener el crecimiento del cáncer y mejorar mi calidad de vida como paciente.

Para ello, el médico me recomendó utilizar un inhibidor de la biosíntesis de andrógenos (ABI), como la Abiraterona (Zytiga), como tratamiento de segunda línea. Este medicamento, que se debe tomar 1 gr diario, complementado con 10 mg de prednisona en dos dosis diarias, no era cubierto por el GES y tenía un costo cercano a los 2,5 millones de pesos mensuales, valor prohibitivo para cualquier individuo que viva de su salario en nuestro país.

Antes de decidirme a comenzar con este tratamiento, consulté con otro médico del Hospital Clínico de la Universidad de Chile, donde llegué con todos los documentos que exponían la evolución de la enfermedad. Luego de revisarlos, vino el reto que supuestamente me habría ganado, porque como muchos de sus pacientes, llegábamos a última hora a las consultas, cuando prácticamente no quedaba mucho que hacer. Me confirmó que la única alternativa que tenía en ese momento, dado el tratamiento previo recibido, era comenzar un procedimiento con abiraterona.

Intenté otras dos consultas con médicos en Santiago, que desarrollaban nuevos tratamientos divulgados en la prensa y a través de las noticias de la televisión. Uno de ellos era realizado por investigadores médicos de la Universidad de Chile en base a inmunoterapia celular en pacientes con melanoma avanzado y cáncer prostático; sin embargo, mi cáncer, por lo avanzado, no calificó para este estudio. El segundo lo realizaba un médico de una fundación a base de radioterapia robótica. Le dejé toda la documentación para que la estudiara, quedando en llamarme si tenía oportunidad. La llamada nunca la recibí.

En este escenario volví con mi médico, con quien conversé sobre lo prohibitivo que era para mí costear el medicamento. También aproveché de preguntarle cuáles eran mis posibilidades de supervivencia con el nuevo tratamiento, y le pedí que me lo dijera con toda sinceridad, estando mi esposa a mi lado, quien me acompañaba en la consulta.

Le dije que ya había asumido la enfermedad y tenía claro y conversado con la familia cuál podía ser su desenlace. El médico me respondió: «Máximo 2,5 años». Le agradecí su sinceridad, aunque mi esposa me dijo que, cuando escuché lo que me decía, me puse blanco (lo que debe haberse notado mucho, porque soy un tanto moreno).

Luego, me mencionó que existía un programa llamado «Acompañarte» que prestaba apoyo a pacientes con cáncer, al cual podría adherirme previa firma de un consentimiento de adhesión en el que aceptaba que la información personal recopilada durante el desarrollo del programa fuera utilizada con la finalidad de monitorear mi tratamiento y cuyos resultados serían empleados para análisis estadísticos y epidemiológicos grupales con posibles fines de publicación científica, permaneciendo mi identidad reservada. Esta participación me daba derecho a que, de cada tres frascos del medicamento comprado, el programa me suministrara un cuarto frasco gratis.

El médico también me extendió un informe con fecha 10 de mayo de 2018 para que lo presentara a la isapre, señalando que, como paciente con cáncer de próstata metastásico resistente a la castración, debía iniciar terapia con abiraterona acetato por cuatro meses en una primera instancia. Luego, se reevaluaría la necesidad de continuar con el tratamiento de acuerdo con la respuesta oncológica.

Con este documento y los antecedentes médicos de mi cáncer, mi hijo Miguel, quien como ya señalé es abogado, presentó el 14 de mayo un requerimiento a la isapre para que me otorgara cobertura excepcional por el medicamento Abiraterona (Zytiga). Esta respondió el 8 de junio de 2018, señalándome, entre otros puntos, que: «Si bien el Decreto de Fuerza de Ley N.º 1 de 2015, del Ministerio de Salud, en su artículo 190 establece que puede excluirse de **cobertura todas aquellas prestaciones y medicamentos, en este último caso de carácter ambulatorio, no contemplado en el arancel...**

En el mismo sentido, las Condiciones Generales de Mi contrato no consideran cobertura para el medicamento ambulatorio Abiraterona (Zytiga), por tanto, se configura la situación descrita en el artículo 14, punto (h) del Contrato de Salud, por mí suscrito, que dice relación con la exclusión de los beneficios cuando se trate de **prestación no codificada, no contenida en el arancel de la Isapre**». Continúa: «Por otro lado, cabe destacar que el medicamento Abiraterona (Zytiga) no se encuentra garantizado por la Garantía Explícita en Salud (GES)».

Después de todo este argumento negativo de la carta, que iba en contra de mis pretensiones de apoyo, y como parte de esta tragicomedia vivida con mi cáncer, la carta concluía: «Sin embargo, informamos a usted que el Comité Técnico-Médico de la Isapre, luego de evaluar su solicitud y los antecedentes médicos que la acompañan, ha resuelto otorgar una cobertura de excepción voluntaria, extracontractual, y temporalmente limitada para el medicamento Abiraterona, **de un 90 %** del valor del medicamento en Farmacias PROFAR, por mes, durante un periodo de tres meses, a partir de junio y hasta agosto de 2018».

Agradecido por ese excelente apoyo que me brindaba la Isapre, comencé esta nueva etapa con un medicamento de última generación en mi lucha contra el cáncer. Cada tres frascos que compraba, cada uno con un costo de 2,2 millones de pesos, debía pagar solo 220 mil pesos correspondientes al 10 % por cada uno de ellos. Enseguida, enviaba copia de los bonos del copago al «Programa Acompañarte», y ellos me enviaban el cuarto frasco gratis. Así las cosas, concluido el periodo de cobertura otorgado, enviaba una nueva solicitud a la Isapre, que, para mi tranquilidad, era respondida en los mismos términos que la primera, pues asumir un pago de esa magnitud, para cualquiera que viva de su salario como yo, era imposible.

Todo marchaba bien y este aspecto era despreocupante para mí hasta que, al solicitar uno de los cuartos frascos del medicamento al «Programa Acompañarte» para cubrir el mes de marzo de 2020, estos me respondieron que lo sentían, pero que el beneficio de Zytiga había finalizado el día 28 de febrero de ese año. La calma se volvió intranquilidad, ya que, para continuar con el tratamiento, debí costear el medicamento para disponer de él en ese mes. La Isapre, por su parte, continuó dándome la cobertura del 90 %, regulando el período de otorgamiento a tres meses seguidos.

Eso duró hasta septiembre de 2021, cuando el medicamento fue reconocido para una cobertura GES-CAEC. La Superintendencia de Salud define la CAEC como un beneficio adicional otorgado por algunas isapres, que permite financiar, cumplidos ciertos requisitos y previo pago de un deducible, hasta el 100 % de los gastos derivados de atenciones, tanto hospitalarias como algunas ambulatorias, realizadas en la Red de prestadores CAEC que cada Isapre designe dentro del país y que sean cubiertas por el plan de salud.

La CAEC se debe activar cuando a la persona se le diagnostica un problema de salud cuyo tratamiento represente un alto costo (gasto catastrófico). Para que opere esta cobertura, la persona afiliada o beneficiaria debe concurrir a la Isapre y solicitar su activación, cosa que debí hacer pagando un monto de 120 UF (cerca de 3,7 millones de pesos de la época, como copago) para la cobertura del medicamento por un año.

Debo agregar aquí que, para tener la solvencia necesaria para cubrir los gastos que comenzaban a acumularse, recurrí en 2019 a un crédito bancario de 50 millones, que pensé pagar con la venta de mi casa de campo en Vallenar, construida para mi proyecto de vida, el cual el cáncer no me dejó realizar. Su venta aún no se ha logrado, y sigo pagando el crédito con mi salario.

En 2023 apareció un potencial comprador, quien, luego de todos los gastos que me hizo realizar en papeles notariales y del Servicio de Impuestos Internos, para otorgarle un crédito hipotecario, hizo que esperara casi seis meses; al final, me pidió que le dejara instalarse en la casa mientras le daban el dinero. Le dije que, claro, pero primero firmábamos un contrato de compraventa, y él me pagaba un arriendo. No le gustó la idea, señalándome que desistía de la compra. Le respondí: perfecto, hasta aquí llegamos.

Agreguemos a esta tragicomedia que, como consecuencia de todos los papeles que debí realizar para la venta, el Servicio de Impuestos Internos me gravó la casa en 130 millones de pesos, y este año 2024, debí comenzar a pagar contribuciones de las que había estado liberado desde el año 2021, cuyo monto ascendió a más de 2,5 millones de pesos. Nuevos elementos de gastos no contemplados que se adicionan a esta tragicomedia que ha provocado mi cáncer.

Continuando con el relato de la enfermedad, debo señalar que cuando en los pacientes de cáncer de próstata el valor de PSA vuelve a aumentar de manera progresiva y continuada, se considera que se ha desarrollado una resistencia a la supresión androgénica tradicional. Por tanto, se valoran otros tratamientos, recomendándose el empleo del medicamento Abiraterona Acetato.

Como señalé previamente, la mayoría de los tipos de cáncer de próstata necesitan testosterona para crecer (andrógeno producido por los testículos, las glándulas suprarrenales y las propias células cancerosas de la próstata). Los agonistas y antagonistas de la hormona liberadora de hormona luteinizante (LHRH), como la triptorelina (compuesto activo del Decapeptyl), hacen que los testículos dejen de producir testosterona. Sin embargo, las células de las glándulas suprarrenales y del propio cáncer continúan con la producción de esta hormona masculina, estimulando el crecimiento de la enfermedad.

Cuando el tumor canceroso continúa desarrollándose a pesar de los bajos niveles de testosterona que el empleo de triptorelina permite, se considera que el cáncer se ha hecho resistente a la castración. En esta etapa se recomienda el uso de abiraterona, que actúa bloqueando una enzima necesaria para la producción de testosterona. Sin testosterona, las células cancerosas pueden crecer más lentamente o detener su crecimiento por completo.

La abiraterona es un inhibidor potente, selectivo e irreversible de la enzima 17α-hidroxilasa, necesaria para la síntesis de testosterona en los testículos, las glándulas suprarrenales y los tejidos prostáticos tumorales. Las inhibiciones en una fase temprana de la producción de testosterona reducen sus niveles a valores nanomolares. El empleo de esta terapia es principalmente recomendado en hombres con cáncer de próstata avanzado de alto riesgo y con un *score* de Gleason elevado, que se haya propagado a varios puntos en los huesos o a otros órganos, como en mi caso.

Los efectos secundarios de este medicamento, que cambian radicalmente la vida activa de las personas, son los siguientes (se pueden encontrar en extenso en el siguiente enlace: https://es.oncolink.org/tratamiento-del-cancer/oncolink-rx/abiraterone-acetate-zytiga-r

- **Fatiga:** produce una sensación abrumadora de agotamiento que generalmente no se alivia con el reposo, acompañada además de dolores musculares, articulares y de cabeza.
- **Edema periférico:** hinchazón de las extremidades causada por la retención de líquido, que produce sensaciones muy desagradables.
- **Sofocos o bochornos:** percepción de calor que causa efectos de quemazón en la cara, la nuca y la espalda.
- **Cambios en los niveles de azúcar en sangre**: de valores normales que he tenido de 97 mg/dl, se sube a valores entre 110 y 120 mg/dl.
- **Cambios en el estado de ánimo y depresión:** he notado que me he vuelto más sensible y sentimental.
- **Debilitamiento de los huesos (osteoporosis):** los hombres que reciben terapia hormonal durante períodos prolongados corren riesgo de fragilidad de los huesos. Por ello se recomienda tomar suficiente calcio y vitamina D para reducir el riesgo de osteoporosis. Si existe riesgo alto de desarrollar esta enfermedad, el médico puede recomendar tratamiento adicional con un tipo de medicamento llamado bisfosfonato para ayudar a fortalecer los huesos, como ha sido mi caso, debiendo inyectarme Osteoker cada tres meses, como lo he señalado previamente.
- **Anomalías electrolíticas:** este medicamento puede afectar los niveles normales de electrolitos en el

cuerpo. Sus niveles deben supervisarse con análisis de sangre periódicamente. Los mineralocorticoides son una clase de hormonas que regulan el equilibrio de agua y electrolitos en el cuerpo. Las hormonas mineralocorticoides más importantes son la aldosterona y la desoxicorticosterona (DOC). La aldosterona se produce en las glándulas suprarrenales y ayuda a controlar la presión arterial, el volumen sanguíneo y el equilibrio de sodio y potasio. La DOC, también se produce en el cerebro.

Como lo hemos señalado, la abiraterona es un inhibidor de la biosíntesis de andrógenos, bloqueando la producción de testosterona, hormona que estimula la producción de aldosterona, cosa que también realiza la prednisona como corticosteroide. Por tanto, el uso de abiraterona y prednisona juntas puede conducir a una disminución de los niveles de aldosterona, lo que puede causar una serie de efectos secundarios, como: hiper- o hipotensión; aumento o disminución de peso; toxicidad hepática; retención de líquidos; fatiga; debilidad muscular; trastornos del ritmo cardíaco; problemas de sueño; depresión; trastornos del estado de ánimo; problemas oculares; y calambres. Los pacientes que reciben tratamiento con abiraterona y prednisona deben ser monitoreados de cerca por su médico para detectar cualquier efecto secundario relacionado con los mineralocorticoides.

En mi caso, he sufrido todos los efectos secundarios señalados, con excepción, hasta ahora, de toxicidad hepática y problemas oculares. Me he puesto muy sentimental y mantengo niveles mínimos de potasio; muchas veces ha estado bajo el valor mínimo de referencia, que corresponde a 3,5 mmol/lt. En 2020, valores menores a 3 de este electrolito, junto a la fatiga que este produce, me mantenían muy agotado en el trabajo, al punto que debí presentar mi renuncia al cargo de vicerrector académico que ostentaba en la universidad donde laboro. Los niveles actuales los mantengo apenas un poco más arriba de 3,5, debido al reemplazo que hice de cloruro de sodio (sal común) por cloruro de potasio (biosal), que me recomendó utilizar en todas las comidas mi médica cardióloga; el bajo nivel de potasio intensifica los calambres musculares, muchas veces con dolores insoportables.

El potasio es un mineral esencial para el funcionamiento adecuado del cuerpo. Ayuda a regular los latidos del corazón, la presión arterial, la función muscular y la función nerviosa. Los niveles bajos en la sangre, conocidos como hipopotasemia, pueden causar una variedad de problemas de salud, incluyendo calambres musculares. Estos calambres corresponden a contracciones involuntarias y dolorosas de los músculos, pudiendo ocurrir en cualquiera de ellos, pero son más comunes en las piernas, los pies, los brazos y el abdomen.

Estos calambres causados por la falta de potasio se producen porque el potasio ayuda a controlar la contracción y relajación de los músculos. Cuando los niveles de potasio son bajos, los músculos no pueden relajarse correctamente, provocando calambres que suelen ser repentinos y severos, y durar varios minutos o incluso horas. Algunos de los que he sentido en las piernas me han hecho llorar, por la impotencia y el dolor de no poder controlarlos.

La falta de potasio también puede causar otros síntomas, como: debilidad muscular; fatiga; estreñimiento; palpitaciones cardíacas; dificultad para respirar; hormigueo y entumecimiento. En casos graves, puede incluso provocar un ataque cardíaco o la muerte. Para prevenir los calambres musculares causados por la falta de potasio, el médico puede recomendar tomar suplementos de este mineral.

Sin embargo, y dejando de lado los efectos secundarios que se padecen, los resultados obtenidos con este nuevo tratamiento mostraron que el valor de PSA de 0,78 obtenido a fines de mayo de 2018, descendió a 0,05 ng/ml el 17 de agosto de ese año. En septiembre su valor era <0,05 ng/ml, mientras que la testosterona bajó de 7,3 ng/dl, alcanzado a fines de mayo, a cifras <2,5 ng/dl en septiembre. En enero de 2019, el valor de PSA llegó a su nivel mínimo, alcanzando 0,02 ng/ml, manteniéndose el valor de testosterona en <2,5. Entre marzo de 2019 y diciembre de 2020, el valor de la PSA osciló entre 0,05 y 0,66 ng/dl, manteniéndose el valor de testosterona en valores <2,5 ng/dl. A partir de diciembre de 2021 hasta principios de junio de 2022, los valores de PSA se incrementan sostenidamente entre 0,98 ng/ml y 3,3, mientras que la testosterona lo hizo en valores <2,5 ng/ml a 28,28 ng/ml.

Debo señalar que al comenzar la primera etapa de este procedimiento con abiraterona, el médico me envió a realizar un nuevo PET/Ct con Ga68-PSMA, que se materializó el 11 de septiembre de 2018 (una fecha memorable para algunos de nosotros), cuyo informe de resultados indicó control de cáncer de próstata con estabilidad en el tamaño de pequeñas adenopatías supra- e infradiafragmáticas, algunas de las cuales presentan leve disminución de intensidad de captación de PSMA.

Lesiones osteoblásticas secundarias en el esqueleto axial y apendicular visibles que se encuentran estables con respecto a control previo realizado en febrero de 2018. Dos lesiones presentan discreto aumento de intensidad de captación de PSMA con respecto a control previo. No hay nuevas lesiones tumorales en el presente estudio.

Resultados que nos alegraron la vida como familia, pues se observaba que el tratamiento a tres meses de su aplicación estaba haciendo efecto, bloqueando y evitando que el cáncer continuara desarrollándose.

Un nuevo examen de PET/CT con F^{18}-PSMA LIGANDO se me solicitó realizar el 4 de junio de 2019, cuando los valores de la PSA entre septiembre de 2018 y la fecha señalada se encontraban alrededor de 0,05 ng/ml. Este examen es una prueba de imagen utilizada para diagnosticar y rastrear el cáncer de próstata. La prueba combina la tomografía por emisión de positrones (PET) con la tomografía computarizada (CT), utilizando una sustancia radioactiva (ligando) llamada radiotrazador (PSMA-F^{18}), que se inyecta en el torrente sanguíneo.

El radiotrazador se acumula en las células cancerosas, lo que permite al médico ver dónde se encuentra el cáncer. La CT utiliza rayos X para crear imágenes detalladas de los órganos y tejidos internos. La combinación de las imágenes de PET y CT proporciona una imagen más completa del cáncer de próstata. Es una prueba muy sensible para detectar este tipo de enfermedad, incluso en etapas tempranas, cuando aún es pequeño y no se puede ver con otras pruebas de imagen.

Los resultados de este examen señalaron:

1. Control de cáncer de próstata metastásico con resolución de la sobreexpresión de PSMA en las pequeñas lesiones osteoblásticas en el esqueleto axial y apendicular visibles, sin cambios en su número y tamaño (esto significaba que las lesiones halladas en el primer y segundo PET, realizado en 2016 y febrero de 2018, tanto en las vértebras, donde el mayor compromiso lo presentaba la L4, como en la cresta ilíaca derecha, se mantenían).

2. Nuevo tenue foco de leve aumento de captación en la sexta costilla izquierda, sin correlato tomográfico, de carácter indeterminado.

3. Pequeñas adenopatías supra- e infradiafragmáticas con tenue sobreexpresión de PSMA, estables en tamaño y aparentemente con leve disminución en su intensidad de captación.

4. Impresión: Resolución de la sobreexpresión de PSMA en las pequeñas lesiones osteoblásticas en el esqueleto axial y apendicular proximal, sin cambios en su número y tamaño. Foco de leve aumento de captación en

la sexta costilla izquierda, sin correlato morfológico, nuevo con respecto a examen previo, de carácter indeterminado. Pequeñas adenopatías supra- e infradiafragmáticas con tenue sobreexpresión del antígeno, estables en tamaño y aparentemente con leve disminución en su intensidad de captación.

Permítanme comentar que el término «Impresión» en los informes de resultados de estos exámenes PET de cáncer es una evaluación general de los hallazgos de la exploración. El radiólogo que interpreta la exploración utiliza su experiencia y conocimiento para llegar a una conclusión sobre la presencia, el tipo y la extensión del cáncer.

Mi apreciación frente a estos resultados, salvo la aparición de algunos nuevos pequeños focos metastásicos, me indicaba que el tratamiento solo controlaba que el cáncer no se expandiera; las lesiones seguían presentes. Sin embargo, había que mirarlo como un resultado positivo que permitía seguir alegrándose por ello.

El 30 de junio de 2021 un nuevo PET/CT F^{18}-PSMA debí realizarme, cuando los valores de PSA fluctuaban entre 0,66 ng/ml y 0,44 ng/ml, mientras que la testosterona mantenía valores <2,5 ng/ml. Los resultados obtenidos en este examen revelaron lo siguiente, que se resume a continuación:

Impresión diagnóstica PET-CT: antecedentes de prostatectomía total por neoplasia. Adenopatía mediastínica e hiliar derecha con sobreexpresión de PSMA, de carácter secundario, cuya intensidad de captación es significativamente mayor a la observada en el PET/CT PSMA del año 2019. Nódulo suprarrenal izquierdo sin aumento de captación del trazador, estable en tamaño desde 2018, compatible con adenoma (hay que señalar que el adenoma corresponde a un tumor no canceroso).

Lesiones óseas escleróticas de aspecto secundario en columna lumbar y pelvis; actualmente sin evidencias de viabilidad tumoral. Se reconocen lesiones escleróticas hipocaptantes en el cuerpo esternal, cuerpos vertebrales de L4 y L5, sacro y aspecto posterior de ambos huesos ilíacos, que, dada su evolución en estudios previos, corresponden a localizaciones secundarias sin viabilidad actual.

Resultados que se interpretan como hallazgos compatibles con metástasis, cuya intensidad de captación del radiofármaco significativamente mayor que la observada en el examen del año 2019, sugería que estas se encontraban en progreso. Por su parte, las lesiones óseas escleróticas de aspecto secundario en columna lumbar y pelvis también son hallazgos compatibles con metástasis.

Las lesiones óseas escleróticas se caracterizan por un aumento de la densidad ósea, lo que es un signo de cáncer; sin embargo, al no mostrar evidencias de viabilidad tumoral, significaba para mí que el cáncer no estaba activo en estas lesiones óseas, lo que, en esta tragicomedia de mi vida, me volvió a producir mucha alegría, ya que, como no sentía los dolores en las lesiones de vértebras, las cuales al discutirlas previamente con el médico, este había concluido que ameritaban tratamiento de radioterapia, posibilidad conversada, además, con los médicos radiólogos del Hospital Clínico, por tanto, se posponía.

Lo más importante de todo esto es que me quitaba el riesgo de que, en un estado más avanzado del cáncer, en estas lesiones, el aumento de osteoblastos causado por la metástasis típica de los tumores de próstata, comprimiera la médula ósea, generando dolores difíciles de soportar como se ha reportado para este tipo de lesiones que genera este cáncer, considerado uno de los más dolorosos. No obstante, en lo general se percibe que el cáncer comenzaba a presentar un estado avanzado de metástasis.

Ampliando un poco lo que ocurre con la metástasis en cáncer de próstata, cuando afecta a las vértebras, se puede señalar que el efecto de la compresión de la médula espinal puede ser grave. Esto puede causar una variedad de síntomas, que incluyen: dolor de espalda, debilidad o entumecimiento en las piernas, problemas de equilibrio y coordinación, incontinencia urinaria o fecal, y en casos graves, puede causar parálisis. La intensidad de la compresión depende del tamaño de la metástasis provocada por el cáncer que comprima la médula espinal.

Mientras más grandes las metástasis, la compresión es más significativa y se puede necesitar cirugía para extirparla y aliviar la presión sobre la médula espinal. Las metástasis osteoblásticas son típicas del tumor de próstata, aunque también se han detectado en otros tumores de forma muy minoritaria.

La inducción de la formación de hueso ectópico y consiguiente osteoesclerosis constituye un fenómeno notable cuyos mecanismos son poco conocidos, pero pueden ser causados por una variedad de factores, incluyendo: inflamación que puede estimular la producción de células óseas; lesiones que pueden causar que el hueso se regenere en lugares donde no debería estar; el propio cáncer de próstata, al provocar la formación de hueso ectópico; medicamentos como los bisfosfonatos (ácido zoledrónico, utilizado como complemento del Decapeptyl) pueden causar la formación de hueso ectópico.

Continuando con mi relato sobre mi cáncer, debo señalar que el 1 de abril de 2022 un nuevo PET/CT F^{18}-PSMA fue llevado a cabo, cuando el PSA se había incrementado, alcanzando valores de 2,67 ng/ml, con la testosterona manteniendo cifras < 2,5 ng/ml. Los resultados obtenidos en este examen revelaron un aumento de tamaño y expresión de PSMA de adenopatías torácicas secundarias; nueva cervical baja derecha; metástasis osteoblástica de sexta costilla izquierda sin cambio; y nuevo foco hipercaptante en hueso ilíaco, sospechoso de diseminación secundaria; en el cuello se observan pequeñas adenopatías yugulares bajas derechas, con sobreexpresión de PSMA, nuevas respecto a examen anterior; adenopatías con captación incrementada de radiotrazador visibles en región paratraqueal derecha, subcarinales e hiliares derechas. Todas aumentando significativamente de tamaño y grado de sobreexpresión de PSMA en comparación con estudio anterior.

Analizados estos resultados junto al médico el 12 de abril de 2022 en su consulta, se veía que el panorama nuevamente no era bueno. Estos indicaban que el cáncer se había diseminado aún más en los huesos y en los ganglios linfáticos. La metástasis osteoblástica en la sexta costilla es un tipo de metástasis que se caracteriza por la formación de tejido óseo que suele causar dolor óseo. El foco hipercaptante en el hueso ilíaco mostrando más captación de radiotrazador implicaba que estaba creciendo.

El aumento de tamaño y expresión de PSMA de las adenopatías torácicas secundarias también indica que están creciendo y produciendo más PSMA (proteína que se encuentra en altas concentraciones en las células cancerosas de próstata). Este hallazgo sugiere que el cáncer ha progresado nuevamente y que se está diseminando a los ganglios linfáticos, como también lo señalan las adenopatías detectadas en la yugular baja derecha. Se concluía que el cáncer se estaba difundiendo y progresando.

En este escenario, y continuando con la tragicomedia que vivía con mi cáncer, el médico me señaló que tenía dos noticias, una buena y otra mala.

—¿Por cuál empiezo? —le dije—. ¿Por la más mala? —y me respondió:

—Me retiro del hospital clínico porque me voy fuera del país; deberá buscarse un médico oncólogo para que le siga tratando.

Su noticia me impresionó, ya que confiaba mucho en él. Me recomendó unos nombres, pero respondí que buscaría uno en Antofagasta. Juntos habíamos estado en el primer Congreso de Cáncer, realizado en esta ciudad organizado por la Universidad en la cual trabajaba. Mi médico participaba como conferencista, yo como participante. Allí y a través del médico que organizó el evento, el Dr. Alex Arrollo (quien ya no está con nosotros), a quien conocía y en ocasiones conversábamos, me informé de un grupo de médicos oncólogos que comenzaba a trabajar en Antofagasta en el Centro Oncológico de la Clínica BUPA, por ello tomé la decisión de atenderme en Antofagasta.

Luego me dio la buena noticia, señalándome que los resultados «no eran buenos» (parte de la tragicomedia), pero ellos me permitían calificar en un «Grupo de Estudios», donde se probarían medicamentos nuevos, para tratar cáncer de próstata avanzado como el que presentaba. Me extendió el nombre de un médico a cargo de uno de los estudios y sus números de contacto para hacer una cita. Le di las gracias manifestándole que, si algo había aprendido de él, era tratar el cáncer como una enfermedad crónica, de manera que estaba dispuesto a probar cada oportunidad de tratamiento que se me presentara.

Tratar el cáncer como una enfermedad crónica significa que el cáncer se considera una condición que puede manejarse, pero no curarse. El objetivo del tratamiento es controlar el cáncer y prevenir que se propague, permitiendo prolongar la vida del paciente.

Los tratamientos empleados para ello suelen ser complejos y requieren un enfoque multidisciplinario que puede incluir una combinación de terapias, como: cirugía para extirpar el cáncer o los tejidos cancerosos; radioterapia, que utiliza radiación para matar las células cancerosas; quimioterapia, que utiliza medicamentos para matar las células cancerosas; inmunoterapia, que utiliza el sistema inmunitario del cuerpo para atacar las células cancerosas; medicamentos de última generación, entre otros.

Con la información entregada, a esas alturas por el ahora «mi ex médico tratante», me puse en contacto con el médico encargado de reclutar a los pacientes para el estudio en el Centro de Estudios Clínicos SAGA en Santiago; de ser seleccionado, recibiría atención, traslado y alojamiento gratis. El mismo 12 de abril de 2022, me contacté con el médico encargado, quien me pidió que le enviara todos mis antecedentes médicos, lo cual hice de inmediato.

Sin embargo, paralelamente, había solicitado una cita con uno de los médicos del Centro Oncológico BUPA en Antofagasta, para contar con un médico oncólogo que pudiera atenderme por GES en mi ciudad. Esta cita se concretó en mayo de 2022. A él le presenté también todo mi expediente médico; le conversé que necesitaba un médico oncólogo que me atendiera en la ciudad donde resido, debido a que el médico que me operó y veía en Santiago se había ido del país, y le pregunté si me aceptaba como su paciente, respondiéndome que sí.

Luego de ver mis expedientes y conversar sobre mi caso, le pregunté su opinión respecto a iniciar tratamiento en el grupo de estudio en Santiago, donde existía la posibilidad de que me aceptaran. Me respondió que llevaría mi expediente al Comité Oncológico de BUPA, y que deberíamos vernos de nuevo en dos semanas para tomar decisiones.

El informe emitido por el Comité, integrado por 11 médicos, presentaba un breve resumen de mi caso; se me hacía un diagnóstico de cáncer de próstata hormono resistente Gleason 8 en progresión, decidiendo una radioterapia paliativa, estudio clínico versus terapia sistémica de segunda línea, y aconsejando que continuara con la postulación al estudio clínico.

Previamente, el 18 de abril, ya había sostenido una entrevista virtual con el médico jefe del estudio, quien me envió el formulario de consentimiento informado del estudio clínico al que podría someterme. Luego se me citó a Santiago entre el 28 de mayo y el 2 de junio para una entrevista personalizada de screening con el médico encargado del estudio, someterme a exámenes de sangre, un escáner TAC de tórax, abdomen y pelvis y un cintigrama óseo.

Los resultados del escáner señalaron en el resumen de impresión: control de neoplasia de próstata etapa IV, con lesiones secundarias del esqueleto axial, la mayor de ellas en el aspecto posterior del hueso ilíaco izquierdo; pequeñas adenopatías mediastínicas; quistes simples renales bilaterales y pequeñas lesiones quísticas pancreáticas sin elementos de agresividad local; adenoma suprarrenal izquierdo; ateromatosis de la aorta toracoabdominal; hernias inguinales indirectas bilaterales no complicadas.

El cintigrama, por su parte, reveló que se aprecian focos de marcado aumento de la captación del radiofármaco en el segmento medio del cuerpo esternal, en el borde izquierdo de la vértebra D6 y en la mitad inferior de la articulación sacroilíaca izquierda. En el resto del esqueleto existe aumento irregular de la fijación del radiofármaco, en general de carácter leve, en algunas localizaciones articulares y distribución ligeramente heterogénea del trazador en la columna vertebral. Riñones tenuemente contrastados, asimétricos.

La impresión del diagnóstico concluye: las alteraciones de la captación del radiofármaco descritas en el esternón, columna dorsal y articulación sacroilíaca izquierda deben ser evaluadas mediante estudios imagenológicos dirigidos con el fin de precisar su etiología y significado patológico. Considerando el diagnóstico de referencia, su origen debe ser fehacientemente comprobado con el fin de descartar la presencia de compromiso neoplásico secundario. Resto de estudio sin evidencia de metástasis ósea. Las otras alteraciones de la fijación del trazador descritas son compatibles con compromisos degenerativos inflamatorios osteoarticulares de carácter leve.

Con esos resultados fui seleccionado para participar, a partir del 2 de junio de 2022, como paciente en el «Estudio de fase 3, aleatorizado, a doble ciego de **nivolumab** o **placebo** en combinación con **docetaxel**, en hombres con cáncer de próstata metastásico resistente a castración». Previo a iniciar el tratamiento, los resultados de sangre del 9 de junio de 2022 indicaban un valor de PSA de 3,31 ng/ml con un nivel de testosterona de 19,71 ng/dl. El tratamiento comenzó el 17 de junio de 2022, con ciclos cada 21 días. Para recibir estos tratamientos, fue necesario que se me instalara un catéter reservorio, dispositivo médico que se inserta debajo de la piel para proporcionar un acceso venoso permanente al tratamiento.

El catéter consta de dos partes: un reservorio, que es una pequeña cámara hueca que se coloca debajo de la piel (en mi caso fue instalado en la región pectoral derecha) y un catéter, que es un tubo que sale del reservorio e ingresa a través de la aorta, vía subclavia ipsilateral con extremo distal en la aurícula derecha insinuado a vena cava inferior. La colocación de catéter que ingresa por esta vía en la aurícula derecha es un procedimiento médico que se utiliza para acceder al sistema circulatorio central, siendo esta aurícula la cámara del corazón que recibe sangre de las venas.

Como parte de la tragicomedia que les revelo en este libro, debo contarles que el catéter fue instalado en una clínica ubicada en Independencia, Santiago, el martes 5 de julio de 2022. Me citaron a las 8 a. m.; sin embargo, debí esperar que esto ocurriera alrededor de las 16 horas, porque el médico que debía hacerme la instalación debía encontrar a alguien que le cuidara a sus hijos en su casa. Me intervinieron cerca de las 19 horas, luego de estar todo el día con una sola taza de té que me ofreció una de las enfermeras, y que debí compartir con mi esposa, que me acompañaba. La instalación duró solo 27 minutos.

Les cuento esto porque, una vez más, debí sufrir la larga espera a que nos someten algunos médicos, sin ninguna empatía con nuestra condición de enfermos. Para mí, siempre la he sentido como una situación muy desagradable y frustrante. Considero que los pacientes con cáncer pasan por momentos difíciles, tanto física como emocionalmente, y necesitamos sentirnos apoyados y cuidados; sin embargo, las esperas prolongadas empeoran nuestro estado de ánimo y la sensación de bienestar, haciéndonos sentir que se nos falta el respeto como enfermos y como personas. Los médicos debieran preocuparse de este aspecto y hacer todo lo posible por honrar la hora de las citas con sus pacientes, minimizando los tiempos de espera, sobre todo cuando se padece de cáncer o cualquier otra enfermedad.

Retomando el relato de este tratamiento, no me referiré a los efectos de nivolumab, porque al ser un tratamiento de doble ciego, no sabía si recibía este medicamento o el placebo. Sin embargo, sí me referiré al docetaxel, porque estaba seguro de que me lo suministraban. El docetaxel es un fármaco quimioterapéutico utilizado para tratar cáncer de próstata, entre otros tipos de cáncer.

Es un agente antimitótico que actúa inhibiendo la división celular, reduciendo el tamaño del tumor, mejorando los síntomas del cáncer y prolongando la vida del paciente, generando también una mejora de la calidad de vida al reducir síntomas como el dolor, la fatiga y la incontinencia. Puede ayudar a aumentar la supervivencia de los pacientes con cáncer de próstata, especialmente en los casos de cáncer avanzado.

Un agente antimitótico es un agente que interfiere con la división celular. Pueden actuar de diferentes maneras: algunos inhiben la síntesis de ADN, mientras que otros inhiben la división del huso mitótico. Los agentes que inhiben la síntesis de ADN impiden que se produzca la división celular, mientras que los inhibidores del huso mitótico actúan bloqueando la formación de este, necesario para que las células se dividan.

Los efectos secundarios del docetaxel en cáncer de próstata son similares a los de cualquier otro fármaco quimioterapéutico, siendo los más comunes la fatiga, que puede ser muy debilitante y dificultar las actividades diarias; las náuseas y vómitos, que son efectos secundarios comunes de las quimioterapias (aunque estos efectos se pueden tratar con medicamentos); también puede producir pérdida de apetito y diarrea, que también puede tratarse con medicamentos; la alopecia (pérdida de cabello), efecto secundario común de la quimioterapia, que vuelve a crecer después de que se complete el tratamiento; efectos hematológicos, que causan disminución de células sanguíneas, como glóbulos blancos, glóbulos rojos y plaquetas, lo que, como consecuencia, puede aumentar el riesgo de infecciones, anemia y sangrado; efectos neurológicos, al causar neuropatía periférica, afección que afecta los nervios de las manos y los pies, y cuyos síntomas pueden incluir hormigueo, entumecimiento, dolor y pérdida de fuerza. También puede causar otros efectos secundarios, como infecciones, problemas renales, problemas cardíacos y efectos secundarios en la piel.

En mi caso, los efectos secundarios que viví durante las 10 sesiones de docetaxel que recibí se manifestaron principalmente durante la primera semana postratamiento. Estos efectos, algunos difíciles de soportar, involucraron insomnio que en ocasiones duraba toda la noche; estreñimiento, que duraba los primeros días postratamiento y que luego se volvía diarrea con 4 a 5 deposiciones diarias, acompañadas de sangrado.

Estas diarreas comienzan con fuertes dolores de estómago, que parece que se paraliza, y luego se extiende hacia el colon; las más fuertes provocan fatiga y náuseas. En ocasiones no se alcanza a llegar al escusado. También se acentúa un agotamiento físico acompañado de fatiga.

Los primeros días se siente mucho dolor óseo en las articulaciones, caderas, parte baja de la espalda, brazos y piernas, acompañados de dolores musculares, que antes de la semana postratamiento disminuyen. Se manifiestan calambres muy fuertes en la planta de los pies y manos, piernas (los más dolorosos), abdomen y costillas; la boca se seca y se siente un gusto metálico; la visión se torna borrosa.

En el transcurso de todos los tratamientos existieron síntomas de hipotensión, la presión se mantiene baja, descendiendo al punto de marear y perder un poco la visión. Los bochornos, consecuencia de la andropausia, se acentúan durante la noche.

A la semana del primer tratamiento (25 de junio) sufrí una dermatosis intensiva que cubrió todo el cuello, pecho y extremidades, que me duró más de una semana y debí tratar por prescripción médica, con loratadina 20 mg cada 8 horas y aplicaciones de loción con urea al 20 %. La dermatosis intensiva producida por quimioterapia en el tratamiento de cáncer es una reacción adversa común, que puede afectar a cualquier parte del cuerpo, siendo común en las manos, pies, piernas, tronco y cara.

Los síntomas pueden incluir enrojecimiento, descamación, picazón, dolor y, en casos severos, ampollas y desprendimiento de la piel. Esta enfermedad es causada por la interrupción del ciclo celular de las células de la piel, las cuales, al dividirse rápidamente, son susceptibles a los efectos de la quimioterapia. También perdí todo el cabello y vellosidad del cuerpo, y junto a ello, las uñas de manos y pies, todo lo cual se recuperó con el tiempo, pero las uñas de los dedos gordos de los pies aún no lo hacen completamente.

Posteriormente, durante la sexta y séptima sesión de quimioterapia recibida en octubre de 2022, aparecieron inflamaciones duras entre una de las piernas y la nalga; una de ellas causaba mucho dolor y no me dejaba caminar ni sentarme, por lo que debí llamar al médico encargado del estudio en SAGA, quien me aconsejó ir al servicio de urgencias del hospital más cercano en Antofagasta para que me examinaran, cosa que hice inmediatamente. Recurrí a la urgencia de un hospital local, donde me revisaron y me diagnosticaron un absceso en el glúteo derecho que se debía extirpar, debiéndome hospitalizar de inmediato. En la noche del día de ingreso fui sometido a una intervención quirúrgica, en la que se me hizo la extracción de un absceso perianal, quedando dos días en observación con drenaje.

Ello es otro de los efectos secundarios que puede provocar el tratamiento de cáncer con quimioterapia de docetaxel: dañar las células sanas, incluyendo las células de la piel y las que recubren el ano, que se manifiestan con la aparición de abscesos que se forman cuando se acumula pus en el tejido. Estos abscesos deben someterse a una cirugía para drenarlos. En la mayoría de los casos, la cirugía de este absceso es un procedimiento exitoso; el absceso se drena y el paciente se recupera sin complicaciones, como fue mi caso. Por supuesto, el costo de esta intervención debí asumirlo.

Dejando de lado los efectos secundarios del tratamiento, que, como he señalado, ocurrieron durante la primera semana de cada sesión de quimioterapia recibida, afectándome fuertemente, debo agregar que sus efectos positivos también comenzaron a acontecer a partir del primer tratamiento. El nivel de PSA de 3,31 ng/ml registrado el 9 de junio de 2022 bajó a 1,58 ng/ml el 7 de julio, y descendió sostenidamente hasta alcanzar un valor < 0,07 ng/ml el 2 de febrero de 2023, con valores de testosterona de 2,09 ng/dl, luego de haber recibido la última sesión de docetaxel el 5 de enero de ese año, en el décimo ciclo. Los seis meses siguientes a la última sesión de docetaxel, que se extendieron hasta el 20 de julio de 2023, recibí seis ciclos de nivolumab/placebo dentro del tratamiento de doble ciego al que había aceptado someterme. En este periodo, los niveles de PSA comenzaron a incrementarse nuevamente, alcanzando un valor de 3,52 ng/ml el 17 de agosto de 2023.

Los resultados del cintigrama óseo realizado el 21 de octubre de 2022 indicaban que las alteraciones de la captación del radiofármaco descritas en el esternón, columna dorsal (D6) y articulación sacroilíaca izquierda deben ser interpretadas en relación con los antecedentes clínicos, cintigráfico-evolutivos e imagenológicos, siendo altamente probable el compromiso metastásico secundario. Resto del estudio sin evidencia de metástasis ósea. Las otras alteraciones de fijación del trazador descritas son compatibles con compromisos degenerativos inflamatorios.

Por su parte, los resultados de la resonancia magnética de tórax, abdomen y pelvis, realizada en la misma fecha, indicaban en la impresión: control de neoplasia de próstata etapa IV tratada. Lesiones óseas de carácter secundario sin variaciones significativas.

Pequeñas adenopatías mediastínicas paratraqueales sin cambios. Quistes renales simples bilaterales, Bosniak I. Nódulo suprarrenal izquierdo compatible con un adenoma. Pequeñas lesiones quísticas pancreáticas sugerentes de IPMN de rama periférica sin cambios. Diverticulosis colónica no complicada.

Estos mismos resultados, a un mes de concluido el tratamiento con docetaxel (25 de febrero de 2023), señalaban para el cintigrama óseo que las alteraciones de la captación del radiofármaco descritas en el esternón, columna dorsal (borde izquierdo de la vértebra D6) y articulación sacroilíaca izquierda deben ser interpretadas en relación con los antecedentes clínicos, cintigráfico-evolutivos e imagenológicos, siendo altamente probable el compromiso neoplásico óseo secundario en evolución. Resto del estudio sin evidencia de metástasis ósea. Las otras alteraciones de la fijación del trazador descritas en el informe son compatibles con compromisos degenerativo inflamatorio osteoarticular. Exactamente lo mismo que se había informado en el examen de octubre de 2022.

A su vez, los resultados de la resonancia nuclear magnética de tórax, abdomen y pelvis, realizada a fines de febrero de 2023, indicaron el hallazgo de múltiples y pequeñas imágenes hipointensas en T1 y T2 en el tejido óseo, con características de localizaciones secundarias. Una muy pequeña, visible en el sexto arco costal derecho, y otras más pequeñas en cuerpos vertebrales, principalmente lumbares, así como también lesiones escleróticas en el hueso ilíaco (33 mm x 14 mm, sin modificaciones). Concluyendo control de neoplasia prostática etapa IV, con lesiones secundarias en esqueleto axial, que no se han modificado respecto a estudio previo. Al igual que lo informado en el examen de octubre de 2022, no había cambios.

A fines de junio de 2023, a cinco meses de concluido el tratamiento con docetaxel, y continuando con tratamientos cada 21 días de nivolumab/placebo, nuevamente se realizaron exámenes de cintigrafía ósea completa plana y de resonancia magnética de tórax, abdomen y pelvis, cuyos resultados señalaron para el cintigrama en comparación con el estudio anterior, que era posible observar focos de aumento de la captación del radiofármaco en el aspecto derecho del manubrio y segmento medio del cuerpo esternal, en el borde izquierdo de la vértebra D6 y en la mitad inferior de la articulación sacroilíaca izquierda, el cual muestra cierto grado de incremento de intensidad y extensión comprometiendo el hueso ilíaco adyacente. En el resto del esqueleto existe aumento irregular de la fijación del radiofármaco en algunas localizaciones articulares y distribución ligeramente heterogénea del trazador en la columna vertebral. Riñones tenuemente contrastados, asimétricos.

La impresión de este examen indica que las alteraciones de la captación del radiofármaco descritas en el esternón, columna dorsal y articulación sacroilíaca izquierda deben ser interpretadas en relación con los antecedentes clínicos, cintigráfico-evolutivos e imagenológicos, siendo altamente probable el compromiso neoplásico óseo secundario en evolución, que muestra leve progresión a nivel de la alteración pelviana. Resto del estudio sin evidencia de metástasis ósea. Las otras alteraciones de la fijación del trazador descritas son compatibles con compromiso degenerativo inflamatorio osteoarticular.

Por su parte, la resonancia magnética de tórax, abdomen y pelvis indicaba en su impresión: control de neoplasia de próstata etapa IV tratada. Adenopatía ilíaca externa derecha sin cambios; la izquierda presenta tamaño de 20 x 55 mm. Lesiones óseas conocidas en el esternón, en la sexta costilla derecha y en la pelvis sin variaciones. Estabilidad de un quiste renal derecho con finos septos en su interior, Bosniak II. Quistes renales simples bilaterales, Bosniak I. Diverticulosis colónica no complicada; esteatosis hepática difusa leve. Lesiones quísticas pancreáticas compatibles con IPMN de rama periférica sin variaciones relevantes. Adenoma suprarrenal izquierdo sin cambios.

Permítanme agregar que las lesiones quísticas pancreáticas son masas llenas de líquido que se forman en el páncreas. Pueden ser benignas o malignas, y pueden ser causadas por una variedad de factores, como inflamación, infección o cáncer. Una lesión compatible con IPMN de rama periférica es una masa llena de líquido que se encuentra en un conducto pancreático periférico alejado del conducto pancreático principal. En general, estas lesiones son benignas, pero es aconsejable realizar pruebas para confirmar el diagnóstico y evaluar el riesgo de malignidad.

Por su parte, la clasificación de Bosniak es un sistema que se utiliza para clasificar los quistes renales complejos en función de su apariencia en una tomografía computarizada (TC). La clasificación de Bosniak va de I a IV, siendo I el riesgo más bajo de malignidad y IV el más alto.

A estas alturas, con estos resultados, con el PSA incrementándose sostenidamente luego de haber terminado el tratamiento con docetaxel, alcanzando 4,53 ng/ml el 28 de septiembre de 2023, era obvio que, en el tratamiento de doble ciego, estaba recibiendo el placebo. Esto me fue confirmado por uno de los médicos del Grupo de Estudios SAGA, que, a fines de agosto de ese año, me llamó a su oficina para decirme que ya no continuaría en el programa, porque no había dado los resultados esperados. Le señalé que así lo veía también y le pedí que me confirmara las sospechas que comencé a tener luego de terminar el tratamiento con docetaxel, de que lo que estaba recibiendo desde que comencé el programa era placebo. Me dijo que averiguaría y me lo diría.

Ese mismo día me lo confirmó, agregando que la parte buena de todo ello era que el cáncer no había avanzado, como mostraban los exámenes de imagenología que se me habían realizado, y que lo confirmaba el PET que le había llevado. Por lo tanto, había tiempo para tomar otras acciones. Ello era cierto, así lo veía también; sentía que, con el tratamiento recibido en este grupo de estudio, había ganado con certeza 1.5 años más de vida, desde el 1 de abril de 2022 hasta agosto de 2023, lo que agradecía y me hacía sentir contento por todo lo que había realizado junto a mi familia durante ese tiempo.

Los resultados del examen PET, que le mostré al médico de SAGA, los había solicitado para efectos comparativos mi nuevo oncólogo del Centro Oncológico de Antofagasta BUPA, quien me envió a realizarme un examen PET/CT F18-PSMA-1007/ Ga68-PSMA-11 el 20 de junio de 2023, en el Hospital Clínico de la Universidad Católica, donde mismo me había realizado otro el 1 de abril de 2022. Los resultados obtenidos en este nuevo examen, que se comparaba con el de 2022, revelaron la siguiente impresión (término ya aclarado su significado previamente):

discreta mayor sobreexpresión de PSMA de lesión secundaria en hueso ilíaco izquierdo. Estabilidad de los restantes focos óseos secundarios con sobreexpresión de PSMA. No hay nuevas lesiones óseas hipercaptantes. Estabilidad en tamaño y expresión de PSMA de adenopatías torácicas secundarias. Resolución de adenopatía cervical baja derecha. Disminución de tamaño de nódulo suprarrenal izquierdo, sin captación anormal del radiotrazador, indeterminado.

De vuelta en Antofagasta, solicité en la oficina GES de la isapre que me confirmaran al médico oncólogo que estaba viendo como médico GES, cosa que sin ningún tipo de impedimento se logró.

Luego de tener una cita médica oncológica con él, en agosto de 2023, se convoca a una nueva junta con un diagnóstico de cáncer de próstata Gleason 8, operado en 2015, Pt3Bn1M0 recaída en 2018, progresión en 2022 y progresión en 2023, en la cual participaron 10 médicos oncólogos del Centro Oncológico BUPA de Antofagasta. La junta concluye iniciar radioterapia paliativa en la zona dolorosa y una terapia sistémica de tercera línea con cabazitaxel 40 mg, hasta un máximo de 10 ciclos, acorde a respuesta y tolerancia.

Este tratamiento debía complementarse, además, con enzalutamida 160 mg diarios, off label, lo que significaba que no era aprobado por la isapre, y en consecuencia, debía correr con su financiamiento. Por supuesto, su costo era prohibitivo ($2 600 000 por caja mensual), de manera que me recomendó suplirlo por abiraterona nuevamente, existiendo la posibilidad de adquirir un medicamento genérico en el Centro Nacional del Cáncer en Santiago que me costaba $1 247 786 por caja. En este nuevo escenario comenzaría mi cuarta batalla contra el cáncer que me aquejaba.

Para iniciarlo, previamente debía realizarme una sesión de radioterapia para disminuir el dolor del foco metastásico que tenía localizado en la cresta ilíaca. Me dieron la orden para presentarme en el Centro Radiológico de BUPA en Antofagasta, donde me presenté para cotizar el costo de este tratamiento, el cual ascendía a $2 600 000 y debía pagarse previo a la aplicación del tratamiento.

Lamentablemente, este centro no tenía convenio con la isapre, por lo que esta misma me recomendó una clínica con la que mantenía convenio, ubicada en Santiago, donde el tratamiento de radioterapia me costaba menos de $250 000. Fue allí donde me dirigí y donde recibí una excelente atención; sin embargo, debí asumir un costo adicional de un poco más de un millón de pesos por concepto de viaje, alimentación y alojamiento, que no cubre la isapre. Esas son las paradojas que nos ocurren a los enfermos de cáncer cuando la enfermedad se nos vuelve una tragicomedia.

Debo agregar, por otro lado, que, mientras estaba en Santiago en junio de 2023, a sugerencia de quien sería mi médico oncólogo a mi regreso a Antofagasta, contacté a un nuevo grupo de estudio que estaba reclutando voluntarios para un nuevo tratamiento de enfermos de cáncer de próstata metastásico avanzado. Este se fundamentaba en revisiones y guías de evidencia reciente que recomendaban el testeo de mutaciones en genes involucrados en la vía de reparación por recombinación homóloga (HRR), para todos los pacientes con cáncer de próstata, incluidos aquellos con cáncer de próstata metastásico resistente a castración. Esto ayudaría a evaluar la elegibilidad para ensayos clínicos relevantes, ya que se contaba con evidencias que demostraban que aquellos pacientes con mutaciones en estos genes evidenciaban una mayor respuesta a terapias basadas en platino e inhibidores de PARP (PARPi).

Los genes HRR son responsables de reparar el ADN dañado. Las mutaciones en estos genes pueden afectar la capacidad de las células para reparar el ADN, lo que puede conducir al desarrollo del cáncer. Los pacientes con mutaciones HRR tienen una mayor respuesta a terapias basadas en platino e inhibidores de PARP (PARPi). Los estudios han demostrado que los pacientes con mutaciones en genes HRR son más propensos a responder a la terapia con platino y PARPi que aquellos sin mutaciones. Por tanto, el testeo de mutaciones HRR puede ayudar a determinar la elegibilidad para ensayos clínicos relevantes. Actualmente, hay varios ensayos clínicos en curso que están evaluando la eficacia de terapias dirigidas a pacientes con mutaciones HRR en cáncer de próstata.

La terapia con inhibidores de PARP (PARPi) es un tipo de tratamiento dirigido para el cáncer que funciona bloqueando la enzima PARP. La PARP desempeña un papel importante en la reparación del ADN dañado. Al bloquear la PARP, las células cancerosas con defectos en la reparación del ADN, como las que tienen mutaciones en genes BRCA, son más propensas a morir.

El estudio consideró el análisis de 18 genes, incluyendo BRCA1 y BRCA2, cuya interpretación de resultados indicó que no se detectaron variantes puntuales (SNV) y/o pequeñas inserciones o deleciones (INDEL) de relevancia clínica asociadas a dichos genes. Asimismo, tampoco se detectaron variantes en el número de copias (CNV) en los genes BRCA1 y BRCA2. Resultados que no permiten confirmar ni descartar que exista una predisposición a desarrollar la patología de sospecha. Las variantes puntuales, también conocidas como SNV (Single Nucleotide Variants), son cambios en una sola base dentro del ADN, mientras que las variantes en el número de copias CNV (Copy Number Variants) son cambios en el número de copias de un segmento de ADN.

Por su parte, los genes BRCA1 y BRCA2 son genes supresores de tumores que juegan un papel importante en la reparación del ADN dañado. Las mutaciones en estos genes pueden aumentar el riesgo de desarrollar cáncer de mama, cáncer de ovario y otros tipos de cáncer, entre ellos el de próstata.

En resumen, estos resultados no son concluyentes y se necesita más información para determinar si existe una predisposición a las mutaciones.

Retomando el tratamiento recomendado por la junta médica, el 4 de octubre de 2023, recibí el procedimiento de radioterapia paliativa pélvica izquierda, 8 Gy en 1 fracción con técnica IMRT, obteniendo una excelente tolerancia y respuesta analgésica. La radioterapia paliativa pélvica izquierda, 8 Gy en 1 fracción con técnica IMRT, es un tratamiento utilizado para aliviar el dolor y otros síntomas asociados con el cáncer avanzado que afecta la pelvis, como sangrado, obstrucción intestinal o compresión de nervios. No tiene como objetivo curar el cáncer, pero puede mejorar la calidad de vida del paciente.

8 Gy es la dosis de radiación que se administra. La unidad Gy (Gray) se utiliza para medir la dosis de radiación absorbida por el tejido, y 1 fracción se refiere a que la dosis total de 8 Gy se administra en una sola sesión.

IMRT significa radioterapia de intensidad modulada. Es una técnica avanzada de radioterapia que permite administrar una dosis de radiación más precisa al tumor, mientras se protege al máximo los tejidos sanos circundantes.

Los efectos secundarios de la radioterapia paliativa pélvica izquierda, 8 Gy en 1 fracción con técnica IMRT, son generalmente leves y temporales y pueden incluir: fatiga, náuseas y vómitos, diarrea, dermatitis (enrojecimiento de la piel), dolor pélvico, disfunción urinaria y disfunción sexual. De estos, solo sentí la fatiga y un poco de náuseas.

Al ingresar al tratamiento de radioterapia, me presenté con un valor de PSA de 4,53 registrado el 28 de septiembre de 2023, valor que bajó a 3,99 el 13 de octubre. Con este inicié el primer ciclo de quimioterapia a base de cabazitaxel, complementado con abiraterona (Protiga), el 17 de ese mes, y que se repitió cada 21 días. Como consecuencia de la primera sesión, el valor del PSA subió a 4,77 el 2 de noviembre y luego descendió a 3,49 el 23 de ese mes por efecto de la segunda sesión; posteriormente volvió a incrementarse a 3,84 como consecuencia de la tercera quimioterapia recibida, demostrando que la abiraterona no hacía el efecto complementario esperado.

En el intertanto, a través de mi médico oncólogo, encontramos una farmacia que tenía un stock de un bioequivalente de enzalutamida con el nombre de Xalut, de 120 cápsulas de 40 mg cada una, a la mitad del precio de la abiraterona. Esta última la había comprado para las tres primeras sesiones de quimioterapia recibidas.

Este menor valor de enzalutamida se debía a que eran partidas que vencían al mes o dos meses siguientes, de manera que procedimos al reemplazo de abiraterona por enzalutamida, adelantando la compra de una caja de este medicamento para cubrir los siete tratamientos restantes, ante la eventualidad de que en algunos de estos tratamientos no estuviera disponible, lo que afortunadamente no ocurrió. Su reemplazo por este medicamento en el cuarto ciclo de cabazitaxel provocó un drástico descenso del valor del PSA de 3,84 a 0,55 en 21 días. En el quinto ciclo, su valor bajó a 0,27, luego a 0,19 en el sexto y a 0,13 en el séptimo.

Refirámonos a los medicamentos recibidos en este nuevo procedimiento de quimioterapia. El cabazitaxel es un medicamento utilizado para el tratamiento del cáncer de próstata metastásico resistente a la castración que pertenece a la familia de los taxanos, un tipo de agente quimioterapéutico. Su mecanismo de acción sobre el cáncer es actuar inhibiendo la formación y el crecimiento de los microtúbulos, estructuras que son esenciales para la división celular. Esto provoca la muerte de las células cancerosas (apoptosis).

El cabazitaxel ha demostrado ser eficaz en el tratamiento del cáncer de próstata metastásico resistente a la castración, mejorando la supervivencia global y la tasa de respuesta en comparación con otros procedimientos. Sin embargo, tiene los siguientes efectos secundarios:

- Neutropenia (reducción de glóbulos blancos)
- Anemia (reducción de glóbulos rojos)
- Fatiga
- Náuseas y vómitos
- Diarrea
- Estreñimiento
- Dolor de cabeza
- Alopecia (pérdida de cabello)
- Reacciones en el lugar de la inyección

Menos frecuentes:

- Neutropenia febril (infección grave debido a la neutropenia)
- Trombocitopenia (reducción de plaquetas)
- Hemorragias
- Reacciones alérgicas
- Dolor en las articulaciones y los músculos
- Cambios en el sentido del gusto
- Insuficiencia cardíaca

Sin embargo, su aplicación va acompañada de una serie de medicamentos que el médico receta para contrarrestar estos efectos.

La enzalutamida, por otra parte, también es un medicamento utilizado para el tratamiento del cáncer de próstata metastásico resistente a la castración y del cáncer de mama metastásico con receptores de andrógenos positivos (HR+/HER2-).

El mecanismo de acción de la enzalutamida es la de un antiandrógeno que actúa bloqueando la acción de las hormonas masculinas (andrógenos) en las células del cáncer de próstata y mama. Esto reduce el crecimiento y la supervivencia de las células cancerosas. Este medicamento ha demostrado ser eficaz en el tratamiento del cáncer de próstata metastásico resistente a la castración, mejorando la supervivencia global y la tasa de respuesta en comparación con otros tratamientos. En el cáncer de mama metastásico HR+/HER2-, la enzalutamida ha demostrado mejorar la supervivencia libre de progresión en combinación con palbociclib.

En el cáncer de próstata metastásico, se une a los receptores de andrógenos en las células cancerosas de próstata, bloqueando la acción de la testosterona. Esto impide que la testosterona envíe señales a las células cancerosas para que crezcan y se dividan. También impide que las células cancerosas de próstata produzcan su propia testosterona, bloqueando la producción de una enzima llamada CYP17A1, que es necesaria para la producción de esta hormona.

Sus efectos secundarios más frecuentes son:

- Confusión.
- Ceguera.
- Otros problemas a la visión.
- Cansancio.
- Debilidad (astemia: sensación generalizada de cansancio, debilidad y agotamiento físico y mental).
- Dolor de cabeza.
- Caídas.
- Sensación de ansiedad.
- Picor.
- Dificultad para recordar.
- Bloqueo de las arterias del corazón.
- Aumento del tamaño de las mamas en los hombres.
- Síntomas del síndrome de pierna inquieta (SPI).
- Perdida de la concentración y olvido.
- Fatiga.
- Dolor en las articulaciones y los músculos.
- Diarrea.
- Náuseas y vómitos.

- Estreñimiento.
- Aumento de la presión arterial.
- Sofocos.
- Disminución del apetito.
- Pérdida de cabello.
- Cambios en el sentido del gusto.

Menos frecuentes:

- Convulsiones
- Insuficiencia cardíaca.
- Daño hepático.
- Reacciones alérgicas.
- Fracturas óseas.
- Depresión.
- Dificultad para pensar.
- Alucinaciones.

Otros:

- Dolor muscular.
- Espasmos musculares.
- Debilidad muscular.
- Dolor de espalda.
- Mareos.

El efecto combinado de ambos medicamentos, enzalutamida y cabazitaxel, puede aumentar el riesgo de efectos secundarios, especialmente:

- Fatiga.
- Neutropenia (reducción de glóbulos blancos).
- Anemia (reducción de glóbulos rojos).
- Diarrea.

- Náuseas y vómitos.
- Dolor en las articulaciones y los músculos.
- Hipertensión arterial.
- Síndrome de piernas inquietas (SPI).

El SPI es un trastorno neurológico que se caracteriza por una sensación incómoda en las piernas, que suele empeorar por la noche y con el descanso. Se ha observado como un efecto secundario poco común tanto de la enzalutamida como del cabazitaxel.

La combinación de ambos medicamentos también puede causar efectos secundarios que afecten la función cognitiva, como:

- Desorientación.
- Sensación de cabeza pesada.
- Dificultad para concentrarse.
- Pérdida de la claridad de pensar.
- Problemas de memoria.
- Confusión.

Estos efectos secundarios son generalmente leves a moderados y suelen ser temporales. Sin embargo, en algunos casos pueden ser más graves e interferir con las actividades cotidianas. Entre los factores que aumentan este riesgo se encuentran:

- Edad avanzada.
- Deterioro cognitivo preexistente.
- Otros medicamentos que pueden afectar la función cognitiva.
- Dosis altas de cabazitaxel o enzalutamida.

Señalados los efectos combinados de ambos medicamentos, una vez más en esta tragicomedia de mi enfermedad, me volví a «sacar la lotería», siendo afectado por los dos a la vez. El síndrome de la pierna inquieta es una molestia que comencé a sentir al recibir el primer ciclo de cabazitaxel, en el mismo asiento donde recibía la quimio; es la sensación más desagradable que he sentido, difícil de describir, es una sensación de incomodidad que genera la necesidad de mover las piernas sin poder controlarlas, se pasa de una a otra y luego a los brazos.

Evitar su movimiento supone un incremento de la necesidad de hacerlo, que se refleja en ansiedad o en la sensación de energía que se concentra en las extremidades; es como si se tuviera un motor interno que incita a moverlas, aunque uno se resista. Cuando estoy recibiendo la quimio no soy capaz de permanecer quieto varios minutos seguidos: muevo las piernas de delante hacia atrás, las subo, las cruzo, cambio mi posición y me mantengo sumamente inquieto.

Todo ello se acrecentó aún más al comenzar a medicamentarme con Enzalutamida, extendiéndose hasta los brazos. En las noches era imposible dormir; no podía estar en la cama, me levantaba y paseaba de una pieza a otra por toda la casa. Estuve más de una semana en esas condiciones, con mucho sueño al no poder dormir y hacerlo solo un par de horas diarias. Al explicarle el problema al médico, me envió a una interconsulta con una neuróloga, quien me recetó Pramipexol 0,25 mg, medicamento que por lo menos me dejó dormir por las noches.

Sin embargo, el síndrome persiste cuando estoy mucho rato quieto o acostado: saltan las dos piernas como resortes y le siguen los brazos, por lo que debí aumentar la dosis, medicándome cada 12 horas. Es la única forma de estar controlado hasta ahora que continúo con el tratamiento a base de Enzalutamida.

El otro efecto producto de la combinación de ambos medicamentos, sumados a los que produce pramipexol, también lo padezco, como el sentirme mareado y no poderme concentrar en lo que estoy haciendo o pensando, sentirme confundido, me ha quitado mucho la calidad de vida que había alcanzado readaptándome a mi enfermedad. Para lograr volver a la normalidad, comencé a correr la hora en la que me tomaba la enzalutamida y el pramipexol, y comenzó a darme resultado, pero no llegué al 100 % de lo que era.

El Pramipexol reduce la severidad de los síntomas del síndrome de piernas inquietas, como la necesidad imperiosa de mover las piernas y las sensaciones incómodas. Mejora la calidad del sueño y la función diurna.

Pramipexol es un agonista dopaminérgico que actúa estimulando los receptores de dopamina en el cerebro. La dopamina es un neurotransmisor que desempeña un papel importante en el control del movimiento, la motivación y la recompensa.

Efectos secundarios frecuentes:

- Náuseas.
- Vómitos.
- Estreñimiento.
- Mareos.
- Fatiga.
- Dolor de cabeza.
- Somnolencia.
- Discinesia (movimientos involuntarios).

Menos frecuentes:

- Alucinaciones.
- Confusión.
- Insomnio.
- Ansiedad.
- Depresión.
- Hipotensión.
- Reacciones alérgicas.

Larrosa (2020) señala que, a la hora de vivir con el síndrome de la pierna inquieta (SPI), uno de los grandes problemas a los que se enfrenta el afectado es saber qué medicamentos pueden potenciar o provocar síntomas de SPI, y es un problema, ya que los especialistas que prescriben medicamentos que provocan o empeoran la enfermedad desconocen esta circunstancia en general, o consideran que el SPI es un problema «menor» ante otros problemas de salud.

Considera, además, que esta actitud es un ERROR en la mayoría de los casos, ya que los medicamentos que lo provocan o afectan negativamente pueden hacer que el SPI pase a ser el problema predominante, si ya no lo era. Para empeorar la situación, en prácticamente ningún prospecto de estos medicamentos se habla de este posible efecto «adverso». Sin embargo, yo puedo asegurar que ahora aparece en el prospecto de Enzalutamida.

Agrega, además, que los medicamentos potenciadores de la enfermedad lo son solo en principio en individuos que la padecen o están predispuestos a padecerla, como es el caso de aquellos que tienen «riesgo genético».

De acuerdo con Larrosa, existen muchos medicamentos que afectan y agravan el SPI y se encuentran entre los siguientes grupos:

- Antagonistas dopaminérgicos a nivel del receptor D2 en el sistema nervioso central. Entre ellos, muchos fármacos antináuseas y reguladores de la motilidad intestinal, muy usados, como metoclopramida (Primperán®) y levogastrol (antidopaminérgicos); a este respecto, la domperidona (Motilium®) es inocua para los síntomas de SPI-EWE (solo tiene efectos periféricos, no centrales) y no está claro que el ondansetrón (usado para las náuseas provocadas por quimioterapia en cáncer) los empeore, dado su mecanismo de acción. Tanto Domperidona y Ondansetrón son medicamentos que recibí en este tratamiento de quimioterapia con Cabazitaxel y Enzalatumida.

- Antihistamínicos sedantes. Incluyen algunos medicamentos que afectan negativamente al SPI, como los de efecto sedante para provocar sueño. Entre los potentes, destacan la hidroxizina (Atarax®) y la dexclorfeniramina (Polaramine®) para alergias serias. En los de primera generación con efecto sedante están la bromfeniramina, clorfeniramina, dimenhidrinato, difenhidramina, doxilamina y alimemazina (Variagil®), esta última utilizada en ocasiones en pediatría para el insomnio infantil. Entre los de segunda generación no sedantes, o poco, y, por tanto, con poco potencial de empeoramiento del SPI, están la loratadina, cetirizina, ebastina y fexofenadina (loratadina me ha sido recetada para los problemas de alergias que producen las quimioterapias).

- Antidepresivos. Como los inhibidores selectivos de la recaptación de serotonina, y que se cuentan con más evidencias de empeorar el SPI, entre ellos, la fluoxetina, fluvoxamina, citalopram y escitalopram. Como posibles potenciadores, que no siempre, se puede arriesgar a tomarlos a ver qué pasa, están la paroxetina y la sertralina (la cual resalto porque, en mi caso, me fue recetada para disminuir los efectos de la andropausia, pero dejé de tomarla por sus efectos secundarios ya señalados previamente). Los inhibidores mixtos de la recaptación de noradrenalina y serotonina, como son la venlafaxina, desvenlafaxina y la duloxetina (Cymbalta®), en general están considerados como claros potenciadores del SPI. Lo mismo ocurre con antidepresivos antagonistas de 5-HT2A como mirtazapina y mianserina.

- Antihipertensivos. Considerados los fármacos más preocupantes a la hora de empeorar los síntomas de SPI. Los posibles potenciadores son los antagonistas de canales del calcio, con posible efecto antidopaminérgico (los terminados en «ino»: nifedipino, amlodipino, nicardipino) y los betabloqueantes (terminados en «ol»: propranolol, atenolol, bisoprolol; resalto la amlodipino y el bisoprolol, porque son otro de los medicamentos que está en mi lista, y que me fueron recetados para controlar la presión arterial y la arritmia cardíaca, heredada del consumo de Abiraterona).

- Sales de litio. Usadas como «estabilizadoras del humor» en el trastorno bipolar y otros procesos psiquiátricos. Con frecuencia potencian los síntomas de SPI; además, pueden provocar insomnio.

Además de todo lo señalado, debo adicionar que al sexto día de cada ciclo de tratamiento debí autoinyectarme, por cinco días seguidos, Filgrastim, un medicamento que se utiliza para estimular la producción de glóbulos blancos en la médula ósea. Se administra a pacientes con cáncer que reciben quimioterapia, como cabazitaxel junto a enzalutamida, para prevenir la neutropenia, condición en la que el cuerpo tiene un número bajo de glóbulos blancos.

Sin embargo, al igual que todos los medicamentos, este también produce ciertos efectos secundarios comunes como dolor óseo, fatiga, dolor de cabeza, náuseas, vómitos, diarrea, estreñimiento, pérdida de apetito, fiebre, escalofríos y sarpullido; y como efectos secundarios menos comunes: dolor en las articulaciones, entumecimiento u hormigueo en las manos o los pies, dificultad para respirar, sibilancias y ritmo cardíaco acelerado. Dentro de los efectos más graves, pueden ocurrir reacción alérgica grave, síndrome de fuga capilar y leucemia mieloide aguda (en casos raros). Los más molestos son los hormigueos de las manos, que en la noche no dejan dormir, junto a un ruido permanente en los oídos.

Señalados los efectos de los medicamentos que contemplaron esta nueva etapa para controlar mi cáncer, continúo con los resultados que ambos provocaron en mí. El 12 de febrero de 2024, el médico me envió a realizarme una tomografía de tórax, abdomen y pelvis con contraste, para lo cual la clínica donde me los hice me solicitó los últimos exámenes de este tipo que me había hecho. Les llevé los resultados de PET, centellograma y resonancia magnética, realizados en junio de 2023.

Sin embargo, el informe entregado por este laboratorio, que fue el mismo donde me realicé el primer examen en noviembre de 2015, después de obtener los resultados de biopsia que desvelaban mi cáncer, y que motivaron mi viaje al Hospital Clínico de la UC para operarme en Santiago, señalaba lo siguiente: «Se dispone para comparación tomografía computada previa del 30 de noviembre de 2015». Con ello, quedaba claro que todos los antecedentes que pidieron y que les proporcioné no fueron utilizados en la comparación. El informe en sí señalaba:

- Cambios posquirúrgicos de prostatectomía con vaciamiento ganglionar y clips quirúrgicos en relación con los vasos ilíacos externos. Adenopatía redondeada de 10 mm a nivel de la cadena ilíaca externa, de aspecto inespecífico.
- Foco de metástasis osteoblástica a nivel del ala ilíaca izquierda de aproximadamente 60 mm, otros focos osteoblásticos nodulares de menor tamaño en el ala ilíaca derecha y cuerpos vertebrales hasta T3; a modo de ejemplo, uno de 1 cm en cuerpo vertebral L3, que ha aumentado de tamaño respecto al estudio previo (es decir, el de 2015).
- Impresión y diagnóstico: antecedentes de cáncer operado con metástasis blásticas en ambos huesos ilíacos y cuerpos vertebrales; en este último nivel, algunos de ellos aumentados de tamaño. Adenopatía redondeada a nivel de la región ilíaca externa, aspecto inespecífico. Vejiga en repleción sin litiasis, con significativo

engrosamiento parietal masiforme en el aspecto anterior. Sugiere RM dirigida. Nódulo suprarrenal izquierdo compatible con adenoma. Quistes corticales renales bilaterales. Escasos divertículos en colon sigmoides y descendentes, no complicados. Hernia inguinal bilateral no complicada.

Estos resultados, cuya comparación se hace con antecedentes de hace ocho años y no con los que llevé del 2023, muestran que los efectos de este último tratamiento continúan manteniendo al cáncer solamente replegado, lo que veo con optimismo, porque no avanza; sin embargo, tengo suficiente fuerza interior para seguir dándole pelea.

Al llegar al octavo ciclo, mi médico oncólogo había renunciado, asignándome una doctora en su lugar, a la que nuevamente debí llevarle todo mi expediente para que se interiorizara de mi caso y conversar sobre mi situación clínica. Muy agradable y empática, miró los resultados que llevaba y me dijo que se veía que reaccionaba bien al tratamiento, de manera que seguiríamos con las 10 sesiones programadas.

Sin embargo, no le gustaban los resultados de la tomografía de tórax, abdomen y pelvis que me había hecho; hizo una nota y me envió al laboratorio donde me los hice para que los compararan con los resultados del PET de 2023 que les había llevado. En el laboratorio me señalaron que volviera en dos días, que allí me los tendrían, pero parece que entendí mal, porque debí ir tres veces para que hicieran un informe que decía lo mismo que emitieron previamente. A la doctora no le gustó el informe, y acordamos que en el futuro viajaría a Santiago para realizarme exámenes de este tipo.

El informe señalaba: «A petición del tratante se realiza comparación con PET-CT del 20/06/2023. Persisten adenopatías paratraqueales derechas, subcarinales e hiliares derechas sin variaciones significativas en número ni tamaño, la mayor a nivel paratraqueal derecho de 8 mm. Nódulo suprarrenal izquierdo y quistes corticales renales bilaterales sin cambios. Vejiga en repleción sin litiasis, con significativo engrosamiento parietal masiforme en el aspecto anterior que mide 3.0 x 1,5 cm, de similar extensión respecto a estudio previo. Sugiero RM dirigida. Adenopatías bilaterales a nivel de la cadena ilíaca externa, sin variaciones en tamaño ni número. Múltiples focos de metástasis osteoblásticas nodulares en ambas alas ilíacas izquierda, sacro y cuerpos vertebrales, con mayor compromiso del ala izquierda de aproximadamente 60 mm y L3 de 10 mm de similar extensión. Lo mismo que se indicó en el informe de resultado previo».

Posteriormente, y luego de realizarme el octavo ciclo de quimioterapia con cabazitaxel, me extendió la orden de exámenes para realizarme el noveno ciclo el 3 de abril de 2024. En estos exámenes, realizados el 1 de abril, se incluía por primera vez en todo mi tratamiento la determinación del PSA libre.

Quiero agregar aquí que, en un paciente con cáncer de próstata metastásico en etapa IV, la medición de PSA total y PSA libre, junto con la evaluación clínica y otras pruebas complementarias como imágenes, desempeña un papel importante en el seguimiento del tratamiento y la detección de la progresión de la enfermedad.

Las razones para solicitar PSA libre en este contexto involucran:

- Monitorizar la respuesta al tratamiento: La disminución de la PSA total después de la quimioterapia prolongada indica una respuesta favorable al tratamiento.
- La PSA libre, al ser una fracción más específica de la PSA total para el cáncer, puede ofrecer información adicional sobre la respuesta tumoral. Por ejemplo, si la PSA libre ha disminuido en comparación con valores previos al tratamiento, puede indicar una respuesta parcial al tratamiento, incluso si la PSA total no ha

alcanzado un nivel indetectable. Si se mantiene estable o aumenta, podría sugerir la presencia de enfermedad residual, incluso con un PSA total bajo.

- Detectar la progresión del cáncer: Un aumento del PSA libre, especialmente si se acompaña de un aumento del PSA total, puede ser un indicio de progresión del cáncer, incluso si el PSA total aún se encuentra en un rango bajo. Ello permite identificar la progresión de la enfermedad antes de que se manifiesten síntomas clínicos o cambios en otras pruebas de imagen.

- Evaluar la necesidad de modificar el tratamiento que se está recibiendo: La información proporcionada por la PSA total y la PSA libre, junto con otros datos clínicos, ayuda al médico a determinar si es necesario modificar el tratamiento actual. Permite, además, ajustar la estrategia terapéutica de forma individualizada, optimizando las posibilidades de control del cáncer.

- Pronóstico y toma de decisiones: Una PSA libre baja en pacientes con metástasis puede asociarse con un pronóstico peor. La información de la PSA libre, junto con otros factores, puede ser útil para la toma de decisiones sobre el manejo del cáncer, como la elección de terapias de segunda línea o la participación en ensayos clínicos.

Sin embargo, la interpretación del PSA libre en pacientes con metástasis debe ser individualizada, considerando el contexto clínico completo, la historia del paciente y las características del tumor.

El valor de corte para el PSA libre puede variar según el laboratorio y el método de medición utilizado.

Es importante consultar con médicos especialistas la interpretación de los resultados de la PSA total y PSA libre en el contexto individual de cada paciente.

En resumen, la PSA libre en un paciente con cáncer de próstata metastásico en etapa IV, junto con la PSA total y otras pruebas, proporciona información valiosa sobre la respuesta al tratamiento, la detección de la progresión y la toma de decisiones terapéuticas. La interpretación individualizada por parte del médico especialista es crucial para un manejo adecuado del cáncer.

La PSA es una proteína producida por las células de la glándula prostática. Se encuentra en pequeñas cantidades en la sangre de todos los hombres, incluso en aquellos con una próstata sana.

La PSA total mide la cantidad total de PSA en la sangre, independientemente de si está unido a proteínas o no. Sus valores normales son < 4 ng/ml; cuando se está en la zona gris, estos valores van de 4-10 ng/ml, y para un diagnóstico ligado a ellos, se requiere una mayor evaluación. Una PSA elevada > 10 ng/ml implica un mayor riesgo de cáncer de próstata o hiperplasia benigna de próstata (HBP).

Por su lado, la PSA libre es la fracción del PSA total que no está unido a proteínas y circula libremente en la sangre. Es más probable que este tipo de PSA se origine en células cancerosas; sus valores se consideran normales si son > 25 % de la PSA total y de mayor riesgo de cáncer de próstata si su valor es bajo, < 25 % del PSA total.

La relación PSA libre/PSA total se utiliza para calcular el porcentaje de PSA libre en relación con el PSA total. Un valor bajo puede indicar un mayor riesgo de cáncer de próstata.

En mi caso, los resultados del 1 de abril de 2024 mostraron un valor de PSA total de 0,15, levemente superior a los 0,13 del 8 de marzo, mientras que el valor de la PSA libre alcanzó 0,07. Este último me asustó, pues, según lo que había investigado ya señalado previamente, una cifra baja de PSA libre implicaba que la enfermedad se complicaba. Sin embargo, al calcular la proporción porcentual respecto al valor de la PSA total, esta arrojó que correspondía a un 46,7 %, cifra muy superior al 25 % considerado normal por sobre este valor. Con estos valores, me hice mi noveno ciclo de quimioterapia el 3 de abril.

Los resultados, 21 días más tarde de recibir mi novena sesión de este ciclo de quimioterapia junto con Enzalutamida, revelaban que la PSA total volvía a 0,13, mientras que la PSA libre bajó a 0,05, representando una proporción porcentual respecto al valor de la PSA total de 38,5 %.

En este escenario, y luego de haber recibido la novena sesión de quimioterapia, tuve consulta médica con la oncóloga, quien me confirmó que efectivamente me había solicitado dicho examen para precisar la evolución de mi tratamiento. Por estos resultados estaba contenta, por cómo mi cuerpo había reaccionado a la quimioterapia, que, según ella, no muchos resisten, de manera que para descansar un poco de los efectos secundarios que estaba padeciendo con la quimioterapia, no era necesario continuar hasta el décimo ciclo.

Por lo pronto, debería continuar con el tratamiento solo de Enzalutamida, lo que en mi caso sería expuesto ante la comisión médica para proponer la activación de un GES CAEC para la compra de dicho medicamento, que hasta ese momento era yo quien financiaba.

Debo agregar que, en forma paralela, la doctora me pidió que me realizara un examen de estudio genético para detectar potenciales mutaciones en el gen BRCA1 y BRCA2 que fuera más concluyente que lo indicado previamente, con el objeto de determinar un potencial próximo escenario de tratamiento. Por mi parte, confío en que la detención del avance del cáncer actual dure al menos un par de años antes de tener que recurrir a otros tratamientos, a los cuales estoy dispuesto a someterme para seguir luchando contra la enfermedad, siempre que mis recursos económicos lo permitan. El examen me lo hice el 23 de abril y los resultados estuvieron el 8 de mayo de 2024.

Estos resultados señalaron que no se encontró ninguna mutación para los genes BRCA1 y BRCA2 con un vínculo patogénico establecido. No se detectaron mutaciones con significación clínica. Se recomendaba que la interpretación de estos resultados debía hacerse en el contexto de la historia clínica y familiar como paciente, teniendo en cuenta que la interpretación y clasificación de las variantes reportadas pueden cambiar con el tiempo. Me recomendaron también consultar a un asesor genético para obtener servicios relacionados con las implicaciones de estos resultados en el contexto de la comprensión de ellos y de potenciales hallazgos incidentales, la planificación familiar y la información a los miembros de la familia de los resultados genéticos potencialmente dañinos.

Por su parte, la Comisión Médica falló favorablemente a lo solicitado por la Dra., de manera que, con los documentos proporcionados por esta, más las indicaciones registradas en el folio GES, dejado por la Dra., como paciente con cáncer de próstata en estadio IV, acordaron mantener el tratamiento con medicamento antineoplásico, Enzalutamida, para impedir la multiplicación de las células cancerosas. Este tratamiento se haría por doce meses más, en dosis de 160 mg diario. Posteriormente, me extendieron copia de la documentación emitida por la Comisión, la cual se había enviado a la Isapre para que este medicamento se incluyera en mi canasta como GES-CAEC por los doce meses recomendados.

Con ellos me dirigí a la Isapre para solicitar mi primera caja del medicamento, donde debí realizar un copago de $930 169 y en los tres meses siguientes el saldo para completar un total de $4 578 631, equivalente al 100 % del copago, por las 12 cajas que se me había recetado para el año.

A esta ya compleja situación de «mi tragicomedia», se sumó el hecho de que cada consulta médica mensual para revisar mis exámenes de sangre y evaluar mi respuesta al tratamiento generaba nuevos cobros. A pesar de presentar el bono de consulta, la Isapre comenzó a enviarme cobros mensuales por concepto de «Copago por Honorarios Médicos por Tratamiento de

Quimioterapia (Enzalutamida) de Alto Riesgo», por un total de $170 869, de los cuales debía pagar mensualmente $114 059 por la prescripción de cada receta.

En diciembre, tras pagar el octavo bono, recibí junto a la boleta un folleto titulado: «Paso a paso tratamientos de quimioterapia o drogas biológicas (GES/CAEC) en prestadores», que detallaba seis pasos a seguir. El paso 3 indicaba que GESMED (el prestador al que están adscritos los médicos del Centro Oncológico BUPA) se contactaría conmigo y con la Clínica CBR o CBA para coordinar el inicio del tratamiento, informándome del costo y solicitando el pago del COPAGO antes de la preparación de los medicamentos y la confirmación de la fecha y hora de administración. Esto me pareció contradictorio, ya que recibía un medicamento envasado en cajas de 120 cápsulas (cuatro diarias), y los bonos de pago aparecían como «procedimientos ambulatorios», lo que dificultaba entender qué se estaba pagando realmente.

Confieso que, hasta ese momento, desconocía la existencia de estos pagos. Nadie me había informado al respecto, y aún hoy me cuesta comprender su naturaleza. Como si fuera una cruel ironía, el 23 de diciembre de 2024, la Isapre me envió una serie de correos electrónicos informándome que debía pagar el copago a GESMED por los nueve tratamientos de quimioterapia con Cabazitaxel que recibí entre octubre de 2023 y abril de 2024, además de las órdenes médicas correspondientes, repitiendo la situación vivida con la Enzalutamida. Cada tratamiento tenía un costo de $3 377 968, de los cuales debía pagar $111 550, más los ya mencionados $114 059 mensuales por «Honorarios Médicos por Tratamiento de Quimioterapia de Alto Riesgo».

A todo esto, debo sumar el desembolso por tres compras de abiraterona, a $1 247 786 cada una, y siete compras de Xalut (Enzalutamida), a $600 000 cada una.

En resumen, desde octubre de 2023 hasta diciembre de 2024, mi tratamiento de cáncer a través del GES en mi Isapre me ha supuesto un gasto personal de más de \$22 000 000, considerando radioterapia, quimioterapia, medicamentos complementarios fuera de cobertura (off-label), exámenes de imagen y medicamentos para contrarrestar los efectos secundarios.

Todos estos gastos que señalo, me obligan a preguntarme ¿qué pasa con aquellos que no tienen los recursos para hacerlo? Es por eso por lo que, en mi caso, y a mis 70 años, continúo trabajando, ya que de no hacerlo me vería imposibilitado de costear los medicamentos de última generación que van surgiendo y los tratamientos que ellos implican. Agreguemos un elemento más a esta tragicomedia: hasta este año 2024, existía una ley de incentivo al retiro para los funcionarios de las universidades estatales que cumplían la edad de jubilación (60 años para las mujeres y 65 para los hombres), donde se incluían también a funcionarios que hubieran cumplido los 70 años hasta diciembre de 2023. Yo los cumplí en marzo de 2024, de manera que quedé fuera de esta posibilidad de retiro.

Como he señalado, la ley estaba vigente hasta el 2024, pero se extendió por un año más, por lo que ahora cruzo mis dedos para que en esta extensión se incluya nuevamente a quienes cumplimos 70 años en 2024, de manera que podamos retirarnos con algo de dinero, que en mi caso me permita seguir costeando mis tratamientos, ya que la jubilación que recibiré apenas alcanzará para cubrir menos del 25 % de mi salario actual, y con ello no podré costear los tratamientos que surjan para mi cáncer.

Señalo todo esto porque, lamentablemente, el ahorro es limitado. Cuesta mucho ahorrar; por ello puse en venta mi casa de Vallenar, la que aún no he podido vender, y, por tanto, me he visto obligado también a poner en venta la casa donde vivo actualmente en Antofagasta. Estoy convencido de que viviré un buen tiempo más con esta enfermedad, pero necesitaré dinero para hacerle frente. El jubilarme, sin la vigencia de la ley de retiro que he señalado, significa que me voy solo con las «muchas gracias por haber servido en la universidad por más de 40 años».

El estar activo trabajando me ha permitido, además, recibir el pago de incentivos por producción científica, esto es, por la realización de publicaciones de las investigaciones que realizamos, que sirven de mucho para estos gastos que nos produce el cáncer. Aunque, lamentablemente, la mitad de lo que recibimos por ello se va en pago de impuestos, pagos que, por lo demás, están fuera de los impuestos mensuales que se nos aplica a nuestro salario y que, en la declaración anual que debemos realizar de los ingresos percibidos, nuevamente debemos volver a pagar una diferencia de impuestos que no es menor.

Todo esto resulta especialmente doloroso para un enfermo de cáncer que no recibe ningún tipo de ayuda del Estado. Como bien dijo alguien, «está mal pelado el chancho». A pesar de las dificultades, sigo adelante, pues es un capítulo más que debo asumir en esta tragicomedia que es mi cáncer.

Continuando con mis tratamientos, debo agregar que, en septiembre de 2024, en mi sexto mes recibiendo enzalutamida, la PSA total se incrementó levemente, subiendo de 0,13 a 0,18, mientras que la PSA libre subió a 0,06, generando una proporción porcentual de 33,3 %. En octubre el valor de la PSA total alcanzó 0,17 y la libre 0,08, arrojando un índice PSA libre/total de 47,06 %. Con estos resultados, y ya pasada la mitad de este tratamiento, la doctora me extendió órdenes médicas para que me realizara un escáner de pelvis, abdomen y tórax, y un centellograma óseo, cuyos costos alcanzaron $1,140,000, de los cuales debí pagar la mitad.

Los resultados de PSA, y los de los exámenes que paso a transcribir, pusieron en ese momento contenta a mi médica al igual que a mí, señalándome que, si la PSA mantenía estos valores basales (0,13 a 0,17), deberíamos comenzar a preocuparnos cuando estos comenzaran a incrementarse, pero que no deberían alcanzar un valor de 2 ng/ml. De alcanzarse este valor, dispondríamos solo de seis meses para encontrar otro tratamiento, y, como ya lo he señalado, espero que ello ocurra en unos años más.

Pero esto no fue así, en noviembre el valor de la PSA subió a 0,23 y en diciembre, como regalo de navidad, incrementó a 0,25, duplicando el valor basal con el cual había comenzado este tratamiento. Esto, por supuesto, no le gusto a mi oncóloga, quien, como valor crítico de 2 que me había señalado en octubre, me indicó que ahora sería 1 ng/ml. Agregó también, que en marzo de 2025 habría que realizar un examen PET, junto a otros exámenes de imagenología para evaluar el estado de las metástasis. Por supuesto, me tembló el bolsillo al recordar que solo el PET me costaría más de 1,5 millones de pesos.

Los resultados del centellograma óseo realizados en octubre, por su parte, señalaron lo siguiente: se observa intenso aumento focal de captación de Tc99m-MDP en la articulación sacroilíaca izquierda. Además, un pequeño foco leve en el sitio de proyección de la unión costovertebral izquierda de T6.

Por otra parte, se aprecia aumento de fijación del radiotrazador en hombros, difuso, leve en el derecho y de moderada a severa intensidad en el izquierdo; en rodillas, leve a moderada, con focos de mayor intensidad en la rótula derecha y en la articulación femoral-tibial medial de la rodilla izquierda; y también en el tarso anterior izquierdo, mínimo. El esternón presenta leve aumento de actividad, transversal en el tercio medio del cuerpo.

Riñones de aspecto habitual.

Concluyendo: intenso aumento focal de actividad osteoblástica en la articulación sacroilíaca sugerente de lesión secundaria. Presente en estudio de 2023, sin variación significativa. Pequeño foco en sexta unión costovertebral izquierda, inespecífica, tampoco presenta variaciones respecto a estudios previos. El pequeño foco en esternón podría corresponder a variante anatómica; dado el contexto clínico, debe controlarse. Actividad osteoblástica aumentada en el resto de las localizaciones descritas, compatibles con patología degenerativa-inflamatoria articular, con mayor componente inflamatorio activo en hombro izquierdo.

Todos estos resultados confirman la presencia de metástasis, especialmente el aumento de actividad en la articulación sacroilíaca, lo cual es un hallazgo común en pacientes con cáncer de próstata avanzado. Por otro lado, también nos señala que la enfermedad está estabilizada; el hecho de que las lesiones no hayan aumentado significativamente desde el estudio anterior sugiere que la enfermedad está relativamente estable, al menos en cuanto a su extensión ósea.

Dada la presencia de metástasis y la posibilidad de que el pequeño foco en el esternón pueda ser un foco tumoral, es fundamental realizar controles periódicos para evaluar la evolución de la enfermedad. Por otro lado, las afecciones en otras articulaciones sugieren la coexistencia de procesos artrósicos o inflamatorios, lo que podría contribuir al dolor y a mi discapacidad como paciente, cuyo origen tengo claramente establecido, ya que proceden del abuso que hice en mis actividades de buceo, que me permitieron ganarme una burbuja en mi hombro izquierdo.

Cómo me la gané, lo relato en mi libro *Develando las respuestas físicas-biogeoquímicas del recurso Argopecten purpuratus en la reserva marina de Chile: La Rinconada*, editado por Corporación Ígneo, S.A.C., para su sello editorial Caduceus, en el anexo cinco historias de mar «atrapado en el fondo».

Por su parte, los resultados de la tomografía computarizada (TC) de tórax, abdomen y pelvis con contraste indicaron lo siguiente:

Volumen y arquitectura pulmonar conservada. Tráquea y bronquios principales permeables. No hay derrame pleural ni neumotórax. No hay focos de condensación neumónica ni nódulos pulmonares patológicos. Corazón de tamaño normal. No hay derrame pericárdico. Ateromatosis coronaria. Aorta y grandes vasos del tórax de calibre conservado. Ateromatosis aórtica de tipo mixto. Adenopatías mediastínicas subcentimétricas a nivel paratraqueal, subcarinal e hiliar derecha, sin cambios respecto al estudio previo. Disminución de la densidad hepática de forma difusa y homogénea por probable infiltración grasa a este nivel, con signos de hepatopatía crónica. No se observan lesiones focales. Vesícula biliar en repleción parcial, de paredes finas y contenido hipodenso homogéneo. Nódulo suprarrenal izquierdo, de 21 mm, con características adenomatosas. Bazo y páncreas sin alteraciones. No hay dilatación de la vía biliar intra ni extrahepática. Riñones sin litiasis ni hidronefrosis. En el tercio medio del riñón derecho se identifica una lesión quística de corte cava de aspecto simple que mide 35 mm. En el tercio medio del riñón izquierdo se identifica una lesión cortical exofítica de aspecto quístico simple que mide 9 mm. Hubo adecuada eliminación renal. Cava inferior, porta y sus ramas principales permeables. Vejiga en repleción sin litiasis. Leve engrosamiento focal de la pared anterior que mide 4 mm, de similares características respecto al estudio previo. Cambios posquirúrgicos a nivel prostático, clips quirúrgicos a nivel de los vasos ilíacos. No se observan signos de recidiva local. Asas de calibre conservado. Divertículo en hígado del colon descendente, sin signos de complicación actual. No hay líquido libre significativo en las porciones visibles.

Adenopatías a nivel de las cadenas ilíacas externas de hasta 11 mm, de aspecto indeterminado. Fosas isquiorrectales libres. Defecto músculo aponeurótico a nivel inguinal bilateral; a la derecha mide 21 mm y el izquierdo 19, con contenido omental, sin presencia de asas, sin signos de complicación actual. En ventana ósea se identifican lesiones de aspecto practicado a nivel del ala ilíaca izquierda que mide 64 mm, otros focos de menor tamaño en el ala ilíaca derecha, de hasta 11 mm, y varios focos nodulares a nivel acetabular izquierdo, cuerpos vertebrales de columna dorsal y lumbar, costales y esternón, a este mismo nivel.

Se sugiere que el presente resultado debe correlacionarse con el cuadro clínico y ser evaluado por el médico tratante. A modo de ejemplo, una lesión mide 10,5 mm. Las lesiones mencionadas se mantienen estables respecto al estudio previo. Nódulo tiroideo izquierdo; se sugiere evaluar de forma ecográfica dirigida.

La impresión diagnóstica señala:

- Múltiples lesiones óseas de tipo blásticas de aspecto secundario a nivel de ambas alas ilíacas, cuerpos vertebrales, costillas y esternón, así como adenopatías en las cadenas ilíacas externas bilaterales, de aspecto indeterminado.
- Engrosamiento focal de la pared vesical sin cambios respecto al estudio previo.
- Adenopatías mediastínicas subcentimétricas de aspecto indeterminado, sin cambios respecto al estudio previo.
- Ateromatosis aortocoronaria.
- Esteatosis hepática con signos de hepatopatía crónica.
- Nódulo suprarrenal izquierdo de aspecto adenomatoso.
- Quistes corticales renales de aspecto simple bilaterales. Bosniak tipo I.
- Divertículos en colon descendente.
- Pequeñas hernias inguinales bilaterales sin signos de complicación actual.
- Nódulo tiroideo izquierdo; se sugiere evaluar de forma ecográfico-dirigida.

En resumen, ambos resultados, tanto del centellograma como de la tomografía computarizada, muestran que el cáncer está detenido, mostrando las mismas lesiones con las cuales se inició el tratamiento, que ha evitado que estas lesiones avancen, con algunas que lo han hecho de forma muy reducida. Por otro lado, sin embargo, muestran la aparición de otras enfermedades de cuidado a las que me referiré a continuación.

- **Adenopatías mediastínicas subcentimétricas de aspecto indeterminado:** se refiere a la presencia de ganglios linfáticos pequeños en el mediastino que, al ser observados mediante imágenes, no muestran características claras que permitan determinar si son normales, si están inflamados por alguna infección o si podrían indicar la presencia de cáncer. La aparición de estos ganglios puede ser un hallazgo incidental en un examen de imagen hecho por otro motivo o el motivo principal de una consulta médica. Es importante investigarlos porque pueden ser un signo de infección en alguna parte del cuerpo, provocando que los ganglios se inflamen. También pueden indicar la presencia de un cáncer, aunque no siempre sea el caso; los ganglios linfáticos pueden ser el primer lugar donde se disemina un cáncer, especialmente de los pulmones o del sistema linfático. Sin embargo, en muchos casos, estos ganglios pueden representar simplemente una variante normal o una respuesta a una infección pasada.

- **Ateromatosis aortocoronaria:** esta es una enfermedad en la que se acumulan placas de grasa, colesterol y otros materiales en las paredes internas de las arterias, que con el tiempo pueden endurecerse y estrecharse, dificultando el flujo sanguíneo. La ateromatosis aortocoronaria significa que estas placas se están acumulando tanto en la aorta como en las arterias coronarias, lo que puede derivar en una enfermedad coronaria. Si las arterias coronarias se estrechan demasiado, el corazón puede no recibir suficiente oxígeno, lo que puede causar dolor en el pecho (angina), un ataque al corazón o insuficiencia cardíaca.

- **Esteatosis hepática con signos de hepatopatía crónica:** se refiere a la acumulación excesiva de grasa en las células del hígado, como si el hígado almacenara grasa en lugar de procesarla adecuadamente. La hepatopatía crónica, por su parte, implica una enfermedad de larga duración que afecta al hígado y suele ser progresiva. La combinación de «esteatosis hepática con signos de hepatopatía crónica» indica que, además de tener grasa acumulada en el hígado, se observan otros signos de daño hepático avanzado. Este daño puede incluir inflamación, fibrosis (cicatrización del hígado) e incluso cirrosis (daño hepático severo).

Las causas más comunes de esta enfermedad hepática incluyen: obesidad, diabetes tipo 2, hipertensión, dislipidemia —es decir, niveles anormales de colesterol y triglicéridos— y consumo excesivo de alcohol.

Agreguemos que el tratamiento de cáncer de próstata con triptorelina, ácido zoledrónico, enzalutamida y pramipexol diclorhidrato monohidrato puede contribuir al desarrollo de la esteatosis hepática con signos de hepatopatía crónica. ¿Por qué? Porque algunos tratamientos para el cáncer de próstata pueden interactuar con otras funciones del organismo, como la salud hepática. Cada uno de los medicamentos mencionados tiene un mecanismo de acción específico, pero también, como hemos señalado, posibles efectos secundarios, incluyendo aquellos que podrían afectar al hígado. Por ejemplo:

- La triptorelina, fármaco que se utiliza para reducir los niveles de testosterona y controlar el crecimiento del cáncer de próstata, aunque no se considera un fármaco hepatotóxico directo, algunos estudios han sugerido que podría contribuir a cambios en los lípidos sanguíneos, lo cual podría estar relacionado con el desarrollo de hígado graso.

- El ácido zoledrónico es un medicamento que se utiliza para prevenir o tratar la osteoporosis y las metástasis óseas en el cáncer de próstata. Si bien es esencial para fortalecer los huesos, también puede tener efectos secundarios como daño renal y, en algunos casos, afectar la función hepática.
- La enzalutamida es un fármaco antiandrógeno que bloquea la acción de la testosterona en las células cancerosas de la próstata. Al igual que la triptorelina, puede influir en el metabolismo de los lípidos y aumentar el riesgo de esteatosis hepática.
- El pramipexol diclorhidrato monohidrato es un medicamento que se utiliza principalmente para tratar la enfermedad de Parkinson y otros trastornos del movimiento; en mi caso, fue recetado para prevenir el SPI (síndrome de la pierna inquieta) que provoca la enzalutamida. Aunque su principal efecto es en el sistema nervioso central, en algunos casos se han reportado efectos secundarios gastrointestinales, incluyendo posibles alteraciones en las enzimas hepáticas.

La relación exacta entre estos medicamentos y la esteatosis hepática no siempre es clara y puede variar de paciente a paciente; sin embargo, se han propuesto varios posibles mecanismos de cómo podrían contribuir a su desarrollo:

- **Alteraciones en el metabolismo de los lípidos:** Algunos de estos fármacos pueden afectar la forma en que el cuerpo procesa las grasas, lo que puede llevar a una acumulación de lípidos en el hígado.
- **Efectos secundarios directos sobre el hígado:** En algunos casos, estos medicamentos pueden causar daño

directo a las células del hígado, lo que puede desencadenar una respuesta inflamatoria y conducir a la esteatosis hepática.

- **Interacciones con otros medicamentos:** La combinación de estos fármacos con otros medicamentos o suplementos puede aumentar el riesgo de efectos secundarios hepáticos.

En resumen, aunque los medicamentos mencionados son herramientas importantes en el tratamiento del cáncer de próstata, es esencial ser consciente de sus posibles efectos secundarios en el hígado. Un seguimiento médico estrecho y una comunicación abierta con el equipo de salud son clave para garantizar la seguridad y la eficacia del tratamiento.

Debo agregar, además, que el tratamiento a base de enzalutamida (160 mg/día), junto a triptorelina (Decapeptyl 11,25 mg), que me inyecto cada 12 semanas para mantener mi castración hormonal, ha provocado que mis niveles de triglicéridos en sangre hayan comenzado a subir. Actualmente presento niveles de 190 mg/dL, cuando deberían estar por debajo de 150. Al respecto, debo señalar que existen varias razones por las cuales los niveles de triglicéridos pueden aumentar en pacientes con cáncer de próstata que estamos recibiendo tratamiento con hormonoterapia y enzalutamida, ya que estos medicamentos pueden alterar el metabolismo de las grasas en el cuerpo, generando este aumento de triglicéridos. Por otro lado, también es común que los pacientes con cáncer de próstata presentemos síndrome metabólico, el cual se caracteriza por un conjunto de factores de riesgo como la obesidad abdominal, la hipertensión arterial y los niveles elevados de glucosa junto con niveles elevados de triglicéridos.

Los triglicéridos elevados pueden tener varias consecuencias, como:

i. Aumentar el riesgo cardiovascular, pudiendo provocar enfermedades cardiovasculares, como ataques cardíacos y accidentes cerebrovasculares;

ii. En algunos casos, los triglicéridos elevados pueden interferir con la eficacia de los tratamientos contra el cáncer, aunque se necesitan más investigaciones para confirmar esta relación;

iii. Los problemas de salud asociados a los triglicéridos elevados pueden afectar significativamente nuestra calidad de vida como pacientes.

Por todo ello, es necesario que un médico evalúe cada caso individualmente para determinar las causas de los triglicéridos elevados y establecer un plan de tratamiento adecuado.

- **Nódulo suprarrenal izquierdo de aspecto adenomatoso**: este término médico describe un hallazgo específico durante un examen de imagen, como una tomografía computarizada (TC) o una resonancia magnética (RMN), que refiere a un pequeño tumor benigno en la glándula suprarrenal izquierda. Su apariencia en las imágenes sugiere que es probablemente un adenoma. La mayoría de los nódulos suprarrenales descubiertos son adenomas y son benignos. Algunos adenomas pueden producir hormonas y, si estas se producen en exceso, pueden causar diversos síntomas, como hipertensión, aumento de peso, debilidad muscular, entre otros.

A pesar de todo lo señalado, cada día me siento más optimista en que viviré algunos años más disfrutando junto a mi familia y amistades, y con mucha energía para hacerlo, al menos entre las 6 am y las 6 pm. Luego me canso, sobre todo cuando, durante ese período, me sumerjo en el trabajo.

El siguiente gráfico (Fig. 1) registra la evolución de mi PSA; lo tengo pegado en la puerta del refrigerador. Una vez explicado a mi familia, bastó para que, al verlo, reconocieran mi situación sin tener que entrar a conversar de ella. De esta manera, aprovechamos el tiempo de sus visitas para hablar de otros temas.

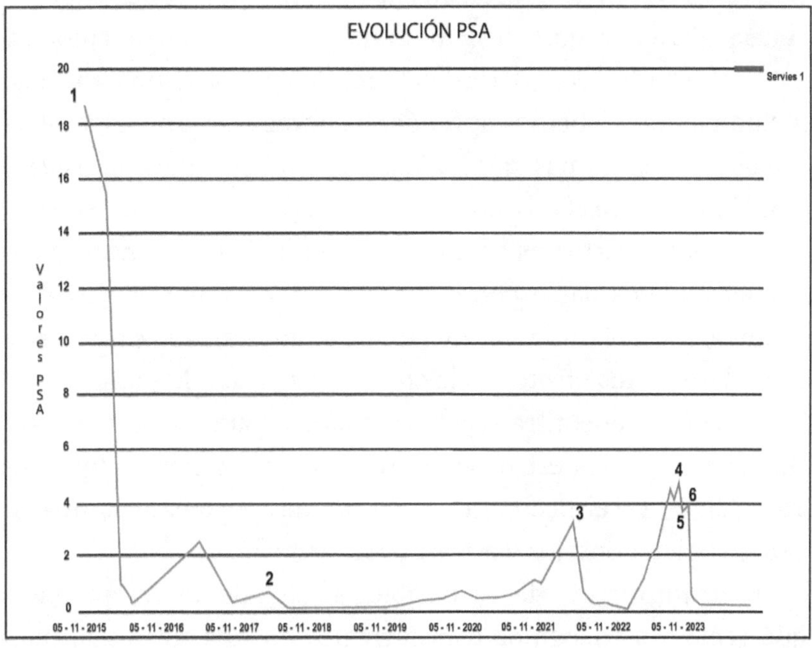

Figura 1. Evolución de la PSA (Antígeno Prostático Específico) posoperación de prostatectomía radical: (1) inicio de tratamiento con Decapeptyl + Osteoker; (2) inicio de tratamiento con Abiraterona + Prednisona + Decapeptyl + Osteoker; (3) inicio de tratamiento con Docetaxel + Decapeptyl + Osteoker; (4) sección de radioterapia; (5) inicio de tratamiento con Cabazitaxel + Abiraterona + Prednisona + Decapeptyl + Osteoker; (6) inicio de tratamiento con Cabazitaxel + Enzalutamida + Decapeptyl + Osteoker.

En vísperas de la Navidad de 2023, mi nieto más pequeño, a punto de cumplir 7 años, vio el gráfico durante un almuerzo familiar y, con la ingenuidad propia de un niño, me preguntó: «Tata, si te mueres para la Pascua, ¿qué va a pasar con la Navidad?». Le respondí que eso no ocurriría, porque tengo un compromiso con su hermana de vivir al menos hasta los 75 años, y, si podemos hacerlo, seguiremos luchando para que sea un poco más. Luego, cuando se fue a su casa, me envió un mensaje con su personaje favorito, «Grogu», de la serie *El Mandaloriano*, de *Star Wars*, diciéndome: «Que la Fuerza te acompañe». Son este tipo de detalles los que, efectivamente, nos generan la fuerza para seguir luchando.

Para finalizar este capítulo, quisiera agregar que en este viaje inesperado para sobrevivir al cáncer que muchos padecemos, el tratamiento se convierte en un aliado, una esperanza de supervivencia. Sin embargo, este camino no está exento de dificultades.

Los efectos secundarios del tratamiento son una realidad ineludible que debemos aprender a sobrellevar: una lista interminable de síntomas que amenazan con debilitarnos física y emocionalmente. Pero no podemos permitir que nos venzan. Debemos convertirnos en guerreros, en luchadores incansables que aprenden a bailar con la incertidumbre, a adaptarnos a los cambios y a encontrar la fuerza en la adversidad. Aprender a sobrellevar estos efectos es la clave. No se trata de negar la realidad, sino de encontrar las herramientas para navegar en ella. Buscar apoyo en nuestros seres queridos, en los médicos que nos atienden, y, de ser necesario, en grupos de apoyo para compartir experiencias, consejos y estrategias.

Estar informado de los posibles efectos de los tratamientos que recibimos debemos transformarlo en una fortaleza, pues conocer los efectos secundarios nos permitirá anticiparnos, prepararnos y buscar soluciones. Hablar con nuestro médico, leer sobre el tema, buscar información veraz y confiable. No hay una única forma de enfrentar esta batalla; cada persona tiene su propio camino. Lo importante es que no nos rindamos, no dejar que el miedo nos paralice. Debemos buscar y encontrar la luz en la oscuridad; en los momentos más difíciles, siempre hay un espacio para la esperanza.

Celebremos nuestras pequeñas victorias y riámonos con ellas, disfrutemos de los momentos simples, encontremos la belleza de las cosas cotidianas. La vida no se detiene con el cáncer, y debemos aprovechar cada instante al máximo. Sobrevivir a esta enfermedad no solo se trata de vivir más tiempo, sino de vivir mejor, de encontrar la fortaleza para convertirnos en la mejor versión de nosotros mismos, de aprender a valorar cada día como un regalo y de disfrutar de la vida con una intensidad renovada.

El cáncer puede ser parte de nuestra historia, pero no tiene por qué definirnos. Somos más que nuestra enfermedad. Somos guerreros, luchadores, sobrevivientes. Y, juntos, con nuestros seres que nos aman y aprecian, podemos vencer.

Aprovecharé también para enviar un mensaje a nuestros médicos que nos atienden, desde la perspectiva de que el cáncer es una enfermedad que no solo ataca el cuerpo, sino también la mente y el espíritu. Es un camino tortuoso que exige fortaleza, paciencia y una red de apoyo invaluable, como hemos señalado. Sin embargo, en este arduo viaje, hay una experiencia que genera particular desánimo: la interminable espera en las consultas médicas. Los médicos deben recordar que la batalla contra el cáncer no solo se libra en el cuerpo, sino también en la mente y el espíritu. Entre quimioterapias, radioterapias y cirugías, el paciente se enfrenta a una montaña de emociones y desafíos. La interminable espera en las citas médicas es una de ellas, y nos causa mucha frustración.

Llegar a una cita con la esperanza de encontrarse con su médico y poder conversar y recibir noticias sobre la evolución de nuestra enfermedad, expectantes de obtener respuestas a las dudas que laceran la mente, solo para encontrarse con una agonizante espera de una o más horas, es una realidad que muchos pacientes con cáncer conocemos demasiado bien. La incertidumbre se mezcla con la impotencia; la ansiedad se intensifica con cada minuto que pasa.

La mente, ya agobiada por la enfermedad, se convierte en un campo de batalla donde la esperanza lucha contra la desilusión, y uno se cuestiona: ¿Qué pasa si hay malas noticias? ¿Por qué tengo que esperar tanto? ¿No tengo suficiente con lo que estoy viviendo? He visto gente más anciana que yo, esperando a ser atendida en sillas de ruedas, a veces al punto de perder el control. Por la larga espera, se puede observar la frustración que están sufriendo y el enojo y la rabia que descargan con quienes les acompañan. Esto no debería ocurrir.

Rodríguez et al. (2018) señalan que el tiempo en la sala de espera puede ser muy largo y el tiempo de atención, breve e insuficiente, lo que nos remite a la percepción de un tiempo objetivo y uno subjetivo. El tiempo objetivo es un indicador, gestor y evaluador de los procesos de atención: cumplimiento de una agenda, número de pacientes atendidos por hora, tiempo de espera, número de incapacidades por día, número de recetas por día, número de medicamentos y procedimientos al día… en fin, un conjunto de datos e indicadores necesarios para la gestión.

El segundo es uno de los mayores atributos de la percepción de un «usuario» insatisfecho con una muy larga espera y un tiempo de escucha insuficiente para expresar su dolor o padecimiento. Paradójicamente, es coincidente con la percepción del profesional de la medicina, cuya percepción del tiempo corresponde a la misma insatisfacción del paciente. Soslayando el tiempo de espera, atribuible a razones organizacionales y de procesos institucionales, el tiempo de interacción es objetiva y subjetivamente breve. El paciente tiene una necesidad y el médico una obligación.El primero tiene una preocupación y el segundo, ansiedad.

El tiempo que dura el encuentro interpersonal es un campo minado por necesidades, angustias, obligaciones, indicadores, metas, gestiones, entre otros, que contraponen a los individuos y originan un diálogo acartonado, fugaz, coaptado, impersonal y apático.

Sin embargo, en medio de esta penosa espera, brilla la luz de la empatía. Y es necesario que la plasme en este libro. Esa luz es la calidez del trato por parte de las enfermeras y otros profesionales de la salud, quienes, con palabras amables y gestos de cariño, alivian la carga de la espera. Un simple «buenos días, ¿cómo se siente?» o «no se preocupe, ya casi le toca» puede marcar una gran diferencia en el estado anímico de un paciente.

En mi experiencia personal, he sido testigo de cómo la empatía y el cariño florecen en los centros de salud. He visto pacientes, conmovidos por la dedicación del personal médico, expresar su agradecimiento de la manera más noble, como un simple regalo. Desde pequeños dulces preparados por ellos o sus familiares, chocolates, hasta cajas de verduras frescas traídas por aquellos que trabajan la tierra, estas ofrendas son un símbolo tangible de la profunda gratitud que sienten los pacientes por estos profesionales. Personalmente, agradecido por la atención recibida por ellos en SAGA, para la Navidad de 2022, les preparé tres panes de Pascua sin harina ni azúcar, con muchos frutos secos, huevos, harina de avena, manzanas y miel. Les gustó mucho, porque reflejaba todo el cariño que le puse para hacerlo.

Es importante reconocer y valorar la labor de aquellos que día a día se esfuerzan por aliviar el sufrimiento de los pacientes con cáncer. Su profesionalismo, su entrega y su calidez humana son pilares fundamentales en la lucha contra esta terrible enfermedad.

La lucha contra el cáncer es una batalla que se libra en muchos frentes. La atención médica de calidad es fundamental, pero no es suficiente. La empatía, el cariño y el apoyo son armas esenciales para combatir la desolación y la incertidumbre. Solo con un enfoque integral y humanizado podremos aliviar el sufrimiento que sentimos los pacientes, brindándonos la esperanza que tanto necesitamos.

Capítulo 3

¿Qué es la vida?

Preguntarnos por el sentido de la vida es una cuestión profunda que nos acompaña a lo largo de nuestra existencia. Sin embargo, cobra especial relevancia cuando nos enfrentamos a situaciones difíciles, como el cáncer. En este contexto, la búsqueda del significado de la vida nos ayuda a encontrar un propósito, incluso en medio del sufrimiento. Nos permite enfocarnos en lo que realmente importa y nos da la fuerza para seguir adelante.

Sintetizando, preguntarnos por el significado de la vida cuando se sufre de cáncer no es una cuestión de morbosidad, sino una búsqueda profunda de sentido, paz y fortaleza para afrontar la adversidad. Es un proceso personal que puede ayudar a encontrar nuevas perspectivas, revalorizar la vida y vivir cada día con mayor plenitud. El cáncer no tiene por qué ser una sentencia de muerte; preguntarnos qué es la vida nos ayuda a encontrar maneras de vivir con el cáncer de una manera plena y significativa.

Además, nos ayuda a afrontar el miedo a la muerte, pues el cáncer nos confronta con la realidad de esta. Explorar qué es la vida nos permite reflexionar sobre nuestras creencias acerca de la muerte y encontrar formas de enfrentar ese miedo. Espero que este capítulo nos ayude en ello.

Antes de adentrarnos en él, permítanme plantearles mi hipótesis respecto al objetivo de nuestras vidas en el vasto universo en el que nos encontramos. Para ello, he considerado válida la teoría del Big Bang, que sostiene que el universo comenzó como un punto infinitesimalmente pequeño y denso, que se expandió y enfrió a lo largo del tiempo. En el momento mismo del Big Bang, toda la energía del universo estaba concentrada en ese pequeño punto, disipándose a medida que el universo se expandía y convirtiéndose en la energía que existe hoy en día. Por lo tanto, el nacimiento del universo implicó la creación de la energía que conocemos.

Bajo estos argumentos, la hipótesis que me planteo respecto al objetivo de vivir de todos los seres vivos que habitan este inmenso universo, al igual que los componentes inorgánicos que en él existen, es contribuir al gasto o reducción de esta energía creada en el Big Bang para que, según una de las teorías sobre el destino final del universo, este se contraiga y vuelva a un punto infinitesimalmente pequeño nuevamente, concentrándose de nuevo todas las energías. Este evento, conocido como Big Crunch, daría origen a un nuevo Big Bang junto al nacimiento de un nuevo universo.

Otra de las teorías planteadas es la del Universo Oscilante, que postula que el universo se expande y se contrae en ciclos infinitos. En cada ciclo, el universo se crea a partir de la nada y luego se destruye, implicando el consumo y desgaste de energía, en lo cual también considero válida mi hipótesis.

Analicemos esto: si el universo en su estado actual involucra gasto y consumo de energía, se debe a que está en constante expansión y enfriamiento. A medida que el universo se expande, la energía se dispersa y se convierte en energía térmica, la forma menos útil de energía, por lo que se dice que se gasta. Sin embargo, una de las formas más importantes en que se consume energía en el universo es a través de la fusión nuclear, un proceso en el que dos átomos se combinan para formar un átomo más grande, liberando una gran cantidad de energía que alimenta las estrellas.

Otra forma importante en que se consume energía en el universo es a través de la descomposición radioactiva, también conocida como desintegración atómica, desintegración nuclear o decaimiento radiactivo. Este proceso ocurre cuando un núcleo atómico inestable, con un exceso de energía nuclear, se desintegra, liberando partículas subatómicas como electrones, protones o neutrones, generando que el átomo se desintegre en dos o más átomos más pequeños. La energía liberada en este proceso puede ser utilizada para generar electricidad o para otros fines.

El consumo de energía en el universo también se produce a través de procesos más pequeños, como la fricción entre objetos en movimiento o la radiación electromagnética.

En general, el universo es un lugar en constante cambio y evolución, lo cual implica la transformación de la energía de una forma a otra, y, por ende, el gasto de ella. Si la vida en el universo contribuye al gasto y consumo de energía, como planteo en mi hipótesis, es porque la vida necesita energía para sobrevivir y reproducirse.

Una de las formas más importantes en que la vida consume energía es a través de la fotosíntesis, el proceso por el cual las plantas usan la luz solar para convertir el dióxido de carbono (CO_2) y el agua (H_2O) en azúcares y oxígeno. Este proceso requiere una gran cantidad de energía, que proviene del sol. Otra forma relevante en que la vida consume energía es a través de la respiración celular, el proceso mediante el cual los organismos utilizan la energía química de los alimentos para producir ATP (adenosín trifosfato), la moneda energética de la célula. Este proceso también requiere una gran cantidad de energía, que proviene de los alimentos y que se produce en las mitocondrias de las células a través de la respiración celular.

Las etapas de la respiración celular incluyen la glucólisis, donde la glucosa se transforma en piruvato en el citoplasma de las células, y la oxidación de este en el interior de la mitocondria, a través del ciclo del ácido cítrico o ciclo de Krebs, y la fosforilación oxidativa. El ATP es una molécula fundamental para diversos procesos vitales, ya que es la mayor fuente de energía para la síntesis de macromoléculas complejas, como el ADN, ARN o las proteínas. El ATP brinda la energía necesaria para posibilitar determinadas reacciones químicas en el organismo y cuya producción, a través de la mitocondria, es bloqueada por el cáncer, como veremos más adelante.

La vida también consume energía a través de procesos más pequeños, como el movimiento, la reproducción y el crecimiento. En general, la vida es un proceso que requiere energía. A medida que la vida se desarrolla y se expande en el universo, contribuye al gasto y consumo de energía. Algunos ejemplos específicos de cómo la vida contribuye al gasto y consumo de energía los vemos en las plantas, que necesitan energía para crecer y reproducirse.

Esta energía, que proviene del sol, es transformada por los vegetales a través de la fotosíntesis y consumida por los animales, que requieren de esta energía para moverse, comer y reproducirse. La energía proviene, entonces, de los alimentos que consumen. Los humanos también necesitamos energía para realizar todas nuestras actividades, desde caminar hasta pensar, el aprendizaje y la memoria, que implican la creación de nuevas conexiones neuronales, la reparación del daño celular que utiliza la energía y la información para reparar el daño causado por el estrés o la enfermedad.

También proviene de los alimentos que consumimos y de otras fuentes de energía artificial que usamos diariamente, como la electricidad. Las bacterias y otros microorganismos también necesitan energía para sobrevivir, que obtienen de la descomposición de la materia orgánica o de la energía solar.

Definamos entonces, «¿qué es la vida?»

En el libro *¿Qué es la vida?*, publicado en 1944, el físico austriaco Erwin Schrödinger ofreció una definición de la vida basada en dos principios:

1. La vida es un sistema abierto que intercambia materia y energía con su entorno. Esto significa que los

seres vivos no son sistemas cerrados, sino que están en constante interacción con el mundo que les rodea.
2. La vida es un sistema que mantiene su orden interno frente a la tendencia al desorden del universo. Esto se conoce como entropía negativa, y es una característica fundamental de los seres vivos.

La entropía negativa, también conocida como sintropía o neguentropía, es un concepto de la termodinámica que se refiere a la tendencia de un sistema a disminuir su desorden o aumentar su orden. Este concepto, desarrollado por Schrödinger (1944), lo utilizó para explicar la evolución de los sistemas vivos; las células vivas son sistemas altamente ordenados con baja entropía. Sin embargo, la formación de una célula viva requiere un trabajo que aumenta la entropía del entorno.

La entropía es una medida del desorden de un sistema. La Segunda Ley de la Termodinámica establece que la entropía total de un sistema aislado siempre aumenta con el tiempo. Esto significa que los sistemas tienden a pasar de estados ordenados a estados desordenados, a menos que se les proporcione energía externa. Sin embargo, los sistemas vivos son capaces de reducir su entropía, lo que les permite crecer y desarrollarse.

La entropía negativa puede explicarse por la existencia de flujos de energía y materia en los sistemas vivos, permitiéndoles extraer energía del entorno y utilizarla para organizarse. Por ejemplo, las plantas utilizan la energía del sol para realizar la fotosíntesis, un proceso que les permite crear moléculas orgánicas complejas a partir de moléculas simples.

La entropía negativa también puede explicarse por la existencia de información en los sistemas vivos. La información puede ser utilizada para organizar los componentes de un sistema, lo que puede llevar a una disminución de la entropía. Por ejemplo, el ADN contiene información que permite a las células vivas replicarse y producir nuevas células.

La entropía negativa es un concepto fundamental para la comprensión de la evolución y el funcionamiento de los sistemas vivos. Es un recordatorio de que la vida es un proceso activo que requiere la constante inversión de energía. La entropía negativa también se puede encontrar en sistemas no vivos, como los sistemas sociales y económicos.

Con base en estos principios, Schrödinger propuso que la vida es un sistema que utiliza la energía para mantener su organización y orden. Esta organización se manifiesta en la forma de estructuras complejas, como las células, los tejidos y los órganos. Sugirió también que la vida se basa en un código genético, responsable de la transmisión de la información hereditaria. Este código, que se encuentra en el ADN, es lo que permite a los seres vivos reproducirse y transmitir sus características a las generaciones futuras.

En su libro *¿Qué es la vida?*, Regis (2008) utiliza el libro de Erwin Schrödinger como guía para responder a esta pregunta. Estima que Schrödinger se abstuvo de contestarla directamente; en cambio, Regis explora las diferentes teorías que han intentado dar respuesta a esta interrogante, sopesando que, desde la antigüedad, los filósofos y científicos se han preguntado en qué consiste la vida, y hasta el día de hoy no hay una respuesta definitiva.

Regis comienza su libro repasando las diferentes definiciones de vida que se han dado a lo largo de la historia. Algunas de las más comunes incluyen la autoorganización, la reproducción, la evolución y la homeostasis. Sin embargo, ninguna de estas definiciones es completamente satisfactoria, ya que hay organismos que cumplen algunos de estos criterios, pero no otros. Regis analiza las diferentes teorías científicas que han intentado explicar la vida.

Una de las teorías más antiguas es la teoría vitalista, que sostiene que la vida es una fuerza sobrenatural que no puede explicarse por las leyes de la física y la química, afirmando que en el núcleo de la vida había una excrecencia impalpable que quedaba fuera de la ciencia. Schrödinger, en sus postulados, desafiaba esta noción, señalando en su lugar que, aunque los misterios de la vida eran considerables, terminarían cediendo ante el avance de la ciencia experimental y el pensamiento racional. Regis plantea que esta teoría ha sido abandonada por la mayoría de los científicos, al no haber pruebas que la apoyen.

En su lugar, la mayoría de los científicos creyeron que la vida es un fenómeno físico que puede explicarse por las leyes de la física y la química. Una de las teorías más aceptadas ha sido la de la autoorganización, que sostiene que la vida surge de la interacción de las moléculas complejas; sin embargo, siendo un sistema emergente, no puede predecirse a partir de las propiedades de sus componentes individuales.

Otra teoría aceptada en los últimos tiempos ha sido la teoría de la evolución, de la cual ya hemos hablado en el primer capítulo, que sostiene que la vida ha evolucionado a partir de un ancestro común, permitiendo que la vida se haya diversificado a lo largo del tiempo, debido a la selección natural y la mutación.

Continuando con Schrödinger, este nos propone que la vida se basa en la información almacenada en los genes, señalando que los genes son las unidades básicas de la herencia y contienen la información necesaria para construir y mantener un organismo vivo. Argumenta, además, que la información contenida en los genes es lo que distingue a los seres vivos de los objetos inanimados.

Los objetos inanimados están regidos por las leyes de la física y la química, pero los seres vivos tienen la capacidad de reproducirse, adaptarse y evolucionar. Su visión de los genes como causantes de la vida fue un avance importante en nuestra comprensión de la vida. Su trabajo ayudó a establecer la genética como una disciplina científica importante y a sentar las bases para el desarrollo de la biología molecular.

Este enfoque, en el último tiempo, se ha visto respaldado por una gran cantidad de investigaciones científicas, que han demostrado que los genes controlan todos los aspectos de la vida, desde el desarrollo del embrión hasta el funcionamiento de los órganos y las células. Estas investigaciones también han demostrado que los genes pueden evolucionar, lo que explica cómo los organismos vivos han podido adaptarse al medio ambiente y diversificarse a lo largo del tiempo.

Sin embargo, esta percepción de que los genes son los causantes de la vida, si bien es una visión importante, no es completa. La vida es un fenómeno complejo que depende de una serie de factores, incluyendo los genes, la organización celular, las interacciones entre las células, el entorno y la capacidad de los organismos vivos para mantener su organización y estructura a pesar de la degradación de la energía.

La vida es un fenómeno complejo que no puede explicarse por completo a partir de los genes, como lo señalaba Schrödinger. Los genes son necesarios para la vida, pero no son suficientes. La vida también depende de una serie de otros factores, incluyendo: i) La organización celular: los genes están organizados en células, que son las unidades básicas de la vida. ii) Las interacciones entre las células: las células se comunican entre sí para coordinar sus actividades. iii) El entorno: los organismos vivos están adaptados a su entorno.

La estabilidad del gen en el tiempo es también un aspecto importante de la vida. Los genes se transmiten de generación en generación, lo que permite que los organismos vivos se adapten al medio ambiente y evolucionen.

La aparente exención de los organismos vivos de una de las leyes más básicas de la naturaleza, como la segunda ley de la termodinámica, referida anteriormente, también es un aspecto importante de la vida. Esta ley, como lo hemos señalado, establece que la energía se degrada en un sistema cerrado. Sin embargo, los organismos vivos son capaces de mantener su organización y estructura a pesar de que la energía se degrade.

Schrödinger proponía también que la dependencia única de la vida y sus procesos radicaban en diminutos agrupamientos de átomos dentro del gen, a los que consideraba como las únicas unidades de información necesarias para la vida. Sin embargo, la investigación posterior ha demostrado que los genes no pueden funcionar por sí solos. Los genes necesitan ser expresados, lo que significa que deben ser leídos y convertidos en proteínas. Las proteínas son las moléculas que realizan la mayoría de las funciones en las células vivas.

Años más tarde, se desveló el funcionamiento del mecanismo genético, determinándose que los genes no eran proteínas sino ácidos nucleicos, y también que la estructura del ácido nucleico era el ADN. Ello ocurrió en 1953, cuando James Watson y Francis Crick descubrieron la estructura del ADN, que es la molécula que contiene los genes, confirmando la teoría de Schrödinger de que los genes eran moléculas más pequeñas y estables que las proteínas, que se transmitían de generación en generación sin degradarse.

El ADN está formado por dos cadenas de nucleótidos que se enrollan entre sí en forma de doble hélice. La secuencia de nucleótidos en el ADN determina la secuencia de aminoácidos en las proteínas. Los descubrimientos de Watson, Crick y otros científicos han proporcionado una comprensión profunda del funcionamiento del mecanismo genético. Estos descubrimientos han revolucionado la biología y han tenido un impacto significativo en la medicina, la agricultura y otras áreas.

Algunos de los secretos revelados al mundo sobre el funcionamiento del mecanismo genético como consecuencia del libro de Schrödinger incluyen:

- Los genes son las unidades básicas de la herencia.
- Los genes contienen la información necesaria para construir y mantener un organismo vivo.
- Los genes están formados por ADN.
- La secuencia de nucleótidos en el ADN determina la secuencia de aminoácidos en las proteínas.

Estos descubrimientos han proporcionado una comprensión fundamental de la naturaleza de la vida y han abierto nuevas posibilidades para el estudio de la biología y la medicina.

Sin embargo, la vida no es solo herencia, y el ADN desempeña un papel en las células más importante que la mera realización de copias de sí mismo. De hecho, de acuerdo a Regis, la replicación es una función estrictamente auxiliar al propósito principal de los ácidos nucleicos en las células, que es controlar la producción de las proteínas que constituyen los cuerpos físicos de cualquier cosa viva.

Las proteínas están compuestas por aminoácidos, y una secuencia específica de bases de ADN contiene las instrucciones para enlazar las combinaciones apropiadas para producir una proteína dada. Schrödinger, diez años antes de este descubrimiento, sugería que estas instrucciones estaban escritas en un código, que en concreto corresponde a una clave química de tripletes de bases, que codifican un aminoácido específico.

Los científicos de aquella época se habían dado cuenta de que las moléculas del ADN eran básicamente un complejo de almacenamiento de información, no involucrado directamente en la síntesis de proteínas. En su lugar, el ADN primero transfería su información a una molécula intermedia, el ARN. El ARN, descubierto alrededor de 1910 por Phoebus Levene, del Instituto Rockefeller, se describía similar al ADN, con la diferencia de que el ADN es una molécula de doble cadena que se replica, y el ARN no; además, reemplaza una de sus bases nitrogenadas, la timina del ADN, por uracilo en el ARN.

La síntesis de proteínas comenzaba con la separación de las dos hebras de ADN por mitad, y luego una de las mitades transfiere la información al ARNm (mensajero); luego, el ARN sale del núcleo de la célula e ingresa a su citoplasma. Allí su mensaje codificado es leído por diminutos orgánulos citoplasmáticos llamados ribosomas que proceden a unir aminoácidos del tipo y en el orden prescrito por las bases del ARNm.

A cincuenta años de que Schrödinger hubiese escrito su libro de tanto impacto, Regis señala que en 1993 se celebró un simposio científico de tres días titulado «¿Qué es la vida?», en el cual participaron numerosos científicos, dentro de ellos los más importantes de la biología moderna de esa época. Cuando terminó este simposio, la única propuesta de Schrödinger que aguantaba el paso del tiempo era cómo había reconciliado los procesos de la vida y de la segunda ley de la termodinámica. Pero no situaba a nadie en responder la pregunta «¿Qué es la vida?», lo que estaba claro es que, a pesar del éxito del ADN al proporcionar una base para explicar la herencia, la construcción de proteínas y, por tanto, el desarrollo y crecimiento de los organismos, no decía por sí mismo qué era la vida. Simplemente, la vida era algo por encima y más allá, además de la función del gen. ¿Pero, qué?

Agrega Regis que, en 1985, en el contexto de reconsiderar la pregunta de Schrödinger, el físico matemático y teórico sobre el origen de la vida Freeman Dyson señaló la escasa atención que Schrödinger había dedicado a otra función importante de la vida: el metabolismo, afirmando que, de hecho, había un salto lógico entre el discurso de Schrödinger sobre el gen y su código, por una parte, y las funciones metabólicas de los organismos, por otra.

Con esta visión, Regis concluye su libro señalando que la pregunta «¿qué es la vida?», pese a ser una de las preguntas más importantes que nos podemos hacer, aún no tiene una respuesta definitiva. Los avances científicos en campos como la biología molecular, la genética y la astrobiología están arrojando nueva luz sobre este misterio, haciendo eco de lo señalado.

Por ahora, la vida puede interpretarse como un metabolismo encarnado; «parece ser al menos tan adecuada como cualquier otra para definir la vida». Esta interpretación sostiene que la vida es un sistema que intercambia materia y energía con su entorno y abarca a todos los organismos vivos conocidos. Todos los organismos vivos, desde las bacterias hasta los humanos, intercambian materia y energía con su entorno.

La interpretación de la vida como un metabolismo encarnado también es compatible con la teoría de la evolución, en la cual los organismos vivos que son capaces de intercambiar materia y energía con su entorno son más probables de sobrevivir y reproducirse que los organismos que no lo son. En general, la interpretación de la vida como un metabolismo encarnado es una perspectiva útil para comprender su naturaleza. Es una perspectiva general, compatible con la evolución y respaldada por evidencias científicas.

Richard Dawkins (1989), en su libro «El gen egoísta», nos plantea una nueva visión de la evolución, basada en la idea de que los genes son los agentes principales de la selección natural. Según este autor, los genes son unidades de información que se transmiten de generación en generación, y su objetivo es reproducirse y propagar sus copias; para lo cual, los genes han desarrollado mecanismos que les permiten influir en el comportamiento de los organismos que los albergan.

Dawkins utiliza la metáfora del «gen egoísta» para explicar su teoría, señalando que los genes son egoístas porque su objetivo es sobrevivir y reproducirse, sin importarles el bienestar del organismo que los alberga. Por ejemplo, los genes que codifican para la adicción al tabaco pueden ser egoístas porque les permiten sobrevivir y propagarse, incluso si ponen en riesgo la salud del organismo hospedador. Sus ideas han sido muy controvertidas, pero también han tenido un gran impacto en la biología evolutiva. Su teoría ha ayudado a comprender mejor el funcionamiento de la selección natural y la evolución de la conducta, al sostener que los genes dominan nuestro existir de varias maneras.

En primer lugar, determinan nuestro aspecto físico, nuestras capacidades mentales y nuestro comportamiento. En segundo lugar, influyen en nuestras relaciones sociales, como la elección de pareja y la crianza de los hijos. En tercer lugar, afectan a nuestra cultura y a la sociedad en general.

Algunos ejemplos concretos de cómo los genes pueden influir en nuestro comportamiento:

- Los genes que codifican la hormona oxitocina están asociados con la formación de vínculos sociales, como el amor romántico, la amistad y la maternidad.
- Los genes que codifican el neurotransmisor serotonina están asociados con la ansiedad, la depresión y la agresividad.
- Los genes que codifican para el receptor del neurotransmisor dopamina están asociados con la adicción a las drogas, el juego y el riesgo.

Por supuesto, el comportamiento humano es complejo y está influenciado por muchos factores, incluidos los genes, el entorno y la cultura. Sin embargo, los genes juegan un papel importante en la determinación de nuestro comportamiento, y su influencia puede ser significativa.

En el caso del cáncer, las mutaciones genéticas pueden provocar que las células pierdan el control de su crecimiento y división. Estas células mutadas, conocidas como células cancerosas, pueden multiplicarse sin control y formar tumores. De manera que, desde la perspectiva del gen egoísta, el cáncer puede verse como una estrategia de los genes para sobrevivir y reproducirse. Las células cancerosas son capaces de dividirse rápidamente y propagarse a otros tejidos, lo que les da una ventaja evolutiva sobre las células normales. Sin embargo, el cáncer también es una estrategia muy arriesgada.

Las células cancerosas pueden dañar los tejidos sanos y provocar la muerte del organismo. Por lo tanto, el cáncer solo es una estrategia evolutiva exitosa si las células cancerosas son capaces de propagarse antes de que el organismo muera. La teoría del gen egoísta puede ayudar a explicar por qué el cáncer es tan difícil de curar. Los genes que causan el cáncer son egoístas y no se preocupan por el bienestar del organismo que los hospeda. Por tanto, es difícil encontrar tratamientos que puedan matar las células cancerosas sin dañar las células sanas.

Miguel Pita, genetista y biólogo molecular de la Universidad Autónoma de Madrid, en su libro «El ADN Dictador: Lo que la genética decide por ti», escrito en 2017, concuerda con lo señalado por Dawkins, abordando el tema del cáncer desde la perspectiva del gen egoísta, argumentando que el cáncer es un resultado inevitable de la evolución. Los genes que promueven el crecimiento y la división celular son más propensos a sobrevivir y propagarse, incluso si conducen al cáncer. También señala que el cáncer es un fenómeno complejo que no puede explicarse completamente por la teoría del gen egoísta; otros factores, como el entorno y el estilo de vida, también juegan un papel importante en el desarrollo del cáncer.

La razón por la que ciertos hábitos de vida y agentes externos son cancerígenos es porque alteran el delicado control al que tiene que estar sometido el ciclo celular. Por ejemplo, una exposición a determinada radiación puede alterar algún gen importante en el control de ADN y desatar el afán reproductivo latente que tiene toda célula.

El origen del cáncer es multifactorial. Es innegable que hay factores genéticos que predisponen a ello (se calcula que un 10 % de los tumores cancerosos son causados por pequeños fallos de regulación escritos en nuestros genes, y contra esos pequeños dictadores poco se puede hacer), pero eso no significa necesariamente que las personas afectadas por su carga genética desarrollen un tumor, solo que tienen más probabilidades que otra, cuyos genes no tengan marcas.

La mutación, que ocurre cuando algo modifica el ADN heredado de nuestros progenitores, es el único agente constructivo que existe y el único mecanismo evolutivo que crea. La mutación es un evento físico-químico concreto. Es un cambio real en el ADN, una alteración en la macromolécula. Por ello, a cualquier cambio en el ADN se le llama mutación. Recientes investigaciones han descubierto, por ejemplo, que la inteligencia superior en el Homo sapiens es el resultado de una mutación genética, un simple cambio en el ADN que favoreció la expansión del neocórtex, la zona del cerebro implicada en el lenguaje y la conciencia. Esta mutación aumentó la proliferación de células madre naturales, que se convirtieron en neuronas cerebrales durante el desarrollo embrionario.

El autor, in comento, también sostiene que estamos constituidos por un conjunto de células que realizan constantemente importantes reacciones químicas sincronizadas que hacen posible nuestra existencia, procesos biológicos que alumbran la vida y la renuevan. Cada una de estas células es la unidad mínima autónoma de la vida. De hecho, existen seres vivos que son una única célula, como las bacterias, que desde hace millones de años les va muy bien en términos de supervivencia y reproducción, generación tras generación.

Consideremos entonces que la clave de la supervivencia está en la reproducción, que es donde radica la clave de la supervivencia, la garantía de la continuidad de la vida, tanto de simples células como de organismos complejos como los animales o las plantas. Sin reproducción, la vida llegaría a su fin.

Cada célula, en su autonomía, tiene una membrana que la aísla del exterior circundante, pero en su interior posee toda la maquinaria necesaria para realizar las funciones vitales que se le tienen asignadas, y es dentro del núcleo donde se encierra el ADN, el gran «jefe» que nos maneja con sus propios objetivos. Nuestro ADN «personal» contiene el libro de instrucciones particular, que se parece mucho al de nuestras familias, pero menos al de los otros miembros de la especie; no hay dos idénticos, salvo en el caso de los gemelos monocigóticos (que derivan de un mismo huevo que se dividió, mismo óvulo y mismo espermatozoide).

En su libro, Pita señala igualmente hasta qué punto los genes son diminutos dictadores que nos marcan, pero también la importancia crucial del entorno, porque es cierto que nuestros genes nos condicionan, pero no es menos cierto que esas potencialidades, en positivo o negativo, se verán aumentadas o disminuidas en función del aprendizaje, del entorno, de las circunstancias vitales y las decisiones que tome cada cual a lo largo de la vida.

Estamos conformados por genes heredados de nuestros ancestros, pero es el ambiente en el que vivimos, nuestra forma de vida, lo que posibilita que algunos genes se expresen y otros no, y en qué medida. Por tanto, existe determinismo, pero también hay margen de actuación. Pita nos señala que hay una parte de nosotros que se nos impone; es lo que hace nuestro ADN dictador. Nos hace creer que nos deja hacer lo que queramos, lo que en parte es cierto, mientras cumplamos su plan.

Laurent Schwartz, doctor en Oncología del hospital de París, autor del libro «Cáncer: un tratamiento sencillo y nada tóxico», escrito en 2017, denota que la vida existe en la Tierra desde hace 3,5 millones de años, y desde su origen se encontraron las mismas membranas, los mismos ácidos nucleicos (ADN y ARN) y los mismos aminoácidos, sin duda porque responden a leyes físicas inmutables.

Señala también que, en los comienzos, el oxígeno era escaso y que las primeras células no tenían núcleo; eran bacterias, de las llamadas «procariotas» (se reproducen por bipartición, dividiéndose en dos células hijas idénticas, poseyendo una gran diversidad de metabolismos; algunas son fotosintéticas mientras que otras son heterótrofas y obtienen energía de la materia orgánica). Los cromosomas flotaban libremente en estas células sin núcleo.

Esas procariotas, señala Schwartz, eran probablemente algas, captaban el gas carbónico (abundante en la atmósfera de la Tierra en esa época), y sintetizaban moléculas más complejas (como el azúcar). Así conseguían liberar energía, pero no quemarla; para ello se requería oxígeno. Sin embargo, hace 2,5 millones de años, la atmósfera cambió, debido a que los procariotas comenzaron a expulsar oxígeno al aire. Agrega, además, que, en algún momento, estas células captaron unas bacterias pequeñitas, que hoy conocemos como mitocondrias, que sabían quemar y desprender energía.

En esta simbiosis, las células se encargaron de nutrir a la mitocondria que, en contrapartida, la abasteció de la energía generada gracias a la combustión de la glucosa. La mitocondria perdió su independencia al quedar encerrada en la célula, pero aseguró su mantención, y así el rendimiento energético se multiplicó por diez.

Schwartz continúa señalando que la célula fue creciendo y los cromosomas se encerraron en un núcleo, originando las células eucariotas, las cuales se reproducen por mitosis, en el que la célula madre se divide en dos células hijas con la misma cantidad de cromosomas. Los seres humanos somos eucariotas, como nuestros ancestros, porque nuestras células pueden sintetizar y quemar.

En condiciones normales, cuando la apoptosis controlaba la reproducción celular, las células se multiplican dividiéndose, para lo cual necesitaban captar nutrientes que les permitían crecer, considerándose un proceso fundamental y necesario para la regeneración de todo organismo vivo. Para ello, las células captaban la glucosa (azúcar), comenzaban a digerirla y la convertían en piruvato en el citoplasma, desde donde se transportaba a la mitocondria, que las quemaba en presencia de oxígeno (proceso aeróbico), liberando al exterior energía en forma de ATP, gas carbónico como CO_2 y agua.

El ATP actúa como un carburante que debe ser continuamente renovado para abastecer de la energía necesaria para que tengan lugar las reacciones químicas (la transformación de la materia) del metabolismo. Es decir, el conjunto de reacciones químicas que se producen en el seno del organismo, y que permite respirar, alimentarse, desarrollarse, reproducirse y mantenerse vivo.

Como lo hemos indicado previamente en este capítulo, todos los seres vivos necesitamos gastar energía para continuar viviendo; así, las células consiguen llevar a cabo sus funciones físico-químicas específicas consumiendo considerables cantidades de energía, que se emplea para mantener funcionando el metabolismo, que nos permite realizar múltiples funciones.

Todos los seres vivos requerimos de energía. Todo organismo vivo capaz de reproducirse debe buscar y tener energía para continuar viviendo; nuestro ADN «dictador» nos hace velar por nuestra supervivencia, que hacemos en forma instintiva, sin darnos cuenta. De esta forma, todos los seres vivos, incluyendo plantas y bacterias, extraen la energía a base de «romper» moléculas que llevan carbono, como los carbohidratos (azúcar), que al romper obtenemos energía en forma de ATP, que es la forma como la utilizamos.

Un punto importante ligado a lo que hemos señalado, y que tiene que ver con nuestra evolución, es que Darwin creía que la competencia por los recursos limitados, como la comida, el agua, el territorio y los compañeros, era la fuerza que impulsaba la selección natural. Sin embargo, en la naturaleza, los recursos son limitados. Hay una cantidad limitada de comida, agua, territorio y compañeros disponibles para cada especie. Esto significa que todos los individuos de una especie deben competir entre sí por estos recursos.

Los individuos que son más capaces de competir por los recursos tienen una mayor probabilidad de sobrevivir y reproducirse. Estos individuos transmiten sus genes a sus descendientes, lo que significa que sus rasgos se vuelven más comunes en la población.

Con el tiempo, esta selección natural conduce a cambios en las especies. Los individuos con rasgos que les dan una ventaja en la competencia por los recursos son más propensos a sobrevivir y reproducirse, lo que significa que sus rasgos se vuelven más comunes en la población.

En el contexto de la frase «la lucha por la supervivencia», «unos pocos de los que cada año nacen pueden vivir para propagar la especie» significa que la mayoría de los individuos de una especie no sobreviven hasta la edad adulta. Solo los individuos más capaces de competir por los recursos sobreviven y tienen la oportunidad de reproducirse.

Esta idea de que la mayoría de los individuos de una especie no sobreviven es importante para la teoría de la evolución. Si todos los individuos de una especie sobrevivieran, no habría selección natural. Todos los individuos tendrían la misma oportunidad de sobrevivir y reproducirse, y no habría ningún cambio en la especie.

La «lucha por la supervivencia» es un concepto complejo que tiene implicaciones profundas para nuestra comprensión de la evolución. Este concepto nos ayuda a comprender cómo los organismos vivos se adaptan a su entorno y cómo cambian con el tiempo.

En este escenario, el *Ensayo sobre el principio de la población*, publicado por Thomas Malthus en 1798, es una obra fundamental en la historia de la economía y la demografía. En esta obra, Malthus sostiene que la capacidad de crecimiento de la población humana es geométrica, mientras que el ritmo de aumento de los recursos para su supervivencia solo lo puede hacer en progresión aritmética. Esto significa que, a medida que la población crece, la brecha entre los recursos disponibles y las necesidades de la población se hará cada vez mayor.

Malthus identificó tres mecanismos que, según él, actuarían para mantener el equilibrio entre la población y los recursos:

- El control moral: la restricción voluntaria de la natalidad a través de la abstinencia sexual o el uso de anticonceptivos.

- La miseria: la escasez de alimentos, la enfermedad y la guerra que conducen a la muerte de una parte de la población.
- La fecundidad: la tendencia de las personas a tener menos hijos cuando la vida es más difícil.

Malthus creía que el control moral era la única solución viable a la crisis de la población. Sin embargo, también creía que era poco probable que se produjera un cambio significativo en la conducta sexual humana. Por lo tanto, predijo que la miseria y la fecundidad serían los mecanismos predominantes para mantener el equilibrio entre la población y los recursos.

Las ideas de Malthus fueron consideradas controvertidas desde el principio. Algunos críticos argumentaron que su teoría era demasiado pesimista y que no tenía en cuenta el progreso tecnológico. Otros argumentaron que su teoría era demasiado simplista y que no tenía en cuenta factores como la migración y la distribución de la riqueza. A pesar de las críticas, las ideas de Malthus tuvieron una gran influencia en el pensamiento económico y demográfico. Su teoría ayudó a dar forma a la política de población en muchos países, y sigue aun siendo un tema de debate.

En la actualidad, la mayoría de los demógrafos creen que la teoría de Malthus es demasiado simplista para explicar el crecimiento de la población humana. Sin embargo, sus ideas siguen siendo relevantes para comprender los desafíos que plantea el crecimiento de la población, como la escasez de recursos, la desigualdad y el cambio climático.

Señalo todo esto porque es importante para comprender por qué el cáncer afecta a tanta gente en la actualidad, como veremos en uno de los próximos capítulos.

Permítanme continuar hablando de la vida desde la perspectiva filosófica del Estoicismo Romano. Para ello, recurriré a uno de mis autores favoritos, Michael Onfray, filósofo contemporáneo francés, que en su libro *Sabiduría*, escrito en 2019, nos ofrece una visión panorámica de esta filosofía, desde sus orígenes en la Grecia clásica hasta su desarrollo en Roma, sosteniendo que el estoicismo romano es una filosofía práctica que ofrece un camino para alcanzar la felicidad y la tranquilidad en un mundo lleno de incertidumbre y sufrimiento.

Onfray comienza su libro con una introducción a la filosofía estoica en general, señalando que el estoicismo como filosofía fue fundado por Zenón de Citio, quien vivió entre 334 a. C. y 262 a. C. Citio, donde nació, se ubicaba en Chipre, en aquel tiempo colonia griega. Su filosofía estoica nos plantea que la vida es gobernada por la razón y que la felicidad se encuentra en la aceptación de lo que está fuera de nuestro control.

Onfray examina el estoicismo romano en detalle en su libro, señalando que este pensamiento se hizo popular en Roma en el siglo I a. C., y fue adoptado por muchos de los líderes y filósofos más importantes de la época, como Cicerón, Séneca, Epicteto y Marco Aurelio, y es considerada una filosofía especialmente relevante para el mundo moderno. En un mundo marcado por la incertidumbre y el sufrimiento, el estoicismo ofrece un camino para encontrar la paz y la tranquilidad. Destaca, además, los siguientes aspectos del estoicismo romano que lo hacen especialmente relevante para el mundo moderno:

- El énfasis en la razón: los estoicos creen que la razón es la única guía confiable en la vida. En un mundo lleno de ruido y confusión, el estoicismo ofrece un camino para volver a la razón y encontrar la paz interior.
- La aceptación de lo que está fuera de nuestro control: los estoicos creen que la mayor parte de lo que sucede en la vida está fuera de nuestro control. En lugar de luchar contra lo inevitable, los estoicos nos enseñan a aceptar lo que nos sucede y a enfocarnos en lo que podemos controlar.

- La importancia de la virtud: los estoicos creen que la virtud es la única cosa que es verdaderamente buena en la vida. En un mundo lleno de materialismo y consumismo, el estoicismo nos recuerda que la verdadera felicidad se encuentra en la vida virtuosa.

De acuerdo con Onfray, los romanos estoicos veían la vida como un viaje lleno de desafíos y oportunidades. Creían que la vida es gobernada por la razón y que la felicidad se encuentra en la aceptación de lo que está fuera de nuestro control.

Para los romanos estoicos, la vida era una lucha constante entre la razón y las pasiones. Las pasiones, como el miedo, la ira y la codicia, pueden llevarnos a tomar decisiones irracionales que nos perjudican a nosotros mismos y a los demás. Por eso, los estoicos se esforzaban por controlar sus pasiones y vivir de acuerdo con la razón.

Creían también que la mayor parte de lo que sucede en la vida está fuera de nuestro control. Las cosas que nos suceden, como la enfermedad, la muerte o la pérdida de seres queridos, son inevitables.

Para ellos, la virtud era la única cosa que es verdaderamente buena en la vida. La virtud es la capacidad de actuar de acuerdo con la razón y el deber, por lo que se esforzaban por vivir una vida virtuosa, incluso en las circunstancias más difíciles.

En general, los romanos estoicos veían la vida como una oportunidad para alcanzar la felicidad y la tranquilidad. Creían que la razón, la aceptación y la virtud eran las claves para vivir una vida plena y satisfactoria.

Algunos ejemplos específicos de cómo los romanos estoicos veían la vida:

- Cicerón, uno de los filósofos estoicos más importantes de Roma, creía que la vida es una prueba de la virtud. Nos enfrentamos a desafíos y adversidades para que podamos demostrar nuestra capacidad de actuar de manera virtuosa.

- Séneca, un político y filósofo estoico, creía que la vida es un regalo. Debemos aprovechar cada momento y vivir plenamente, incluso en las circunstancias más difíciles.

- Epicteto, un esclavo liberado que se convirtió en filósofo estoico, creía que la verdadera libertad es la libertad de la mente. Podemos ser libres incluso en la esclavitud si somos capaces de controlar nuestras pasiones y vivir de acuerdo con la razón.

- Marco Aurelio, el emperador romano, creía que la vida es una oportunidad para aprender y crecer. Debemos aprovechar cada experiencia, tanto las positivas como las negativas, para convertirnos en mejores personas. En la actualidad, muchos gobernantes y líderes mundiales leen a Marco Aurelio (recomiendo *Meditaciones de Marco Aurelio*, de Antonio Guzmán Guerra, 1985).

En la actualidad, el estoicismo romano es una filosofía que sigue siendo relevante. Nos ofrece un camino para afrontar los desafíos de la vida con sabiduría y virtud.

Sin embargo, no podemos hablar de la vida sin referirnos a la muerte. Antes, debemos señalar que Haskins (2022), en su libro *El espejismo de Dios*, nos dice que la vida debe considerarse un nacer contra todo pronóstico, como un premio otorgado por nuestro ADN, ello en desmedro de los muchos tantos que no nacieron. Por lo mismo, debemos aceptar entonces que ésta tiene un final; por tanto, nos plantea la pregunta: ¿Cómo nos podríamos atrever a quejarnos a la hora del retorno al estado previo del que la vasta mayoría nunca emergió? (p.405).

Onfray, por su parte, nos señala que los estoicos romanos veían la muerte como una parte natural de la vida. Creían que la muerte no es un castigo ni una tragedia, sino simplemente un cambio de estado. No le temían a la muerte, sino que la aceptaban como una parte inevitable de la vida, y por tanto no era el fin de la existencia, pues creían en la inmortalidad del alma, que sobrevive a la muerte del cuerpo.

Por lo mismo, creían que la muerte de un ser querido era un evento doloroso, pero no un evento traumático. Creían que la muerte era una parte natural de la vida, y que todos los seres vivos están destinados a morir, por lo que no se sentían responsables de dejar a sus seres queridos. Creían que la muerte era inevitable, y que no podían hacer nada para evitarla. Por eso, se centraban en ayudar a sus seres queridos a aceptar la muerte y a encontrar la paz.

Ejemplos de cómo los estoicos romanos veían la muerte:

- Cicerón escribió que la muerte es «un sueño sin sueños». Es decir, que la muerte es un estado de inconsciencia en el que no se experimenta nada.
- Séneca señaló que la muerte es «una liberación». Es decir, que la muerte es una oportunidad para dejar atrás el sufrimiento y la imperfección de la vida.
- Epicteto escribió que la muerte es «un cambio de estado». Es decir, que la muerte es simplemente un cambio de una forma de existencia a otra.

El estoicismo romano es una filosofía que ofrece un camino para afrontar la muerte con sabiduría y serenidad, y como lo plantea en su libro Onfray, implica aceptar lo siguiente:

- Aceptación: para los estoicos, la muerte era un hecho natural e inevitable. La aceptaban como parte del ciclo de la vida y no la veían como algo a lo que temer. Onfray describe esta postura como una forma de «liberarse del miedo» y vivir con mayor serenidad.

- Indiferencia: los estoicos consideraban que la muerte era indiferente desde el punto de vista moral. No era ni buena ni mala; simplemente era. Esta perspectiva les permitía verla como algo neutral, sin la carga emocional que suele conllevar.

- Enfoque en lo que podemos controlar: en lugar de obsesionarse con la muerte, los estoicos se centraban en vivir el presente al máximo. Onfray destaca la importancia de «aprovechar cada momento» y actuar con virtud, ya que eso es lo único que realmente podemos controlar.

- La muerte como un regreso: los estoicos creían que la muerte era un regreso al estado original, antes de nacer. Onfray describe esta idea como una forma de «no temer a lo desconocido», ya que no hay nada que temer de volver a lo que ya éramos.

- *Memento mori*: los estoicos practicaban el *memento mori*, que significa «recuerda que morirás». Esta práctica les ayudaba a tener presente la muerte y a vivir con mayor intensidad. Onfray la recomienda como una forma de «despertar del letargo» y valorar la vida.

- La muerte como liberación: para los estoicos, la muerte podía ser una liberación del sufrimiento y de las limitaciones del cuerpo. Onfray la describe como una forma de «escapar del dolor» y alcanzar la paz eterna.

En resumen, el estoicismo romano ofrece una perspectiva sobre la muerte que puede ayudarnos a afrontarla con mayor serenidad y aceptación. Se trata de verla como un hecho natural e inevitable, sin la carga emocional que suele conllevar. En lugar de obsesionarse con la muerte, los estoicos nos invitan a vivir el presente al máximo y a actuar con virtud. Por ello, el estoicismo romano es una lectura obligada para cualquier persona interesada en la filosofía estoica, y Onfray, en su libro *Sabiduría*, nos ofrece una visión clara y precisa de ella, cuyas reflexiones sobre su relevancia para el mundo moderno en el que vivimos pueden ser muy valiosas.

Capítulo 4

¿Qué es el cáncer?

El cáncer es un grupo de enfermedades relacionadas con el crecimiento descontrolado de células anormales en el cuerpo. Estas células, también llamadas células malignas o cancerosas, pueden invadir y destruir tejidos sanos y propagarse a otras partes del cuerpo a través del sistema sanguíneo o linfático, proceso conocido como metástasis.

En todos los cuerpos sanos existe un proceso natural de muerte celular programada, esencial para el desarrollo y la homeostasis del cuerpo, denominado apoptosis. Es un proceso que elimina las células dañadas o innecesarias de forma ordenada y eficiente, evitando la inflamación y la liberación de sustancias nocivas.

Los mecanismos de la apoptosis incluyen:

- Vía intrínseca: se activa en respuesta a daños internos en la célula, como estrés oxidativo o daño al ADN.
- Vía extrínseca: se activa por señales externas, como la unión de ligandos a receptores de muerte en la superficie celular. Los receptores de muerte (guardianes de la apoptosis) son proteínas transmembrana que se encuentran en la superficie de las células. Cuando se unen a sus ligandos específicos, estos receptores inician una cascada de eventos moleculares que conduce a la apoptosis, o muerte celular programada.
- Vía común: ambas vías convergen en la activación de caspasas, que son enzimas proteolíticas que conducen a la fragmentación del ADN y la muerte celular.

La homeostasis se define como la capacidad de los organismos vivos de mantener un ambiente interno estable a pesar de los cambios en el ambiente externo. La homeostasis permite que el cuerpo funcione correctamente al mantener constantes las condiciones cruciales para la vida, como la temperatura corporal, el nivel de azúcar en la sangre y el pH (acidez o basicidad) de la sangre.

La apoptosis, por su parte, desempeña un papel crucial en la prevención del cáncer. Cuando las células con daños en el ADN o que han perdido su función no se eliminan por apoptosis, pueden acumularse y dar lugar a un crecimiento celular descontrolado, lo que puede conducir al desarrollo de un tumor.

Los mecanismos por los que la apoptosis deja de funcionar ante el cáncer consideran:

- Mutaciones en genes que regulan la apoptosis: estas mutaciones en genes que codifican proteínas proapoptóticas o antiapoptóticas pueden alterar el equilibrio entre la supervivencia y la muerte celular, favoreciendo la supervivencia de las células cancerosas.
- Alteración de las vías de señalización: las células cancerosas pueden desarrollar mecanismos para evadir las señales de muerte celular, como la sobreexpresión de receptores antiapoptóticos o la inactivación de caspasas, que, como ya hemos señalado, juegan un papel crucial en la apoptosis, o muerte celular programada. Son como las verdugas celulares, responsables de ejecutar la orden de muerte cuando la célula está dañada o ya no es necesaria.
- Microambiente tumoral: este microambiente, que es el entorno que rodea a las células cancerosas, puede producir factores que favorecen la supervivencia y la proliferación de las células cancerosas, incluyendo la inhibición de la apoptosis.

La evasión de la apoptosis es una de las características clave del cáncer. El desarrollo de nuevas estrategias terapéuticas que reanuden la apoptosis en las células cancerosas es un área de investigación activa en la lucha actual contra esta enfermedad.

Podemos señalar, entonces, que el cáncer comienza cuando se produce un cambio en el ADN de una célula. El ADN, como se ha indicado previamente, es el material que contiene las instrucciones para el crecimiento y funcionamiento de las células. Estos cambios pueden ser heredados genéticamente o adquiridos a lo largo de la vida, por ejemplo, por la exposición a agentes cancerígenos como el humo del tabaco o la radiación ultravioleta.

Los cambios en el ADN pueden alterar el comportamiento de las células, haciendo que crezcan y se dividan de forma descontrolada. Estas células pueden acumularse y formar un tumor, que es una masa de células anormales.

Los factores que pueden aumentar el riesgo de desarrollar cáncer consideran:

- Edad: el riesgo de desarrollar cáncer aumenta con la edad.
- Factores genéticos: si se tienen antecedentes familiares de cáncer, se puede tener un mayor riesgo de desarrollar la enfermedad.
- Exposición a agentes cancerígenos: algunos agentes cancerígenos, como el humo del tabaco, la radiación ultravioleta y algunos productos químicos, pueden aumentar el riesgo de desarrollar cáncer.
- Factores de estilo de vida: ciertos hábitos, como fumar, beber alcohol en exceso y tener una dieta poco saludable, también pueden aumentar el riesgo de cáncer.

Etapas consideradas en el desarrollo del cáncer:

- Inicio: se produce un cambio en el ADN de una célula.

- Promoción: la célula con el ADN dañado comienza a crecer y dividirse de forma descontrolada. La apoptosis no es capaz de eliminarla ni detener su división descontrolada.

- Progresión: las células cancerosas pueden invadir y destruir tejidos sanos.

- Metástasis: las células cancerosas pueden desprenderse del tumor original y viajar a través del sistema sanguíneo o linfático a otras partes del cuerpo, donde pueden formar nuevos tumores.

- Angiogénesis: las células cancerosas pueden estimular el crecimiento de nuevos vasos sanguíneos para obtener nutrientes y oxígeno y llevarse los desperdicios.

- Evasión del sistema inmunitario: las células cancerosas pueden desarrollar mecanismos para evitar ser detectadas y destruidas por el sistema inmunitario del cuerpo.

Es importante recordar que el cáncer es una enfermedad compleja de la cual existen más de 200 tipos, que se clasifican según el tipo de célula o tejido donde se originan, y que no existe una única causa que lo desarrolle. Las investigaciones sobre el cáncer continúan avanzando y cada vez se descubren más factores que pueden influir en su desarrollo.

Laurent Schwartz, oncólogo en el Hospital de París, en su libro *Cáncer: un tratamiento sencillo y nada tóxico*, escrito en 2017, cuyo prólogo fue escrito por el Premio Nobel de Medicina Luc Montagnier, indica que el cáncer es una de las enfermedades más antiguas que existen, que no solo ataca al ser humano, sino que también se han encontrado trazas de tumores en huesos de dinosaurios que existieron hace millones de años, y en el caso de los seres humanos de la época de los faraones, la población sucumbía por esta enfermedad.

De acuerdo con este autor, en las células diferenciadas con membrana, citoplasma y núcleo, «las mitocondrias juegan un papel de centrales energéticas que funcionan a pleno rendimiento». Las mitocondrias, como ya hemos señalado en el capítulo precedente, liberan agua y gas carbónico que, al unirse, forman ácido carbónico. El medio interior de la célula es suficientemente ácido (pH < 7,0) para que la hélice de ADN no pueda desplegarse, y menos dividirse en dos. Igualmente indica que la mitocondria quema energía sin debilitar a la célula, que conserva su acidez y ADN en reposo; este estado es contrario a lo que ocurre en presencia de cáncer. Por tanto, una célula sana depende del buen funcionamiento de las mitocondrias.

Es por ello que define el cáncer como una enfermedad metabólica, relacionada con el envejecimiento, al igual que ocurre con el alzhéimer o el párkinson, donde dos tercios del cáncer se diagnostican después de los sesenta años. Schwartz sostiene también que el colágeno, tejido de sostén sobre el que se apoyan nuestras células repletas de agua, y cuyas fibras se pegan unas a otras para dar elasticidad a la piel, al envejecer se vuelve menos elástico, volviéndose cada vez más duro, fibroso y quebradizo. En esta condición, los desechos azucarados se acercan al colágeno y forman puentes de fibra a fibra, que nos tornan rígidos. Las fibras, tan juntas unas de otras, pierden elasticidad y se rompen al menor traumatismo, por lo que envejecer, nos subraya, es romperse poco a poco.

Agrega, además, que, con cada latido del corazón, una onda de choque se propulsa desde el corazón a todos los órganos. El corazón late, pero también lo hace el cerebro, el hígado y los riñones. El cerebro sigue a la sístole cardiaca, un latido sesenta veces por minuto como promedio; por tanto, según pasan los años, pagamos el precio de cada latido cardiaco. En consecuencia, es necesario aprender a ralentizar el proceso de envejecimiento, lo que se logra comiendo y trabajando menos. Este autor igualmente indica que los que trabajan duramente, y que, además, realizan esfuerzo físico, mueren más jóvenes y desarrollan mucho más cáncer.

Moorod y Promislow (2016), por otro lado, indican que los patrones de envejecimiento en primates y humanos reflejan la pauta general que se observa en los sistemas modelo, con reducción por edad en la fertilidad y aptitud, y mayores tasas de mortalidad en los machos que en las hembras. Agregan que las hembras humanas difieren de este patrón en un sentido importante, porque presentan un período prolongado de supervivencia posreproducción (la menopausia). Señalan que, en los últimos años, se ha aprendido mucho acerca de la forma en que tanto los factores genéticos como ambientales pueden afectar la longevidad. Agregan que investigaciones realizadas recientemente muestran que se ha logrado mejorar la supervivencia por edad y la función fisiológica en la madurez tardía, simplemente restringiendo la ingesta de alimentos.

El tejido fibroso, según Schwartz, tiene otras consecuencias: asfixia, de manera que el oxígeno se difunde cada vez peor y no llega a las mitocondrias, por lo que las células dejan de fabricar energía, decayendo su rendimiento. Cuando nuestro cuerpo envejece y deja de funcionar perfectamente, las mitocondrias se asfixian, no son capaces de deshacerse de los radicales libres (toxinas energéticas a medio quemar), que comienzan a amontonarse en el organismo.

Se puede señalar, según este autor, que el envejecimiento corresponde a una disminución progresiva del rendimiento energético tras una asfixia progresiva y que, cuando el rendimiento decae, aparece el cáncer. Estima, además, que, junto al envejecimiento, el sexo son los cancerígenos más potentes en la actualidad, siendo el cáncer una enfermedad principalmente de hombres mayores.

Añade que todos los cancerígenos, entre ellos tabaco, alcohol, radioactividad, entre muchos de una larga lista reconocida hoy en día, inflaman los tejidos, que se vuelven fibrosos para defenderse. Bajo el efecto de las fibras de colágeno que envuelven los órganos que envejecen precozmente, una célula cancerosa puede escaparse del epitelio (tejido constitutivo por células estrechamente unidas) para formar un cáncer.

Este autor denota cuatro particularidades del cáncer, revelándonos que:

1. Tiene forma «estrellada», diferenciándose del tumor benigno que es redondo, que crece desde el centro hacia la periferia; este no invade los tejidos que lo rodean y es fácil para un cirujano extirparlo metiendo los dedos entre el tumor y el tejido sano. El tumor maligno (cáncer) es todo lo contrario, invade el tejido que lo rodea, y las células cancerosas se meten en las zonas de mayor fragilidad, interesándose principalmente por los tejidos blandos, más que por los óseos. Es por ello que son estas células cancerosas, también llamadas dendritas, las que buscan los radiólogos para certificar el carácter maligno de la lesión. Agreguemos a ello que las dendritas pueden ser un indicador de la proliferación celular; las células cancerosas crecen y se dividen más rápido que las células normales. Las dendritas son estructuras que se extienden desde las células, ayudando a que estas se comuniquen entre sí. Cuando las células cancerosas tienen muchas dendritas, es un signo de que se están dividiendo y proliferando rápidamente.

2. El cáncer es duro. Para detectar la naturaleza de una masa anormal en el cuerpo, los médicos recurren a palpar su consistencia, encontrándose que los tumores son duros como piedra. Por ello, el tacto de la próstata a través del recto, que en mi caso confirmó mi cáncer.

3. Las células cancerosas son básicas (alcalinas), por lo tanto, el cáncer es alcalino; sin embargo, el medio en el que se encuentran estas células es ácido debido a que el cáncer secreta ácido láctico.
4. El cáncer se nutre de azúcar, siendo muy goloso frente a los carbohidratos, ingiriendo diez veces más glucosa que las células de los tejidos sanos.

Estas cuatro características, nos dice Schwartz, están presentes en todos los tumores, sea cual sea su origen y la causa de la enfermedad. Y cuanto más duro, alcalino y más goloso por el azúcar se presente, más agresivo resulta.

Complementa también en su libro lo señalado por Otto Warburg (1883-1970), médico bioquímico alemán y premio Nobel de Fisiología en 1931, gracias a su descubrimiento de la naturaleza y del modo de operar de las enzimas respiratorias. Warburg estaba convencido de que la fermentación era la causa del cáncer, descubriendo que las células cancerosas fermentan, como lo hacen las levaduras en ausencia de oxígeno, captan glucosa y proliferan. Pero, a diferencia de las levaduras, que dejan de reproducirse en presencia de oxígeno, las células cancerosas pueden fermentar aun con presencia de oxígeno, y como captan más glucosa de la que pueden quemar, la expulsan en forma de ácido láctico, como ya ha sido señalado.

Por ello, consideró al cáncer como una enfermedad del metabolismo que se relaciona con la digestión celular y, más precisamente, de la digestión del azúcar. Observó que, en presencia de cáncer, el mecanismo estaba bloqueado y que la mitocondria no funcionaba normalmente, afirmando que «el cáncer puede tener múltiples causas; sin embargo, todas convergen en la mitocondria. La mitocondria está lesionada.

El cáncer no puede quemar el azúcar y secreta ácido láctico incluso en presencia de oxígeno». Schwartz concluye que, visto que la célula cancerosa es incapaz de quemar, se contenta con sacar un poco de oxígeno rompiendo la glucosa (6 carbones) y transformándola en dos piruvatos (3 carbones). Proceso al que Warburg señaló como glucólisis anaeróbica, donde en vez de producirse 32 moléculas de ATP por molécula de glucosa, la síntesis solo produce 2, descendiendo drásticamente la productividad.

Agreguemos que, en condiciones normales, la mayor parte del ATP se produce en la siguiente etapa de la respiración celular, el ciclo de Krebs y la cadena transportadora de electrones. En estas etapas, se pueden producir entre 36-38 moléculas de ATP por cada molécula de glucosa. En resumen, el cáncer es el resultado de una mitocondria ineficaz. La célula no puede quemar y crece en exceso. No produce ATP ni gas carbónico; así resume el cáncer Schwartz.

Denota, por otro lado, que según el Centro Internacional contra el Cáncer (CIRC), esta enfermedad mata a 8 millones de personas en el mundo cada año, siendo la tasa de decesos más alta en los países con pocos recursos. Agrega que el cáncer es una enfermedad que se ceba en la pobreza y en la promiscuidad, donde la gente tiene grandes dificultades para acceder a los tratamientos. Y que esta cifra de fallecidos puede aumentar a 19,3 millones en 2025, como precisa el CIRC, debido al crecimiento demográfico y al envejecimiento de la población. Ello a causa de que el cáncer también es indicado como una enfermedad de envejecimiento prematuro.

Aunque todos estamos destinados a envejecer, el cáncer no debe ser entendido como una fatalidad, señala Schwartz, sugiriendo que existen remedios que han demostrado su eficacia en decenas de pacientes que comenzaron tratamientos estando condenados. Pacientes que fueron devueltos a casa a morir consiguieron «domesticar» la enfermedad.

Es cierto que no todo el mundo se cura, pero muchos logran sobrevivir convirtiendo su cáncer en una enfermedad crónica. Condenados a muerte a corto plazo, desesperados, deciden someterse valientes y asustados a ensayos clínicos, porque no les quedaban muchas posibilidades ni tiempo de vida.

Un problema clave del cáncer, que ya se ha señalado, es la metástasis, que representa una de las improntas que caracterizan a las células tumorales, y consiste en la diseminación de las células de un tumor primario a órganos o tejidos distantes, y que constituye el aspecto más devastador del cáncer. Se calcula que alrededor del 90 % de los pacientes con cáncer mueren de metástasis. Es, pues, una de las causas últimas de su elevada mortalidad frente a la cual existen limitados recursos terapéuticos y clínicos (Vicent et al., 2006).

Estos autores señalan para el caso de la metástasis ósea que, para que esta se produzca, se requiere que la célula, una vez retenida en las sinusoides de la médula, migre y atraviese la pared para adherirse a la matriz extracelular de alguna superficie ósea del endostio o periostio, donde es capaz de estimular a osteoblastos y osteoclastos (el endostio y el periostio son dos membranas que recubren las superficies interna y externa de los huesos, respectivamente. Aunque comparten algunas funciones, también tienen características y roles específicos que son esenciales para la salud ósea).

En muchas ocasiones, la capacidad de parada de la célula cancerosa es un capilar, y finalmente la extravasación (movimiento de salida de las células de un vaso sanguíneo hacia un tejido por inflamación o metástasis) y crecimiento en el órgano considerado el «blanco» donde se desarrollará. Basta que las células tumorales queden inmovilizadas en un capilar o retenidas como agregados plaquetarios para que puedan desarrollar un tumor secundario.

Frecuentemente, el aumento de metástasis se correlaciona con estadios avanzados del tumor primario. En la medida en que la carga tumoral aumenta, se incrementan proporcionalmente las posibilidades de metástasis como consecuencia del aumento invasivo hacia tejidos y órganos circundantes.

Agregan también que una de las características propias tanto de tumores sólidos como hematológicos consiste en la frecuente propensión a formar metástasis óseas. Se ha estimado que anualmente mueren 350 000 personas con metástasis óseas en EE. UU. El hueso es el tejido «diana o blanco» de metástasis en el 75 % de los pacientes con cáncer de mama y próstata.

Esta avidez por el tejido óseo, de este tipo de cáncer, se explica, por un lado, por la irrigación propia de los huesos, especialmente del compartimento medular, donde resulta fácil que las células queden retenidas en las amplias sinusoides vasculares. Por otro, los huesos albergan una gran variedad de tipos celulares y un medio rico en factores de crecimiento, citoquinas y quimoquinas (familia de citoquinas denominadas quimoquinas se compone por lo menos de 18 proteínas) que, además de la atracción que ejercen sobre las células, constituyen un medio adecuado para el crecimiento celular (la respuesta inmune e inflamatoria es regulada positiva y negativamente por medio de la secreción de mediadores solubles denominados citoquinas). El propio tejido óseo constituye un almacén de diversos factores de crecimiento (Vicent et al., 2006).

Si bien el tejido óseo se remodela continuamente para hacer frente a las demandas orgánicas de calcio y fósforo y a las tensiones mecánicas, esto se lleva a cabo por la acción coordinada de los osteoblastos, células encargadas de depositar la matriz extracelular, y los osteoclastos, células de la línea monocito-macrófago con capacidad de producir resorción de la matriz mineralizada, favoreciendo un delicado balance (la resorción ósea es el proceso por el cual los osteoclastos eliminan tejido óseo liberando minerales, dando como resultado una transferencia de ion calcio desde la matriz ósea a la sangre).

La llegada de células tumorales altera ese equilibrio, favoreciendo un aumento de la resorción sobre la formación, produciendo las consiguientes lesiones osteolíticas (estas lesiones son áreas de pérdida de tejido óseo que se observan en radiografías como zonas oscuras o «agujeros», son áreas que debilitan el hueso y lo hacen más susceptible a fracturas).

En ocasiones, aumenta el número de ciclos de remodelado óseo y se produce junto a áreas de resorción, otras con un incremento de la formación ósea. Entre los tipos de tumores con mayor capacidad de metástasis a hueso se encuentran el mieloma múltiple, mama y próstata.

Las metástasis de hueso pueden ser osteolíticas, las más frecuentes, y osteoblásticas, en las que las células tumorales inducen una formación ectópica de hueso reticular, caracterizadas por un aumento anormal en la formación de tejido óseo, generalmente producidas por células cancerosas de otros órganos, como el de mama o próstata que ya hemos señalado.

Vicent et al. (2006) indican que la osteólisis está mediada por factores derivados de las células tumorales que actúan directamente sobre el microentorno celular o bien indirectamente activando la diferenciación y activación de los osteoclastos mediante la liberación de factores osteoclastogénicos. Los factores osteoclastogénicos son moléculas que estimulan la formación y la actividad de los osteoclastos, las células responsables de la resorción ósea. Estos factores son esenciales para el remodelado óseo normal, un proceso continuo en el que el hueso viejo se reabsorbe y se reemplaza por hueso nuevo.

Sin embargo, un exceso de actividad osteoclastogénica puede conducir a enfermedades óseas caracterizadas por la resorción ósea excesiva, como la osteoporosis, la enfermedad de Paget y la artritis reumatoide. Por otro lado, una actividad osteoclastogénica deficiente puede causar osteopetrosis, una enfermedad en la que los huesos son demasiado densos y muy frágiles, pudiéndose romper fácilmente.

Por su parte, las metástasis osteoblásticas, según estos autores, son típicas del tumor de próstata, aunque también se han detectado en otros tumores de forma muy minoritaria.

La inducción de la formación de hueso ectópico y consiguiente osteosclerosis constituye un fenómeno notable cuyos mecanismos son poco conocidos. La formación de hueso ectópico de tejido óseo en lugares donde no debería existir, seguido de un endurecimiento y engrosamiento del hueso normal, conduce a la osteosclerosis, aumentando la densidad del hueso, y haciendo que este sea más frágil y propenso a fracturas.

Estos autores también señalan que las observaciones histológicas en biopsias establecen que suele ser frecuente este tipo de formación; sin embargo, también es común la aparición de áreas óseas osteolíticas (destrucción de tejido óseo) inducidas por el tumor y, concomitantemente, áreas con activa osteoformación (formación de tejido nuevo). Esto puede parecer contradictorio, pero en realidad es un proceso común en los tumores óseos.

El tumor puede estimular la destrucción del tejido óseo a su alrededor, pero también puede estimular la formación de tejido óseo nuevo, creando un patrón de áreas osteolíticas y osteoblásticas (formadoras de hueso). Lo cual no resulta sorprendente, pues la formación y resorción son procesos acoplados dentro del ciclo del remodelado óseo. Por lo que es posible observar en algunos pacientes simultáneamente aumento de trazadores óseos en las metástasis (por aumento de la actividad osteoclástica destructora) y, concurrentemente, aumento de marcadores de la actividad osteoblástica (formadora).

La eficacia de los tratamientos actuales para las metástasis óseas pasa por una aproximación multimodal, en la cual se evalúan cautelosamente los beneficios y los riesgos para cada tipo de tumor, el estadio, la extensión y la naturaleza de la enfermedad metastásica. En muchos casos, las metástasis óseas se caracterizan por ser refractarias a los tratamientos convencionales disponibles; por ello, los tratamientos se limitan a disminuir la morbilidad y a paliar las consecuencias asociadas, lo que genera la necesidad de desarrollar terapias eficaces capaces de incidir en el desarrollo tumoral.

El profesor Luc Montagnier, en el prefacio del libro de Schwartz (2017), señala, respecto a los tratamientos actuales contra el cáncer a base de quimioterapia intensiva junto con los bombardeos de radioterapia, que este dogma central ha dominado la oncología en los últimos cincuenta años. Y, aunque efectivamente matan a las células cancerosas, también matan a las células del sistema inmunitario, generando que emerjan clones tumorales que resisten los tratamientos y acaban por ganar la partida y matar a los enfermos. Sin embargo, señala, este dogma tendría los días contados, ya que van apareciendo tratamientos más focalizados gracias a los progresos de la biología molecular y de la inmunología.

No obstante, agrega que su costo es exorbitante y solo ofrecen una leve tregua a la vida del paciente. Esto porque las células cancerosas han adquirido una capacidad de adaptación casi infinita, jugando con el genoma (mutaciones, translocaciones y otros) y con la expresión de este (efectos epigenéticos, a los cuales nos referiremos en un próximo capítulo), conservando una impresionante capacidad de multiplicación que resiste todos los obstáculos que se inventen en su contra. Respecto a los costos de estos tratamientos, se puede indicar que el empleo de vacunas anticáncer, a base de glóbulos blancos que se comen solo las células cancerosas, cuesta 100 000 euros por paciente (Schwartz, 2017).

En este escenario, vemos cómo el cáncer se transforma no solo en una enfermedad, sino también en una batalla que desgasta en todos los frentes, ya que no solo ataca el cuerpo, sino que también genera un desgaste físico, mental, familiar y económico. Es una enfermedad que transforma la vida del paciente y de su entorno, dejando una huella profunda en cada uno de ellos.

El desgaste físico se manifiesta en que sus efectos y sus tratamientos pueden ser devastadores para el cuerpo. Fatiga, náuseas, dolor, pérdida de cabello y debilitamiento del sistema inmunológico son solo algunos ejemplos. Las personas que lo padecen enfrentan una lucha constante por mantener su fuerza física y adaptarse a las nuevas limitaciones que la enfermedad impone.

También genera desgaste mental: su solo diagnóstico provoca una ola de emociones difíciles de manejar: miedo, incertidumbre, ansiedad, tristeza y depresión. El paciente debe aprender a vivir con la incertidumbre del futuro y afrontar la posibilidad de la muerte. Su impacto psicológico puede ser tan debilitante como los síntomas físicos.

El desgaste de esta enfermedad no solo afecta al paciente, sino también a su familia. Los roles y responsabilidades dentro del hogar se ven alterados, creando tensión y estrés. Los familiares se convierten en cuidadores, brindando apoyo físico y emocional al enfermo, lo que puede afectar su propio bienestar. Por ello, la comunicación y el apoyo mutuo son fundamentales para afrontar el desgaste familiar que produce.

A nivel económico, el cáncer representa una carga considerable para el paciente y su familia. Los costos de los tratamientos, medicamentos, hospitalizaciones y cuidados especiales pueden ser exorbitantes. La capacidad de trabajo del paciente puede verse afectada, lo que reduce el ingreso familiar y aumenta la presión financiera. En muchos casos, las familias se ven obligadas a recurrir a ahorros, préstamos o incluso a la venta de bienes para cubrir los gastos médicos, y este es el caso de quienes tienen estos recursos. ¿Qué pasa con quienes no los tienen? Me referiré a ello en el capítulo final.

Por ello, la información y la educación que como enfermos debemos tener sobre el cáncer son claves para tomar decisiones informadas y mejorar nuestra calidad como pacientes y en nuestro entorno familiar. El cáncer es una batalla difícil, pero no hay que enfrentarla en solitario. La unión familiar, el apoyo social y la ayuda profesional son pilares fundamentales para superar los desafíos físicos, mentales, familiares y económicos que esta enfermedad trae consigo.

Capítulo 5

¿Qué induce al cáncer?

Como se ha señalado previamente, el cáncer es una enfermedad compleja con diversos orígenes. No existe una única causa, sino una combinación de factores que pueden aumentar el riesgo de desarrollar la enfermedad. Estos factores se pueden dividir en dos categorías principales.

1. Factores exógenos: exposición a carcinógenos, donde se incluyen sustancias que pueden dañar el ADN y provocar la transformación de células normales en células cancerosas. Algunos ejemplos de carcinógenos son el tabaco, la radiación ultravioleta (UV), el asbesto, el benceno y ciertos virus. La dieta y el estilo de vida, donde una dieta poco saludable, rica en grasas saturadas y azúcares, y baja en fibra, puede aumentar el riesgo de algunos tipos de cáncer. El tabaquismo, el consumo excesivo de alcohol, la falta de actividad física y la obesidad también son factores de riesgo importantes. Infecciones, en las cuales algunas infecciones virales, como el virus del papiloma humano (VPH) y el virus de la hepatitis B (VHB), pueden también aumentar el riesgo de desarrollar cáncer.

2. Factores endógenos: como la edad, donde el riesgo de desarrollar cáncer aumenta con el tiempo. Esto se debe a que las células acumulan daños en el ADN a lo largo de los años, lo que aumenta la probabilidad de que se transformen en células cancerosas. La genética, en la cual determinadas personas nacen con mutaciones

genéticas que las hacen más susceptibles a desarrollar cáncer. Estas mutaciones pueden ser heredadas de padres a hijos o pueden ocurrir de forma espontánea. Un sistema inmunológico debilitado, en que las personas con un sistema inmunológico comprometido, como las que reciben tratamiento con inmunosupresores o que tienen enfermedades como el VIH/SIDA, tienen un mayor riesgo de desarrollar cáncer.

Es importante tener en cuenta que la presencia de uno o más de estos factores no significa que una persona desarrollará cáncer. Sin embargo, cuanto más factor de riesgo tenga, mayor será su probabilidad de desarrollar la enfermedad.

No obstante, lo señalado, en este capítulo ahondaré en responder esta pregunta: ¿Qué induce el cáncer? A través de un punto de vista que me parece pertinente para cumplir el objetivo de este libro, que es entregar información. Para ello, he realizado una revisión de la obra *Anti cáncer, una nueva forma de vida*, escrita en 2007 por David Servan-Schreiber, profesor clínico de Psiquiatría de la Facultad de Medicina de la Universidad de Pittsburgh (EE. UU.), quien falleció de un tumor cerebral en julio de 2011, luego de sostener una lucha con este cáncer por cerca de 20 años.

En su libro, este autor nos plantea que los cánceres que afligen a Occidente, como los de mama, colon y próstata, son entre siete y sesenta veces más frecuentes que en Asia. Sin embargo, las estadísticas revelan que hombres asiáticos fallecidos cerca de los cincuenta años por causas ajenas al cáncer han presentado microtumores precancerosos en la próstata en igual proporción que los hombres occidentales, lo que lo induce a pensar que existe un vector que estaría gatillando el desarrollo de esta enfermedad.

Señala, además, que, si el cáncer se transmitiera básicamente a través de los genes, la tasa de cáncer entre niños adoptados tendría que ser igual a la de sus padres biológicos, no a la de sus padres adoptivos. Sin embargo, en un estudio llevado a cabo en Dinamarca, donde existe un registro genético gracias al cual se puede conocer el origen de cada ciudadano, los investigadores dieron con el paradero de los padres de más de mil niños adoptados al nacer.

La conclusión de este estudio, publicada en el *New England Journal of Medicine*, modifica todas las suposiciones sobre el cáncer al revelar que los genes de los padres biológicos muertos por cáncer antes de los cincuenta años no tenían ninguna influencia en el riesgo del niño adoptado de desarrollar cáncer. Contrario a ello, la muerte del padre adoptivo (que transmite hábitos, no genes), a causa del cáncer antes de cumplir cincuenta años, multiplicaba por cinco la tasa de mortalidad por esta enfermedad entre los niños adoptados, lo que demostraba que era el estilo de vida lo que se relacionaba significativamente con la vulnerabilidad al cáncer.

Agrega también que, en otras investigaciones realizadas por un grupo de científicos de la Universidad de Montreal, se estudió a mujeres que portaban los genes BRCA-1 y BRCA-2, genes que en el 80 % de las mujeres portadoras generan cáncer de mama en algún momento de su vida. Sin embargo, el jefe de este equipo de investigadores, el Dr. Parviz Ghadirian, observó que el riesgo disminuía radicalmente cuando más frutas y verduras consumían. Quienes consumían hasta veintisiete frutas y verduras diferentes a la semana disminuyeron su riesgo en un 73 %.

Establece también que otro equipo de investigadores de la Universidad de San Francisco, dirigido por el profesor John Witte, descubrió algo similar en hombres con cáncer de próstata, en los que determinados genes desencadenan una sensibilidad extrema a la inflamación y estimulan la transformación de microtumores de lento crecimiento en la próstata en agresivos cánceres metastásicos.

No obstante, cuando los portadores de dichos genes consumían pescado silvestre rico en omega-3 al menos dos veces por semana, sus genes peligrosos se mantenían bajo control, presentando cinco veces menos probabilidad de que sus cánceres se volvieran agresivos.

Los resultados de ambas investigaciones llevaron al autor a plantearse la idea de que los genes del cáncer no serían tan dañinos si no son estimulados por un estilo de vida poco saludable. De hecho, considera que podrían ser genes que han respondido mal a la transición desde nuestras ancestrales formas de alimentación, perfectamente adaptadas a nuestros organismos, al paso a nuestra alimentación industrial y procesada que consumimos hoy en día.

Da a entender, además, por qué mujeres portadoras de genes BRCA nacidas antes de la Segunda Guerra Mundial presentan entre dos y tres veces menos riesgo de desarrollar cáncer de mama que sus hijas y nietas nacidas en la era de la comida rápida, a la cual este autor define como «fertilizante para el cáncer», al igual que otras sustancias carcinogénicas como la adicción al tabaco, que hemos señalado previamente.

Más adelante, establece que todos los seres vivos tenemos la capacidad natural de reparar nuestros tejidos luego de sufrir una herida a través de un mecanismo básico que es la inflamación. Complementa que Dioscórides, cirujano griego del siglo I de nuestra era, describió en términos sencillos lo que hasta hoy se sigue utilizando en todas las facultades de medicina para enseñar qué es la inflamación, definiéndola como «Rubor, tumor, calor, dolor»; es decir, es roja, está hinchada, está caliente y duele. De esta manera, en cuanto una lesión afecta a un tejido (por golpe, corte, quemadura, veneno o infección), las plaquetas de la sangre la detectan, se agolpan alrededor del área afectada y liberan una sustancia química denominada PDGF (factor de crecimiento derivado de las plaquetas).

Esta sustancia es un factor de crecimiento que juega un rol importante en la respuesta inflamatoria, activando la quimiotaxis, la proliferación y la activación de los leucocitos, y la producción de citoquinas. El PDGF ayuda a combatir la infección y promover la reparación de los tejidos dañados y la cicatrización.

Esta atrae y activa los glóbulos blancos, amplificando la respuesta inflamatoria, induce la producción de citoquinas proinflamatorias y modula la expresión de citoquinas antiinflamatorias, promoviendo la reparación y la cicatrización del tejido dañado. También estimula el crecimiento de las células afectadas para que estas reconstruyan el fragmento que falta y fabriquen pequeños vasos sanguíneos donde sea necesario, con el objeto de suministrar oxígeno y nutrientes en la zona de reparación.

Sin embargo, agrega, en los últimos años ha aparecido suficiente información que indica que el cáncer se aprovecha de este proceso de reparación para invadir el organismo y llevarlo a su destrucción. Esta sería la otra cara de la inflamación.

Servan-Schreiber hace referencia al artículo «Tumores: heridas que no curan» escrito por Harold Dvorak, profesor de patología en la Facultad de Medicina de la Universidad de Harvard, quien presenta una serie de poderosos argumentos que demuestran el asombroso parecido entre unos mecanismos espoleados (procesos o sistemas que se activan o intensifican en respuesta a un estímulo específico, considerados mecanismos esenciales para la vida, pues permiten a los organismos responder a los cambios en su entorno; por ejemplo, respuesta inmune, coagulación, liberación de hormonas, crecimiento y desarrollo) por inflamaciones producidas de forma natural y la elaboración de tumores cancerosos, agregando que más de un cáncer de cada seis se relaciona directamente con una inflamación crónica.

Esto ocurre con el cáncer de cuello de útero, a raíz de una infección crónica por el papilomavirus; el cáncer de colon, que en muchas ocasiones ocurre en sujetos que padecen una enfermedad inflamatoria crónica del intestino; el cáncer del estómago, que se relaciona con una infección provocada por la bacteria *Helicobacter pylori*, que también produce las úlceras; el cáncer de hígado, relacionado con la infección provocada por la hepatitis B o C; el mesotelioma, con la inflamación causada por el asbesto; el cáncer de pulmón, con la inflamación bronquial provocada por el humo de cigarrillo; y el sarcoma de Kaposi, provocado por el virus de herpes humano tipo 8, entre otros.

Agrega también que, después de casi 20 años de publicado este artículo (2006), el *National Cancer Institute* de Estados Unidos elaboró un informe para llamar la atención sobre este tipo de investigación, que supuestamente muchos oncólogos suelen desconocer. Este informe describía de manera detallada los procesos mediante los cuales las células cancerosas alteran los mecanismos de reparación del organismo.

Al igual que las células inmunitarias que se preparan para reparar lesiones, las células cancerosas necesitan generar inflamación para sostener su crecimiento; para ello, se ponen a fabricar en abundancia las mismas sustancias altamente inflamatorias que aparecen durante el proceso natural de reparación de heridas, como las citoquinas, prostaglandinas y leucotrienos. Todas ellas son moléculas importantes que participan en la respuesta inmune, la inflamación y otros procesos fisiológicos.

Estas sustancias actúan como fertilizantes que facilitan la reproducción celular; en este caso, los tumores se sirven de ellas al aumentar la reproducción de las células cancerosas, desarrollándose y haciendo más permeables las barreras que los rodean. Añade que el mismo proceso por el cual el sistema inmunitario consigue reparar los daños y perseguir invasores hasta el último rincón del cuerpo se pervierte en beneficio de las células cancerosas, que lo explotan en su propia expansión y reproducción. Gracias a la inflamación que generan, penetran en tejidos vecinos, se cuelan en el flujo sanguíneo, migran y establecen colonias en lugares remotos, donde generan metástasis.

La producción de estas sustancias químicas inflamatorias en el cáncer continúa interminablemente, provocando que su exceso bloquee el proceso natural de apoptosis. Como consecuencia, estimula también su propio crecimiento. Las células cancerosas se protegen de la muerte, haciendo que el tumor se expanda gradualmente.

Agrega además este autor que el tumor produce otro grave efecto: «desarma» a las células inmunes de los alrededores. Las células NK y otros glóbulos blancos quedan neutralizados, ni siquiera intentan luchar contra el tumor, que prospera y crece.

Recordemos que las células NK son una parte importante del sistema inmunitario innato y desempeñan un papel crucial en la defensa contra el cáncer y las infecciones. Son células «asesinas natas» que no necesitan un reconocimiento previo para atacar a las células enfermas. Ya hemos señalado que las investigaciones sobre las células NK están abriendo nuevas posibilidades para el tratamiento del cáncer y otras enfermedades.

Servan-Schreiber añade que «el proceso inflamatorio causado por el cáncer es tan importante que, en muchos casos, como en el cáncer de colon, de mama, próstata, cuello de útero y de cerebro, se puede utilizar la medición de la producción de agentes inflamatorios para predecir el tiempo de supervivencia».

También indica que el proceso inflamatorio desempeña un papel crucial en el desarrollo y la progresión del cáncer, de manera que la medición de los marcadores inflamatorios puede ayudar a predecir el pronóstico de los pacientes con esta enfermedad y a seleccionar el tratamiento más adecuado. Se trata de indicadores bastante fáciles de medir, y resultan mejores indicadores de las probabilidades de supervivencia que el propio estado general de salud del paciente en el momento del diagnóstico.

Acotemos que la inflamación crónica puede promover el crecimiento y la diseminación del tumor y que los niveles de citoquinas, prostaglandinas y leucotrienos se pueden utilizar para predecir la supervivencia de los pacientes con cáncer. La medición de estos marcadores puede ayudar a los médicos a tomar decisiones clínicas más informadas.

Servan-Schreiber sostiene que, gracias al esfuerzo de las investigaciones, hoy se conoce con certeza cuál es el talón de

Aquiles del mecanismo del cáncer que induce la inflamación, lo que ha sido demostrado en ratones de laboratorio por el doctor Michael Karin, profesor de farmacología de la Universidad de San Diego. El crecimiento y la expansión de las células cancerosas se valen del único factor proinflamatorio secretado por las células del tumor, el factor NF-kappa B (o Nuclear Factor kappa B), de manera que la inhibición de su producción consigue que la mayoría de las células cancerosas se vuelvan mortales de nuevo (apoptosis), además de impedir que provoquen metástasis.

El factor NF-kappa B es una proteína que regula la expresión de genes implicados en diversos procesos, incluyendo la inflamación, la apoptosis y la proliferación celular. En el contexto del cáncer, NF-kappa B desempeña un papel crucial en la promoción del crecimiento tumoral, la supervivencia celular y la resistencia a la terapia. Diversos estímulos pueden activar este factor, incluyendo agentes inflamatorios, citoquinas, estrés oxidativo y radiación ionizante.

Además de inducir la expresión de genes que promueven la división celular y que inhiben la apoptosis, el factor NF-kappa B induce la expresión de genes que promueven la formación de nuevos vasos sanguíneos, lo que facilita el crecimiento tumoral. También induce la expresión de genes que favorecen la invasión tumoral y la diseminación a otros órganos, y puede promover la resistencia a la quimioterapia y la radioterapia.

La claridad que se tiene hoy en día del papel que desempeña el factor NF-kappa B en el desarrollo del cáncer, indica Servan-Schreiber, motivó al doctor Albert Baldwin, profesor de la Universidad de Carolina del Norte, a afirmar en la revista *Nature*: «Prácticamente todos los agentes anticancerígenos son inhibidores de este factor».

Agrega también que este mismo artículo de *Nature*, no sin ironía, plantea que en la actualidad la industria farmacéutica está de lleno tratando de fabricar medicamentos que inhiban el NF-kappa B, cuando lo cierto es que las moléculas conocidas por su acción contra dicha sustancia están al alcance de nuestras manos. El artículo solo menciona dos de estas moléculas calificadas como *low-tech* («baja tecnología»): las «catequinas» del té verde y el «resveratrol» del vino tinto.

Detengámonos aquí para retomar lo que dejamos pendiente en el segundo capítulo sobre lo que predijo Thomas Malthus en 1798, para continuar posteriormente con la revisión del libro de Servan-Schreiber, pues creo que es un excelente libro para comprender nuestra enfermedad y enfrentarla con mejores herramientas. Por ello, les pido disculpas por explayarme tanto en él.

Recordemos que Malthus predijo, hace más de dos siglos, que la población humana crecería exponencialmente mientras que la producción de alimentos solo lo haría de forma lineal, lo que resultaría en una escasez generalizada de alimentos. Esto no ocurrió, y desde entonces la producción de alimentos ha experimentado una serie de cambios que han desafiado sus predicciones.

Ha sido así como, a mediados del siglo XX, la introducción de nuevas tecnologías como fertilizantes sintéticos, pesticidas y maquinaria agrícola llevó a un aumento significativo en la producción de alimentos a través de la llamada revolución verde.

Esto generó, además, la expansión de la tierra cultivable mediante la deforestación y la conversión de tierras de pastoreo en tierras de cultivo. También se produjeron avances en la genética, que permitieron desarrollar nuevas variedades de cultivos con mayor rendimiento y resistencia a plagas y enfermedades que afectaban a la agricultura. Todo ello facilitó el comercio internacional de alimentos, simplificando el acceso a una variedad de productos comestibles desde diferentes partes del mundo.

Sin embargo, a nivel de salud, ello ha provocado desnutrición, debido a que, a pesar de los aumentos en la producción de alimentos, todavía hay millones de personas en el mundo que sufren de desnutrición, especialmente en países en desarrollo.

También se ha producido un aumento en la prevalencia de la obesidad en muchos países, especialmente en países desarrollados.

Han aumentado las enfermedades no transmisibles, debido a que esta dieta occidental, rica en calorías, grasas saturadas y azúcares, se ha asociado con un mayor riesgo de enfermedades no transmisibles como la diabetes tipo 2, enfermedades cardiovasculares y algunos tipos de cáncer. Se ha producido, además, un déficit de micronutrientes, lo que puede llevar a deficiencias en la población, debido al uso excesivo de fertilizantes sintéticos que reducen la cantidad de micronutrientes naturales en el suelo.

Señalemos que los micronutrientes, conocidos también como oligoelementos, son esenciales para el crecimiento y desarrollo óptimo de las plantas. La falta de micronutrientes tiene efectos negativos en el crecimiento, desarrollo y salud de los vegetales y, como consecuencia, en los humanos. Es importante tener en cuenta la importancia de estos nutrientes para asegurar la producción de alimentos nutritivos y la salud de la población.

Por otro lado, no hay que dejar de señalar que la agricultura industrial tiene, además, un impacto negativo en el medio ambiente, como la contaminación del agua y la deforestación.

¿Por qué he retomado este punto aquí? Porque Servan-Schreiber, en su libro que continuamos revisando, nos plantea que algo ha provocado que el cáncer se haya incrementado en nuestra época a partir de 1940 (ya hemos señalado que esta enfermedad es más frecuente en el mundo occidental), induciéndonos a analizar qué es lo que ha cambiado en nuestros países desde la Segunda Guerra Mundial en adelante. Denota tres grandes factores que han alterado drásticamente el mundo que nos rodea:

- La adición a nuestra alimentación de grandes cantidades de azúcar sumamente refinada.
- Cambios en los métodos agrícolas y ganaderos y, como consecuencia, cambios en nuestros alimentos.

- Exposición a una gran cantidad de productos químicos que no existían antes de 1940.

Agrega, además, «que hay motivos de sobra para creer que estos tres fenómenos desempeñan un papel fundamental en la expansión del cáncer. Nuestros genes llevan aún la marca de haberse desarrollado hace varios cientos de miles de años, cuando el hombre era recolector y cazador. Hoy nuestros cuerpos siguen contando con recibir una alimentación similar a la que teníamos cuando vivíamos de los productos de la caza y la recolección, que consistía en gran cantidad de verduras y frutas, carne de vez en cuando o huevos de animales silvestres, régimen que aportaba un equilibrio perfecto entre los ácidos grasos esenciales omega-6 y omega-3, muy poca azúcar que provenía principalmente de la miel como única fuente de azúcar refinada; no comíamos granos y nada de harina». Sin embargo, en la actualidad las estadísticas sobre alimentación en el mundo occidental revelan que el 56 % de nuestras calorías proceden de tres fuentes que no existían en la época en que nuestros genes se desarrollaron:

- Azúcar refinada de caña, remolacha, sirope, maíz, fructosa, etc.
- Harinas blancas en el pan blanco, pastas, arroz blanco, etc.
- Aceites vegetales de soya, girasol, maíz y grasas hidrogenadas.

Estas tres fuentes de alimentación carecen de proteínas, vitaminas, minerales y ácidos grasos omega-3 que nuestro organismo necesita para funcionar. Por el contrario, alimentan directamente al cáncer.

Este autor establece, también, que mientras más azúcar o harina blanca (alimentos con alto índice glucémico) ingerimos, los niveles de azúcar en sangre aumentan rápidamente, lo que hace que el cuerpo libere de inmediato la cantidad de insulina necesaria para que la glucosa pueda penetrar en las células. Esta secreción va acompañada de otra molécula, conocida como factor de crecimiento similar a la insulina (IGF), encargada de estimular el crecimiento celular. Lo resume señalando que «el azúcar nutre los tejidos y hace que crezcan más deprisa. Pero, además, la insulina y el IGF tienen en común otro efecto: potenciar los factores de inflamación, que como hemos visto, estimulan el crecimiento celular y actúan como un abono para los tumores».

Agrega también que hoy se sabe que los picos de insulina y la secreción de IGF estimulan no solo el crecimiento de las células cancerosas, sino también su capacidad para invadir tejidos vecinos. En ratones se ha demostrado que las células cancerosas son menos susceptibles a la quimioterapia cuando el sistema insulínico del ratón se ha visto estimulado por la presencia de azúcar. En los humanos, la reducción de la cantidad de azúcar refinada y de las harinas blancas que consumimos reduce rápidamente los niveles de insulina y de IGF en la sangre.

Añade también que en la segunda mitad del siglo XX se incorporaron a la alimentación occidental nuevos ingredientes que se extendieron, como el sirope de fructosa extraído del maíz, una mezcla de fructosa y glucosa que se hizo omnipresente en los alimentos industriales. Apartada de la matriz natural (de la fructosa que contienen las frutas) y mezclada con glucosa, la insulina generada en nuestro cuerpo, sin causar daños colaterales, se ve incapaz de manejarla, es decir, se vuelve tóxica.

Sin embargo, agrega, las personas asiáticas que siguen una alimentación con bajo contenido de azúcar tienden a presentar entre cinco y diez veces menos cánceres provocados por alteraciones hormonales que las personas que incluyen en su alimentación altas dosis de azúcar y alimentos refinados, como ocurre en los países industrializados.

Por tanto, el riesgo de padecer cáncer de próstata es nueve veces mayor entre los hombres que presentan altos niveles de

IGF, así como lo demuestran otros estudios que ponen de manifiesto que altos índices glucémicos se encuentran estrechamente relacionados con el cáncer de páncreas, colon y ovarios. De esta manera, quien quiera protegerse de esta enfermedad debería reducir seriamente el consumo de azúcar procesada y de harinas blancas.

Refiriéndose a la producción ganadera, agrega que las vacas paren en primavera, cuando los prados se encuentran exuberantes de hierbas ricas en omega-3, produciendo, bajo estas condiciones, leche hasta fines del verano. Esta leche rica en estos ácidos grasos ha servido, además, para producir mantequilla, nata, yogur y queso. Añade que los omega-3 también se encuentran en la carne de vacunos que han pastado esta hierba, y en los huevos de pollos criados en libertad a base de forraje, más que de granos.

Sin embargo, a partir de la década de los cincuenta la demanda de productos lácteos y de carne de vacuno se incrementa tanto que los productores tuvieron que buscar nuevas formas de suplir las limitaciones atribuidas por el ciclo natural de leche (primavera-verano) y reducir el espacio de pastoreo que requería una vaca de 750 kg. Pasaron de la forma tradicional de ganadería de pastoreo a una de encierro, donde el maíz, la soya y el trigo se convirtieron en sus principales alimentos, provocando una reducción en la cantidad de omega-3 que habitualmente producían y generando, por el contrario, un gran aporte de ácidos grasos omega-6.

Al consumirlos, causan un desequilibrio en la cantidad de omega-3 y omega-6 en nuestro organismo. Como estos ácidos grasos en nuestros cuerpos dependen directamente de lo que contengan las vacas, cerdos y pollos que consumimos, y estos, a su vez, dependen de lo que hayan comido. Si consumen hierbas, la carne, la leche y los huevos que produzcan tendrán un equilibrio perfecto de omega-3 y omega-6 de 1:1; sin embargo, si se les alimenta con maíz y soya, el desequilibrio resultante en nuestro organismo alcanzará 1:15 y en algunos casos 1:40 entre omega-3 y omega-6.

Estos ácidos grasos son dos tipos de ácidos grasos poliinsaturados (AGPI) esenciales para la salud humana. El cuerpo no puede producirlos por sí solo, por lo que deben obtenerse a través de la dieta, donde cumplen en nuestro cuerpo las siguientes funciones:

- **Funciones estructurales**, al formar parte de las membranas celulares, regulan la permeabilidad y la función celular.
- **Precursores de eicosanoides**, al convertirse en moléculas con diversas funciones, como la regulación de la inflamación, la presión arterial y la coagulación sanguínea.
- **Desarrollo cerebral y visual**, al ser esenciales para el desarrollo del cerebro y la retina en el feto y los niños pequeños.
- **Salud cardiovascular**, al ayudar a reducir el riesgo de enfermedades cardiovasculares, como la aterosclerosis y la arritmia cardíaca.

También se les considera importantes porque:

- **Son esenciales**, ya que, como se ha señalado, el cuerpo no puede producirlos por sí solo, por lo que deben obtenerse de la dieta.
- **Cumplen funciones vitales en la salud humana**, como el desarrollo del cerebro, la salud cardiovascular y la función inmunológica.
- **Nos protegen de enfermedades**, dado que su deficiencia puede aumentar el riesgo de desarrollar enfermedades.

Servan-Schreiber establece que los omegas-3 y omega-6 presentes en nuestro organismo compiten incesantemente por hacerse con el control de nuestra biología. Los omega-6 facilitan el almacenamiento de las grasas y favorecen la rigidez de las células, la coagulación y la inflamación como respuesta a agresiones externas. Estimulan, además, la producción de células grasas desde el nacimiento. Contrario a ello, los omega-3 se relacionan con el desarrollo del sistema nervioso, hacen que las membranas celulares sean flexibles y reducen la inflamación que tanto le gusta al cáncer.

Además, limitan la producción de células adiposas (grasas). Asimismo, indica que nuestro equilibrio fisiológico depende en gran medida del equilibrio entre ambos ácidos grasos, y por tanto de nuestra alimentación. Sin embargo, resulta que este equilibrio es lo que más ha cambiado en nuestra alimentación en los últimos 60 años.

Añade, igualmente, que las vacas no son las únicas afectadas por el cambio; también los pollos han sufrido un cambio radical en su alimentación, y el huevo ya no contiene los mismos ácidos grasos esenciales del pasado. Según este autor, Artemis Simopoulos, nutricionista norteamericana y exdirectora del *National Institute of Health*, en un estudio que publicó en el *New England Journal of Medicine*, demostró que los huevos de gallinas alimentadas a base de maíz contienen 20 veces más ácido omega-6 que omega-3.

Servan-Schreiber indica, además, que, al mismo tiempo que la alimentación de los animales de granja, entre ellos las aves, fue modificada radicalmente, se les suministraban también hormonas como estradiol o zeranol para hacerlas engordar más rápidamente. Añade que uno de los últimos elementos que ha alterado nuestra alimentación desde la década de los sesenta del siglo pasado fue la aparición de la margarina y de las grasas hidrogenadas o parcialmente hidrogenadas, que se fabrican con aceite de girasol con sesenta veces más omega-6 que omega-3, provocando un aumento repentino en los trastornos inflamatorios e incluso, en algunos países, de ataques cardiacos.

Refiriéndose a Colin Campbell, profesor de la Universidad de Cornell y autor del estudio más extenso llevado a cabo acerca del vínculo entre cáncer y costumbres alimentarias, señala que

Campbell contrastó las tres fases de crecimiento de un tumor (inicio, promoción y progresión) con el crecimiento de las malas hierbas. Comparando el inicio como la fase en que la semilla se asienta en la tierra; la promoción como la fase en que la semilla se transforma en planta; y la progresión como la fase en que la planta se transforma en mala hierba, al crecer descontroladamente, invadir los límites de los arriates y los senderos de los jardines y extenderse hasta la acera de la calle. Una planta que no se expande así no es una mala hierba.

Servan-Schreiber complementa lo señalado indicando que, en el hombre, el inicio de lo que experimenta la semilla de la mala hierba dependerá en gran parte de nuestros genes y de las toxinas del medio ambiente (radiación, sustancias químicas cancerígenas, etc.), pero el crecimiento de esta semilla (promoción) depende de que se den las condiciones indispensables (tierra, agua y sol favorables) para su supervivencia.

Esto último, en el caso de los hombres, lo explica haciendo referencia a los 35 años en que Campbell acopió su experimentación sobre el papel de los factores nutricionales en el cáncer, concluyendo su libro con lo siguiente: «La promoción es irreversible, dependiendo de si el desarrollo inicial del cáncer se encuentra o no en las condiciones adecuadas para seguir creciendo.

Ahí es donde son tan importantes los factores alimentarios. Dichos factores alimentarios, denominados promotores, alimentan el crecimiento del cáncer. Otros factores alimentarios, llamados anti-promotores, frenan el desarrollo del cáncer. El crecimiento del cáncer se frena o se detiene cuando hay predominio de anti-promotores. Es un proceso de tira y afloja. No se puede insistir lo suficiente en la profunda importancia de este aspecto de reversibilidad».

Agrega, por otro lado, que investigadores del instituto de investigaciones sobre cáncer de la Universidad de California en San Francisco, demostraron en un artículo publicado en la revista *Nature* que, si se despoja al entorno del tumor de los factores inflamatorios necesarios para su crecimiento, este no podrá expandirse.

El hecho es que nuestra propia alimentación aporta directamente estos factores inflamatorios, fertilizantes para el cáncer. Siendo los principales los azúcares refinados, que hacen subir la insulina y el IGF proinflamatorios; las insuficientes cantidades de ácidos grasos omega-3 y el incremento excesivo de omega-6, que se transforman en moléculas inflamatorias; y las hormonas de crecimiento presentes en las carnes y productos lácteos no orgánicos, que estimulan también el IGF.

Sin embargo, la alimentación también puede proveernos de «antipromotores», como los componentes fitoquímicos de algunas verduras y determinadas frutas, que contrarrestan directamente los mecanismos inflamatorios.

Servan-Schreiber complementa indicando que, en la naturaleza, ante una agresión, los vegetales no pueden luchar ni huir; de manera que, para sobrevivir, tienen que estar provistos de poderosas moléculas capaces de defenderse de bacterias, insectos e inclemencias del tiempo. Estas moléculas son compuestos fitoquímicos con propiedades antimicrobianas, antifúngicas e insecticidas, que actúan sobre los mecanismos biológicos de los posibles agresores. Además, tienen propiedades antioxidantes que protegen las células de las plantas de la humedad y los rayos del sol (los antioxidantes evitan que las células se oxiden cuando sus frágiles mecanismos se ven expuestos a los corrosivos efectos del oxígeno).

Asimismo, señala que el té verde contiene numerosos polímeros llamados catequinas. Uno de ellos, la epigalocatequina galato o EGCG, es una de las moléculas nutricionales más poderosas contra la formación de nuevos vasos sanguíneos por parte de las células cancerosas. Esta molécula es capaz de bloquear los receptores que emiten la señal de formación de nuevos vasos sanguíneos, los que, una vez bloqueados, ya no responden a las órdenes de las células cancerosas a través de los factores de inflamación, de invadir tejidos colindantes y de fabricar nuevos vasos que necesitan para el crecimiento del tumor.

Agrega también que el té verde actúa como desintoxicante del organismo, activando los mecanismos del hígado capaces de eliminar más rápidamente las toxinas cancerosas del organismo. En ratones, se ha demostrado que bloquea los efectos de las sustancias químicas cancerígenas responsables del cáncer de mama, pulmón, esófago, estómago y colon.

Agrega, por otro lado, que el aceite de oliva podría ser algo parecido al té verde en la conocida «dieta mediterránea», en la cual numerosos estudios epidemiológicos han demostrado que quienes la siguen se ven menos afectados por enfermedades degenerativas, cardíacas y cáncer, a pesar de la presencia significativa de grasa en su alimentación. Añade también que, por mucho tiempo, se han atribuido los beneficios de esta alimentación a su combinación de fibra, frutas y verduras, cuyo potencial antioxidante y su increíble abundancia de agentes fitoquímicos anticáncer han quedado claramente demostrados.

También indica que recientes investigaciones han demostrado que un factor determinante de la causa de algunos cánceres (etiología) no es solo la cantidad, sino el tipo de grasa consumida. Complementa que un estudio dirigido por el Dr. Robert Owen, del Centro Alemán para la Investigación sobre Cáncer en Heidelberg, demostró que las aceitunas contienen gran abundancia de antioxidantes como los acteósidos, el hidroxitirosol y los ácidos fenilpropiónicos, cuyo efecto limita el desarrollo inicial del cáncer.

En general, estos antioxidantes pueden ayudar a proteger contra una variedad de enfermedades al reducir el daño celular causado por los radicales libres. También pueden ayudar a mejorar la función del sistema inmunológico y reducir la inflamación.

Añadamos que el aceite de oliva obtenido de las aceitunas, especialmente si es virgen, posee propiedades antioxidantes que se han relacionado con un desarrollo más lento del cáncer.

Este aceite contiene hidroxitirosol, un polifenol presente en él en cantidades relativamente altas y considerado uno de los antioxidantes más potentes que se conocen. Puede ayudar a proteger contra el daño celular causado por los radicales libres, lo que puede reducir el riesgo de enfermedades como el cáncer y las enfermedades cardíacas. También puede ayudar a mejorar la salud del cerebro y reducir el riesgo de enfermedades neurodegenerativas como el Alzheimer y el Parkinson.

También contiene tirosol, otro polifenol muy potente como antioxidante y antiinflamatorio, que igualmente ayuda a proteger contra el daño celular causado por los radicales libres, reduciendo el riesgo de enfermedades como el cáncer y las enfermedades cardíacas. También ayuda a mejorar la salud del sistema inmunológico.

Posee ácido oleico, un ácido graso monoinsaturado que se encuentra en cantidades elevadas, con propiedades antioxidantes y antiinflamatorias, que puede ayudar a proteger contra el daño celular causado por los radicales libres, permitiendo reducir el riesgo de enfermedades como el cáncer y las enfermedades cardíacas. Ayuda, además, a mejorar la salud del sistema cardiovascular.

Tiene vitamina E y A, dos vitaminas liposolubles que actúan como potentes antioxidantes, ayudando a proteger las células del daño causado por los radicales libres. La vitamina E ayuda a mejorar la salud del sistema inmunológico, mientras que la A ayuda a mejorar la salud de la vista. El aceite de oliva contiene también ácido alfa-linolénico (ALA), un tipo de ácido graso omega-3 esencial; sin embargo, la cantidad es relativamente baja, alrededor del 1 %.

Quisiera agregar al terminar este capítulo que, a través de lo señalado, me he dado cuenta y convencido de que, a pesar de ser un hombre de mar, que ama disfrutar de los productos que el vasto mar nos ofrece, cazándolos, extrayéndolos y cocinándolos, también me extralimité con los productos terrestres, especialmente con los asados de los fines de semana, regados de buenas cepas de vino tinto.

Disfrutando también de la buena mesa en los restaurantes, como buen sibarita que he sido, ahora que he buscado una explicación para entender qué fue lo que me produjo el cáncer, habiendo culpado en principio solo a los altos niveles de arsénico del agua que bebí entre mi infancia y mi juventud, culpando también al monóxido de carbono (CO) después de tantos años de buceo recibiendo aire desde un compresor o aguantando la duración del aire de las botellas de buceo mientras hacía apnea a profundidad, escribiendo este capítulo me doy cuenta de que uno de los vectores ha sido también el disfrutar de la buena mesa, consumiendo estos alimentos industrializados. Esto es una cosa más que se agrega a la tragicomedia con la que miro a mi cáncer.

Capítulo 6

Cómo alimentarnos cuando se tiene cáncer

Como vimos en el capítulo anterior, la alimentación industrializada ha jugado un rol preponderante en el incremento del cáncer en Occidente en los últimos 80 años (1940 a la fecha). Sin embargo, la alimentación previa a esa fecha era inocua al desarrollo de esta enfermedad y favorecía nuestra salud, por lo que se puede señalar sin temor a equivocarnos que una alimentación apropiada puede jugar un papel crucial en la lucha contra el cáncer, complementando el tratamiento médico tradicional que recibimos. Sin embargo, es necesario dejar claro que, por ningún motivo, debe entenderse que la sola alimentación apropiada puede sustituir el tratamiento médico convencional.

La dieta ideal para ayudar a mitigar los efectos del cáncer, de acuerdo con los antecedentes existentes, debiera establecerse sobre la base de los siguientes pilares:

- **Priorizar alimentos frescos y naturales**: consumir frutas y verduras variadas, especialmente aquellas con alto contenido en antioxidantes (arándanos, fresas, brócoli, espinacas, entre otras). Elegir proteínas magras como pollo de campo, pescado silvestre, legumbres y huevos de gallinas de campo, ricos en omega-3. Incorporar cereales integrales, frutos secos y semillas. Y, lo más importante, limitar el consumo de azúcares refinados, harinas blancas, carnes rojas y pescados de cultivo.
- **Mantener una hidratación adecuada**: beber abundante agua durante el día (al menos 2 litros). Incluir

"

infusiones de hierbas y tés con propiedades anticancerígenas (jengibre, manzanilla, té verde).

- **Fortalecer el sistema inmunológico**: consumir alimentos ricos en vitaminas A, C y E (cítricos, zanahorias, frutos secos). Incluir probióticos y prebióticos para mejorar la salud intestinal (yogur natural, kéfir, chucrut). Los prebióticos son un tipo de fibra que no podemos digerir, pero que las bacterias beneficiosas de nuestro intestino sí pueden. Actúan como alimento para estas bacterias, lo que les ayuda a crecer y multiplicarse. Al aumentar la población de bacterias beneficiosas en el intestino, mejora nuestra salud digestiva, mejorando la digestión y la absorción de nutrientes. Su aumento, también, fortalece el sistema inmunológico, reduciendo con ello el riesgo de enfermedades como la diabetes, la obesidad y algunos tipos de cáncer. Dentro de los alimentos ricos en prebióticos encontramos las frutas y verduras, especialmente las que tienen un alto contenido en fibra, como los plátanos, las manzanas, las cebollas, los ajos y las alcachofas. También son una buena fuente de prebióticos las legumbres como las lentejas, los garbanzos y las habas. Los cereales integrales, como la avena, el trigo integral, la quínoa y el arroz integral, poseen un alto contenido de prebióticos. Los frutos secos y semillas, como las nueces, las almendras, las semillas de lino y las semillas de chía, también son fuente de prebióticos.

Se deben consumir, además, grasas saludables como aceite de oliva extra virgen, aguacate, frutos secos y semillas. Añadir también suplementos de omega-3 (pescados grasos, aceite de linaza) y vitamina D, que favorece la absorción de calcio y la salud del sistema inmunológico (para ello debemos exponernos al sol moderadamente). Otros suplementos con potencial beneficio ante el cáncer son la curcumina, que posee propiedades antiinflamatorias y anticancerígenas y que se encuentra en la cúrcuma.

- **Adaptar la dieta a las necesidades específicas**: considerar el tipo de cáncer, la etapa de la enfermedad y los efectos secundarios del tratamiento. Consultar con un nutricionista especializado en oncología para recibir un plan personalizado.

Es recomendable evitar alimentos procesados, ultraprocesados y precocinados. Leer las etiquetas de los alimentos y evitar aquellos con alto contenido de aditivos y conservantes. Limitar el consumo de carnes rojas y embutidos, y reducir el consumo de alcohol y tabaco. Realizar actividad física regular, siempre que sea posible.

Como hemos señalado previamente en este libro, la industrialización de la alimentación ha tenido un impacto significativo en el aumento del cáncer, especialmente después de mediados del siglo pasado. Algunos de los factores que han incidido en esta relación han sido principalmente los cambios en la composición de los ácidos grasos. Se ha producido un aumento en el consumo de omega-6 debido a la elevada ingesta de aceites vegetales ricos en ácido linoleico (omega-6), como el aceite de girasol, maíz y soja. Con una disminución del consumo de omega-3 que provee el pescado silvestre, fuente natural de este ácido graso, cuyo consumo ha disminuido en las últimas décadas. Agreguemos a ello que el pescado producido por la acuicultura industrial, que emplea alimentos artificiales ricos en omega-6 para alimentar a estos peces (pongamos como ejemplo a la salmonicultura), ha provocado una alteración en su composición natural.

La proporción entre los ácidos grasos omega-6 y omega-3 en los salmones de cultivo y silvestres es significativamente diferente. En general, el salmón de cultivo tiene una proporción más alta de omega-6 que el salmón silvestre. La proporción de omega-6 a omega-3 en el salmón de cultivo suele oscilar entre 2:1 a 10:1. Esto significa que por cada molécula de omega-3, hay dos o diez moléculas de omega-6.

Esta diferencia en la proporción de omega-6 a omega-3 se debe a la dieta que reciben los salmones. Los salmones silvestres se alimentan de una variedad de peces pequeños y crustáceos. Estos alimentos son ricos en ácidos grasos omega-3, como el ácido eicosapentaenoico (EPA) y el ácido docosahexaenoico (DHA).

Los salmones de cultivo, si bien han sido alimentados principalmente de harina de pescado y aceite de pescado, los cuales son un subproducto de la industria pesquera, estos se han hecho escasos. Para compensar esta escasez de harina de pescado, los salmones de cultivo a menudo se alimentan con pellets a base de harina de grano, enriquecida con aceites vegetales, como el aceite de soja y el aceite de canola, aceites ricos en ácidos grasos omega-6.

Una proporción alta de omega-6 a omega-3 puede tener efectos negativos para la salud. Los ácidos grasos omega-6 pueden promover la inflamación, mientras que los ácidos grasos omega-3 pueden ayudar a reducir la inflamación. Recordemos que la inflamación es un factor importante en el desarrollo de muchos tipos de cáncer, por lo que es importante mantener una proporción saludable de omega-6 a omega-3 en la dieta; un mínimo de 1:1, mientras más alta sea la proporción de omega-3, mejor será para nuestra salud. En los enfermos con cáncer, un exceso de omega-6 puede empeorar la inflamación y dificultar el tratamiento.

Por tanto, es importante que los enfermos con cáncer limiten el consumo de alimentos ricos en omega-6, como los que hemos señalado, y también de aceites vegetales, carnes rojas y alimentos procesados. Es recomendable que quienes padecemos cáncer consumamos una dieta rica en alimentos con altos contenidos de omega-3.

Por otro lado, el exceso de azúcares y carbohidratos refinados presentes en los productos procesados, bollería (piezas de repostería horneadas en porciones individuales, algunas de las cuales pueden tener relleno) y bebidas azucaradas, incluidos en la dieta occidental moderna, han elevado los niveles de insulina y leptina, hormonas que pueden estimular el crecimiento de células cancerosas.

El consumo de fibra también ha disminuido debido al menor consumo de frutas, verduras y cereales integrales, que nos han ayudado a regular el sistema digestivo y a eliminar toxinas del cuerpo, reduciendo así el riesgo de cáncer.

El consumo excesivo de aditivos y conservantes, que contienen los alimentos procesados, en algunos casos también se ha relacionado con un mayor riesgo de cáncer.

Sumemos a ello la contaminación ambiental, que nos expone a contaminantes como el humo, los pesticidas y los productos químicos, los cuales pueden aumentar el riesgo de cáncer.

De acuerdo con Servan-Schreiber (2007), todas las grandes tradiciones médicas de nuestra historia han utilizado la alimentación como vía para influir en el curso del cáncer, señalando que, en el siglo V a. C., Hipócrates estableció: «Que el alimento sea tu medicina y tu medicina tu alimento». Denotando también que, en 2003, *Nature* publicó un largo artículo que concluía: «Actualmente la quimioterapia a través de sustancias fitoquímicas comestibles está considerada un método asequible, fácilmente aplicable, aceptable y accesible para controlar y tratar el cáncer».

También, agrega que la cúrcuma, altamente consumida en la India, es uno de los componentes más comunes de la medicina ayurvédica —sistema de medicina tradicional de la India con más de 5000 años de antigüedad—, por sus propiedades antiinflamatorias. La principal molécula responsable de dicho efecto es la curcumina, molécula que, en el laboratorio, se ha comprobado que inhibe el desarrollo de un gran número de tumores, como colon, próstata, pulmón, hígado, estómago, mama, ovario y leucemia. También señala que actúa en la angiogénesis y fuerza a las células cancerosas a morir por apoptosis.

En Japón, añade, las setas shiitake, maitake, kawaratake y enokitake son consideradas alimentos de primera necesidad, que recientemente se han incorporado a los hospitales donde se suministran a los pacientes durante el tratamiento de quimioterapia. Ello se debe a que estas setas contienen lentinano, una molécula que, combinada con otros polisacáridos que también poseen en gran cantidad, estimula directamente el sistema inmunitario.

Un ejemplo de ello es que los campesinos que consumen grandes cantidades de estas setas reducen hasta en un 50 % el riesgo de cáncer respecto a quienes no las consumen. Complementa que estudios realizados por la Universidad de Kyushu, Japón, han demostrado que los pacientes con cáncer de colon viven más tiempo si se les da estas setas después de los tratamientos de quimioterapia.

Agrega, además, que Richard Béliveau realizó estudios en los que examinaba el potencial antiangiogénesis de un extracto de frambuesa en ratones. El ácido elágico, un polifenol presente en grandes cantidades tanto en la frambuesa como en las fresas, y que también se encuentra en las avellanas y las nueces, al ser consumido en porciones alimenticias normales, era capaz de ralentizar significativamente el crecimiento de tumores expuestos a agresivas dosis de sustancias cancerígenas.

Béliveau descubrió que este ácido de la frambuesa es potencialmente tan efectivo como los medicamentos conocidos por sus efectos para frenar el crecimiento de los vasos sanguíneos, al actuar contra los dos mecanismos más comunes que estimulan este crecimiento (VEGF y PGEF). El VEGF es un Factor de Crecimiento Endotelial Vascular, una proteína que promueve la formación de nuevos vasos sanguíneos a través del proceso conocido como angiogénesis.

Como hemos señalado previamente, desempeña un papel importante en el crecimiento tumoral. Por su parte, el PGEF es una prostaglandina a la cual también nos hemos referido en el capítulo anterior. Es una molécula de señalización lipídica que participa en una amplia gama de procesos fisiológicos y patológicos. Sus funciones incluyen inflamación, que promueve la vasodilatación, la permeabilidad vascular y la producción de otros mediadores inflamatorios.

También afectan y actúan sobre diferentes sistemas del organismo, incluyendo el sistema nervioso, el músculo liso, la sangre y el sistema reproductor; juegan un papel importante en regular diversas funciones como la presión sanguínea, la coagulación de la sangre, la respuesta inflamatoria alérgica y la actividad del aparato digestivo.

Como oceanólogo, permítanme apartarme un poco de lo que estamos tratando para agregar que las prostaglandinas intervienen en los procesos de desove de especies marinas. Como hemos señalado, son sustancias de carácter lipídico, que en los organismos marinos derivan de los ácidos grasos de 20 carbonos (eicosanoides), que constituyen una familia de mediadores celulares con efectos diversos, a menudo contrapuestos.

En moluscos, el avance del conocimiento respecto a la prostaglandina (PG) y su función en la biología de las especies entrega cada día más evidencia de su importancia como regulador fisiológico. Dentro de las múltiples funciones en las que intervienen, una de ellas es el proceso de reproducción, especialmente ovulación y desove. La función de la prostaglandina es estimular la contracción del músculo liso que lleva a la liberación de gametos.

Uno de los precursores para que este mecanismo se active en estos organismos es la presencia de H_2O_2 (peróxido de hidrógeno) en el medio, el cual se produce por la actividad fotosintetizadora del fitoplancton, especialmente cuando este incrementa en primavera (agreguemos que el fitoplancton produce el 50 % del oxígeno en la Tierra).

Al finalizar la etapa de maduración de los moluscos, este peróxido induce un proceso denominado peroxidación que está correlacionado con la reducción de enzimas antioxidantes. Ello hace que el ácido araquidónico, al quedar disponible, inicie un proceso mediante el cual la enzima ciclooxigenasa (COX) induce la síntesis de prostaglandinas. Este aumento de este compuesto (PGs) en la gran mayoría de moluscos bivalvos y gasterópodos estudiados produce la liberación de gametos.

En laboratorio, las formas inducidas de suministrar especies reactivas de oxígeno para inducir la liberación de gametos contempla adicionar al agua de mar peróxido de hidrógeno (H_2O_2) y agua de mar irradiada con luz UV; de esta forma se puede obtener la liberación de los gametos, que posteriormente son fecundados para producir «semillas» de diferentes especies en forma artificial, algunas de las cuales sostienen los cultivos artificiales que se desarrollan en el mundo, como por ejemplo, la acuicultura de ostiones, ostras y abalones, entre otros.

Continuando con el objetivo que nos interesa de este capítulo, señalemos que Servan-Schreiber, complementando lo indicado previamente, agrega que los pequeños frutos rojos como la fresa o la frambuesa, o la nuez y la avellana, a diferencia de los medicamentos antiangiogénicos clásicos, no limitan su acción a este único mecanismo. El ácido elágico también elimina las toxinas de las células, pues bloquea la transformación de las sustancias cancerígenas del medio ambiente que las penetran, y estimula su eliminación. Estas toxinas son sumamente peligrosas porque interactúan con el ADN y provocan mutaciones genéticas potencialmente letales.

Agrega, además, que otro alimento anticáncer es la cereza, que contiene ácido glucárico, sustancia capaz de desintoxicar el organismo facilitando la eliminación de los xenoestrógenos procedentes de las sustancias químicas del medioambiente, mientras que los arándanos contienen antocianidinas y proantocianidinas, moléculas capaces de forzar el suicidio de las células cancerosas (apoptosis). Otras fuentes ricas en proantocianidinas son los arándanos rojos, la canela y el chocolate negro sin azúcar y sin leche.

Complementa que, en el último tiempo, han surgido competidores de las frutas rojas, como los duraznos, los damascos, las ciruelas y las nectarinas, entre otras, conocidas como frutos de hueso grande, cuyas virtudes anticáncer eran desconocidas hasta ahora. Sin embargo, un grupo de investigadores de Texas estableció, estudiando más de un centenar de especies, que las frutas mencionadas, y en especial la ciruela, resultan tan ricas en elementos anticáncer como las bayas pequeñas, y que una sola ciruela contiene tantos antioxidantes como un puñado de bayas. En pruebas de laboratorio, estas frutas de hueso grande han demostrado su eficacia también contra las células del cáncer de mama y contra el colesterol.

También agrega que, en 2001, la Administración estadounidense para los Alimentos y los Medicamentos aprobó en un tiempo récord un nuevo medicamento anticáncer llamado Glívec, muy eficaz para el tratamiento tanto de la leucemia como de un cáncer intestinal poco frecuente, pero muy mortal. Para los oncólogos, señala, el Glívec representa el inicio de un tratamiento novedoso contra el cáncer.

En lugar de proceder a envenenar las células cancerosas, como lo hace la quimioterapia, este medicamento bloquea los mecanismos celulares que permiten que el cáncer siga creciendo. Actúa sobre uno de los genes que estimulan el crecimiento de esta enfermedad, y se cree que otra de sus funciones principales es bloquear uno de los «resortes» que estimulan la creación de nuevos vasos sanguíneos, el receptor PDGF.

Sin embargo, agrega que muchas hierbas y especias actúan de modo similar al Glívec, como las de la familia de las labiadas, que agrupa la hierbabuena, el tomillo, la mejorana, el orégano, la albahaca y el romero. Todas ellas son ricas en ácidos grasos de la familia de los terpenos, que les otorgan su característico aroma. Los terpenos, indica, actúan sobre una gran variedad de tumores, reduciendo la expansión de las células cancerosas o provocando su muerte, como se ha comprobado en pruebas de laboratorio.

Los terpenos son una clase diversa de compuestos orgánicos que se encuentran en una amplia variedad de plantas, flores y frutos. Son los responsables de los aromas y sabores característicos de muchas especies vegetales, como el pino, la lavanda, el limón y la naranja. Están compuestos de unidades de isopreno, un hidrocarburo de 5 carbonos, y se clasifican según el número de unidades de isopreno que contienen.

Servan-Schreiber indica que uno de estos terpenos, el carnosol del romero, afecta la capacidad invasora de las células cancerosas, y cuando estas son incapaces de extenderse, el cáncer pierde su poder. Acota, además, que investigadores del National Cancer Institute demostraron que el extracto de romero ayuda a que la quimioterapia penetre en las células cancerosas. Y que, en los experimentos llevados a cabo por Béliveau, la epigenina que abunda en el perejil y el apio posee un potente efecto inhibidor en la formación de nuevos vasos sanguíneos, muy similar a lo que hace el Glívec.

Por otro lado, complementa en su libro que investigadores del Colegio Universitario de Ciencias Médicas de Nueva Delhi han puesto de manifiesto hasta qué punto precisas combinaciones de alimentos, que actúan en sinergia, protegen al organismo de las sustancias cancerígenas. Ponen como ejemplo que la exposición crónica de las ratonas a una sustancia conocida como el DMBA (7,12-dimetilbenzo[a]antraceno), compuesto orgánico que se encuentra en el alquitrán de hulla y el humo del cigarrillo, y que también se produce cuando se cocinan alimentos a altas temperaturas, provoca la aparición de tumores de mama en el 100 % de los casos.

Esto resulta válido si no se suministran determinadas sustancias presentes en una dieta sana, como el selenio (presente en cereales y verduras provenientes de una agricultura ecológica, así como en los pescados y mariscos); el magnesio (que se encuentra en las espinacas, las nueces, las avellanas, las almendras, los cereales integrales y ciertas aguas minerales no afectadas por el plástico del envase que las contiene); la vitamina C (contenida en todas las frutas cítricas, verduras verdes, y también en el repollo y las fresas) y la vitamina A (presente en todas las frutas y verduras de colores intensos, y también en el huevo).

Los resultados demostraron que en las ratonas que recibieron solo uno de estos componentes junto a la sustancia cancerígena, la mitad (50 %) desarrolló un tumor, en cambio, de las que recibieron los cuatro componentes, solo una de cada diez desarrolló un tumor. Concluyendo que, al consumir una combinación de ingredientes presentes en alimentos comunes y corrientes, estas ratas pasaron de un riesgo del 100 % de contraer cáncer a solo un 10 %.

El DMBA es un carcinógeno conocido, que puede causar cáncer de piel, pulmón y otros órganos. También es un mutágeno, lo que significa que puede causar cambios en el ADN. Estos cambios pueden conducir al desarrollo de cáncer; por ello, se le considera una sustancia peligrosa que debe manipularse con cuidado.

John Erdman, autor de un interesante estudio sobre las virtudes de determinadas combinaciones de alimentos, señala Servan-Schreiber, desvela la sinergia que ocurre cuando se consumen tomates y brócoli a la vez, observando un efecto acumulativo al suministrar estos alimentos en polvo a ratas con cáncer de próstata, en una proporción similar a la del consumo humano, notando una disminución del 52 % en el peso del tumor, mucho más que en aquellas que recibieron solo tomate o brócoli por separado, donde la reducción alcanzó el 34 % y el 42 %, respectivamente.

Las ratas que recibieron licopeno, considerado el componente protector del tomate, disminuyeron el tumor en solo un 18 %, demostrando con ello que los alimentos íntegros son más eficaces que los suplementos, incrementando su eficacia cuando se toman juntos que cuando se consumen por separado. En pacientes con cáncer de próstata, el licopeno que libera el tomate genera una mayor supervivencia; sin embargo, para liberar este componente, el tomate debe ser cocinado en aceite de oliva a fuego lento, y consumido dos o tres veces por semana.

También indica Servan-Schreiber que, si bien es cierto que los tés, infusiones, sopas y caldos constituyen los métodos más eficaces de preparar los alimentos y sacar lo mejor de las hierbas, el brócoli y otras verduras crucíferas no deben hervirse, ya que se destruyen sus valiosos ingredientes. Esto también ocurre cuando asamos pescado y mariscos a la parrilla o los freímos; pierden el 30 % de los ácidos grasos omega-3.

El método más aconsejable para prepararlos es al vapor o al horno, cocinándolos lentamente; sin embargo, es aconsejable comerlos crudos, principalmente los moluscos. Respecto a la conservación, agrega que los alimentos conservan sus propiedades si los congelamos a -20 °C, aunque en los pescados y mariscos también se destruye aproximadamente el 30 % del contenido de omega-3.

Por otro lado, indica el efecto protector que se ha atribuido al consumo de una copa de vino tinto durante la comida. En ninguno de los estudios realizados ha sido concluyente, a pesar de que una publicación realizada a través de un estudio de cohorte, que siguió a cien mil personas en Francia a lo largo de 20 años, concluía que, a pesar de que el alcohol representa ciertamente un factor de riesgo en muchos cánceres, el consumo moderado de vino tinto protege frente a determinados tipos de cáncer.

El factor protector del vino tinto —agrega—, al que se refieren los estudios, se ve considerablemente potenciado cuando se consume concretamente durante la comida, en especial dentro de una alimentación mediterránea que incluya verduras ricas en polifenoles, flavonoides, betacarotenos y folatos (entre otros compuestos fitoquímicos beneficiosos para la salud), y que aporte además un equilibrio favorable de omega-3 y omega-6.

Es aconsejable agregar que, si se tiene un hábito alimenticio particular y se padece de cáncer, se debe indagar en la literatura científica cuáles son los pros y los contras de dicha alimentación, con el objeto de que la podamos orientar para que complemente los tratamientos médicos que recibimos.

Al comienzo de mi enfermedad, no tenía los conocimientos que ahora comparto con ustedes en este libro. No sabía nada sobre la mejor alimentación para complementar la acción de los medicamentos contra el cáncer. Lo único que hice fue seguir mi instinto, ya que no recibí restricciones alimentarias específicas al salir del hospital.

Convencido de que, con la operación, el cáncer se acababa, mi enfoque fue recuperarme lo más pronto posible, y ello significaba alimentarme bien. Sin embargo, al no tener acceso a comprar pescado fresco en Santiago para hacer un buen sudado, me vi obligado a comer carne. De manera que encargué un filete de res de casi 2 kg, que me consumí en la primera semana, solamente sellándolo al calor, dejando su interior lo más crudo posible, pensando que ello me ayudaría a recuperarme rápidamente. Craso error; ahora sé que la carne roja no es buena para los enfermos de cáncer. Atiné solamente en el consumo de verduras, mucha fruta y aceite de oliva, como siempre he hecho.

Ya en mi casa, en Antofagasta, la ingesta de proteína provino principalmente de pescados y mariscos frescos, preferentemente crudos, con mucho limón, ajo, cebolla, pimienta y aceite de oliva, que creo me ha ayudado.

Lamentablemente, he cometido el error de abusar del pescado a la plancha, lo cual, como hemos visto, tampoco es bueno, pues disminuye la cantidad de omega-3 que este posee. Los mariscos siempre los consumo crudos, salvo el pulpo y los locos (*Concholepas concholepas*), que son cocidos. Cuando encuentro una buena pieza de pescado como mulata, cabrilla, pejeperro, apañado o san pedro, sí o sí los preparo al vapor. A continuación, les comparto una receta aprendida de mi maestro Ismael

Kong —uno de los grandes ictiólogos de nuestro país, quien ya no está con nosotros—, quien fuera mi profesor y luego colega y amigo en la universidad.

Foto 1. Pescado a lo Kong (Foto Miguel Avendaño).

Esta receta se acompaña de arroz blanco.

- El pescado se puede hacer entero o trozado en presas. Yo lo prefiero en presas. Para ello, sacamos los filetes y le quitamos la piel si esta es gruesa. Luego, retiramos las espinas del abdomen y de la línea lateral.
- Ya sin espinas, los filetes enteros o trozados en presas los envolvemos en papel de aluminio, sin agregarles nada. Los ponemos en una olla para cocinar al vapor y lo hacemos a fuego lento.
- Una vez cocinado, lo sacamos del papel y los ordenamos en una fuente.
- Enseguida, en una sartén sofreímos en aceite de pepita de uva u oliva una cabeza de ajo, que previamente hemos cortado en láminas, evitando que se quemen. Una vez sofritos, los retiramos con un espumador y los regamos sobre el pescado.

- En el mismo aceite, sofreímos por no más de 7 minutos pikles (zanahoria, pepinillos, coliflor y cebollas blancas), previamente cortados en trocitos pequeños. Transcurridos los 7 minutos, los sacamos con el espumador y lo regamos también sobre el pescado.

- Enseguida, cambiamos el aceite y ponemos el sartén limpio al fuego con aceite nuevo; una vez caliente, sofreímos maní salado por 5 minutos, evitando que cambien a color café. Cocinados, los sacamos con el espumador y los regamos sobre el pescado, quedando listo para servirlo, acompañado de arroz blanco.

Espero lo disfruten, con una copita de Chardonnay o Riesling heladito.

De regreso de Santiago, luego de mi primer control posoperatorio a los dos meses, ya diagnosticado con un cáncer de próstata metastásico, con una PSA de 15,2 y con un tratamiento a base de hormonoterapia, como lo he destacado en el capítulo 2, complementé este tratamiento comiendo lo mismo que se come diariamente en cualquier hogar de nuestro país, predominando sí el pescado, mariscos y algas, como el luche (*Porphyra columbina*), alga roja, y cochayuyo (*Durvillaea antarctica*), alga parda. Consumía también una palta diaria, y en la mañana, en ayunas, antes de desayunar, consumía un trozo de cúrcuma con igual proporción de jengibre; a ello le agregaba el volumen de un vaso vinero conteniendo el zumo de un trozo de betarraga, otro de zanahoria y manzana verde, que licuaba en un poco de agua.

Qintral et al. (2012) indican que las algas marinas se han consumido en Asia desde tiempos remotos; son una buena fuente de nutrientes como proteínas, vitaminas, minerales y fibra dietética, siendo esta última rica en fracción soluble. Si se comparan las algas con vegetales terrestres, se encuentran más componentes beneficiosos para la salud, como ácidos grasos omega-3 y moléculas bioactivas.

Las algas sintetizan diversos metabolitos secundarios que presentan actividad antioxidante, antiinflamatoria, anticancerígena y antidiabética. Por lo tanto, las algas se pueden considerar un alimento natural de gran interés ya que contienen compuestos con numerosas actividades biológicas y pueden ser usadas como ingrediente funcional en muchas aplicaciones industriales como en alimentos funcionales.

El luche y el cochayuyo son una muy buena fuente de vitaminas: A, B1, B2, B3, B6, B9, B12, C, D, E y K; de minerales como calcio, hierro, yodo, magnesio, fósforo, potasio, selenio y zinc; de proteínas, aportando entre el 15 % y el 20 % de su peso seco; fibra, 30 % a 40 % de su peso seco; y ácidos grasos omega-3 (EPA y DHA). Benefician nuestra salud con antioxidantes, antiinflamatorios, actuando como cardioprotectores, neuroprotectores y anticancerígenos, ayudando a prevenir el cáncer.

También mejoran la salud digestiva, promoviendo el crecimiento de bacterias intestinales beneficiosas; fortalecen el sistema inmunológico, ayudando al cuerpo a combatir las infecciones, y mejoran la salud de la piel y el cabello, aportando nutrientes esenciales para ello. Por tener altos niveles de yodo, no es aconsejable su consumo en personas con problemas de tiroides, quienes deben consultar con su médico antes de consumirlo.

En resumen, tanto el luche como el cochayuyo son algas marinas con una amplia gama de beneficios para la salud. Son una buena fuente de vitaminas, minerales, proteínas, fibra y ácidos grasos omega-3. Se pueden consumir frescas, secas o en polvo.

Ya indiqué que consumía mayoritariamente el pescado a la plancha, para lo cual agregaba mantequilla o aceite de oliva a la sartén para que no se pegara, perdiendo con ello parte de su contenido de omega-3, que ahora sabemos ocurre.

Por otro lado, luego de diagnosticada la continuación de mi cáncer, dejé inmediatamente el consumo de salmón, por su mayor contenido de omega-6 en proporción al omega-3, el cual siempre consumía en forma de sashimi, y porque las primeras lecturas en busca de qué comer para detener el cáncer indicaban que el salmón de cultivo no era bueno.

Tampoco consumía la tilapia ni el pangasius, que son peces de agua dulce producidos por cultivo y se venden en los supermercados, por la gran cantidad de aditivos que se les agregan para tener producciones rentables. Muchas discusiones he tenido en muchos restaurantes del país (Iquique, Antofagasta, Huasco, Serena, Coquimbo, Santiago), donde ambos pescados nos los venden como congrio (*Genypterus chielensis*; *G. blacodes*), blanquillo (*Prolatilus jugularis*) o cascajo (*Sebastes capensis*), exigiendo que los cambien por otro producto luego de los argumentos que les doy.

En esta alimentación complementaria al medicamento que recibía, acerté con la palta, como hemos señalado previamente, por sus propiedades antioxidantes (rica en luteína y zeaxantina, que ayudan a proteger las células del daño causado por los radicales libres), antiinflamatoria por su contenido de ácido oleico y betacaroteno, e inmunomoduladora al ayudar a estimular el sistema inmunitario, que actúa como defensa del cuerpo contra el cáncer.

También, atiné con el consumo de cúrcuma y jengibre, pues, como hemos señalado, son dos especias con un largo historial de uso en la medicina tradicional. Ambas tienen propiedades antiinflamatorias, antioxidantes y anticancerígenas.

En base a lo que ahora conocemos, acerté también con el zumo de betarraga, zanahoria y manzana verde, considerada una bebida rica en nutrientes con potencial para ayudar a prevenir el cáncer. La betarraga contiene betalainas, pigmentos con propiedades antioxidantes y antiinflamatorias que ayudan a proteger las células del daño causado por los radicales libres, que pueden contribuir al desarrollo del cáncer. También es una buena fuente de fibra, vitamina C y ácido fólico.

La zanahoria contiene betacaroteno, un precursor de la vitamina A, un antioxidante que puede ayudar a proteger las células del daño causado por los radicales libres; también es una buena fuente de fibra, vitamina K y potasio.

La manzana verde contiene flavonoides, compuestos con propiedades antioxidantes y antiinflamatorias. Los flavonoides ayudan a proteger las células del daño causado por los radicales libres, siendo también una buena fuente de fibra, vitamina C y potasio.

En la tragicomedia con la que me he tomado mi cáncer, y primando mi pragmatismo junto a mi formación científica, este complemento alimenticio que acabo de relatar dejé de aplicarlo al año siguiente de haberlo comenzado, luego que mi nivel de PSA había bajado a un valor de 0,29 en julio de 2017. Pensé que con el medicamento bastaba para mantener controlada la enfermedad, dándole todo el crédito, sin considerar para nada lo que les he presentado en este libro sobre la alimentación, porque no contaba con la información ni con los fundamentos científicos que tengo ahora.

Enseguida de haber dejado este tipo de alimentación y haber vuelto a la habitual, reincorporando carnes rojas, pollo, cerdo y cordero como fuentes proteicas, siempre complementado con productos del mar al menos dos veces por semana, habiendo abandonado el zumo, la cúrcuma con el jengibre, y reduciendo el consumo de palta, que reemplacé por huevos comunes y corrientes de los que venden en supermercados, la PSA volvió a incrementarse alcanzando un valor de 0,78 a fines de mayo de 2018, como lo señalé en el capítulo 2 y se puede ver en la figura 1. Ello señalaba el comienzo de mi resistencia a la hormonoterapia que recibía, por lo que debió complementarse con 1 gm diario de abiraterona para controlar este nuevo crecimiento del cáncer.

Dado el pronóstico que hacía mi médico, coincidiendo con el de las interconsultas que realicé (ver capítulo 2), retomé algunas prácticas de la alimentación realizada en mi etapa posoperatoria. Esta consistió en continuar consumiendo por la mañana una mezcla de cúrcuma y jengibre, mezclada esta vez con aloe vera. El aloe vera contiene aloína, que puede ayudar a estimular el sistema inmunológico, proteger las células del daño y mejorar la digestión.

En conjunto, la mezcla de cúrcuma, jengibre y aloe vera puede tener un efecto sinérgico en el control del cáncer. Esta mezcla puede ayudar a inhibir el crecimiento de las células cancerosas, promover la apoptosis (muerte celular) y reducir la inflamación. Mejora la respuesta del sistema inmunológico al cáncer y protege las células del daño. Es importante tener en cuenta que esta mezcla no es un tratamiento curativo para el cáncer; generalmente se utiliza como complemento a los tratamientos convencionales, como la quimioterapia o la radioterapia.

Además, un conocido que también padecía de cáncer de próstata me señaló que a él le estaba yendo muy bien con un tratamiento a base de gorgojos chinos que le habían enviado desde Argentina y que criaba en su casa. Me indicó que estos se debían tragar vivos dentro de un vaso con agua, partiendo con uno diario hasta llegar a 75 en 75 días; luego debía comenzar a reducir en uno diario su número, hasta llegar nuevamente a uno en un tiempo total de 150 días (5 meses); se descansaban 15 días y se comenzaba de nuevo el proceso.

Decidí indagar al respecto y encontré información empírica que indicaba que ciertos compuestos activos que se liberaban al ser atacados por nuestros jugos gástricos provocaban efectos contra el cáncer. No muy convencido de ello, pero dado el estado de la enfermedad y los 2,5 años que me dio mi médico, decidí probarlos. La persona conocida me regaló cierta cantidad de adultos en una caja, que transferí a una caja plástica más grande, donde los alimenté con cereales, cáscara de plátanos, cúrcuma y jengibre. Una vez que la población creció, comencé a ingerirlos para complementar el tratamiento médico indicado. De ello informé a mi médico, quien siempre me preguntaba si los continuaba ingiriendo.

Si bien no hay evidencia científica concreta que respalde la afirmación de que consumir gorgojos chinos (*Ulomoides dermestoides*) puede curar el cáncer, existen algunos estudios que han demostrado en pruebas de laboratorio que estos gorgojos poseen propiedades antimicrobianas, antiinflamatorias y anticancerígenas. Sin embargo, no se han realizado ensayos clínicos en humanos para confirmar su eficacia en el tratamiento del cáncer.

Los gorgojos chinos han sido usados para el tratamiento de diferentes enfermedades, siendo ampliamente consumidos vivos en diferentes partes del mundo, como una forma de medicina alternativa denominada *coleopteroterapia*. Han sido empleados en el tratamiento de enfermedades como asma, párkinson, diabetes, artritis, cáncer y VIH (Tobón et al., 2011). Crespo et al. (2011) indican que los efectos benéficos que se les atribuyen pudieran estar relacionados con la producción de benzoquinonas y algunos tipos de hidrocarburos insaturados, sustancias que liberan como mecanismo de defensa durante su muerte en el organismo de los consumidores; sin embargo, faltan investigaciones que confirmen el efecto curativo de su ingestión. Las benzoquinonas inducen un amplio espectro de efectos que van desde ser de vital importancia para la homeostasis (vitamina K o ubiquinona) hasta extremadamente tóxicas o cancerígenas.

Recordemos que la *homeostasis* es la forma en que nuestro cuerpo se mantiene funcionando correctamente a pesar de los cambios que ocurren a nuestro alrededor. Por ejemplo, si la temperatura corporal aumenta, nuestro cuerpo comienza a sudar para enfriarse. Si el nivel de azúcar en la sangre disminuye, nuestro cuerpo libera hormonas para aumentarlo. La homeostasis es esencial para la vida; sin ella, nuestros cuerpos no podrían funcionar correctamente y estaríamos constantemente enfermos.

También indican en su trabajo que solo una publicación reciente ha descrito las propiedades antiinflamatorias de las hidroquinonas y del extracto polar crudo de este gorgojo chino. Recientemente se informaron efectos antiinflamatorios de componentes desconocidos de este extracto polar en ratas y células mononucleares de sangre periférica.

Castillo et al. (2019) aislaron y purificaron 10 bacterias lácticas del gorgojo chino (*U. dermestoides*), identificadas como 2 de *Lactobacillus plantarum*, 2 de *Pediococcus pentosaseus*, 2 de *Lactococcus lactis ssp. lactis*, 2 de *Pediococcus pentosaceus*, 1 de *Lactococcus lactis ssp. cremoris* y 1 de *Lactobacillus rafinolactis*. Estas bacterias tienen potenciales usos para tratamiento auxiliar en síndrome metabólico; de acuerdo a la literatura, estas bacterias son productoras de ácido láctico, peróxido de hidrógeno y numerosas bacteriocinas que contrarrestan los microorganismos patógenos. Son bacterias probióticas que confieren un efecto protector contra las infecciones gastrointestinales, mejoran el equilibrio de la microbiota intestinal y reducen la inflamación celular, la cual está estrechamente correlacionada con la obesidad y el síndrome metabólico.

A pesar de lo señalado en cuanto al tipo de alimentación que implementé para complementar la medicación que recibía durante este período, que se extendió desde junio de 2018 hasta junio de 2022, la PSA con un valor de 0,78 bajó a niveles de 0,02 en 2020 y luego se incrementó hasta alcanzar un valor de 3,3 al final del periodo indicado. Mientras mantuve los valores bajos, volví a pensar con mi pragmatismo de siempre, y a otorgar nuevamente todo el crédito a los medicamentos que recibía, no considerando para nada el potencial efecto del complemento en mi alimentación, por lo que volví a dejarlo.

Los gorgojos se los regalé a la persona que me los dio, debido a que sufrió una recaída de su cáncer y no disponía de ellos. También dejé la mezcla de cúrcuma, jengibre y aloe vera, porque había quemado tres procesadores de alimento en la preparación de la mezcla. Todo ello por no haberme instruido apropiadamente, como lo he hecho con la información que he transcrito en estos dos últimos capítulos.

Luego del alza de la PSA en este período, eran pocas las opciones con otros medicamentos accesibles para atacar esta nueva resistencia que hacía mi cáncer. Como lo menciono en el capítulo 2, califico para ingresar a un grupo de estudio doble ciego en Santiago, donde, como parte de mi tragicomedia, me tocó la quimioterapia a base de Docetaxel y el placebo.

Durante las 8 sesiones de quimioterapia recibidas, la PSA desciende desde 3,3, que había alcanzado en junio de 2022, a valores < 0,1 en marzo de 2023, volviendo rápidamente a incrementarse mientras continuaba recibiendo el placebo, de manera que, al no haber efectos positivos, me retiraron del estudio cuando ya alcanzaba valores de PSA de 3,52. Durante este período y tratamiento, tuve una alimentación normal, principalmente de restaurante, ya que se llevaba a cabo en Santiago.

Cuando llegaba a Antofagasta, predominaron las sopas ricas en colágeno, que complementaron mis pescados y mariscos. La PSA siguió aumentando, alcanzando un valor de 4,53 a fines de septiembre de 2023. En ese momento ya había regresado a Antofagasta, y busqué ayuda en el Centro Oncológico BUPA, cayendo en manos de un excelente oncólogo, que me trató hasta febrero de 2024, debido a que encontró una mejor oportunidad de trabajo en Santiago (para reírnos un poco de esta mi tragicomedia con la enfermedad).

Sin embargo, me dejó en manos de una excelente doctora en oncología. Durante el período que estuve con el doctor, este me comenzó a tratar a comienzos de noviembre de 2023, con quimioterapia a base de Cabazitaxel, complementado por tres meses con abiraterona. Comencé con una PSA de 4,77 que con la segunda sesión de quimioterapia bajó a 3,49 y subió a 3,84 con la tercera, lo que hizo cambiar la abiraterona por Enzalutamida (ver capítulo 2).

En ese momento, ya había adquirido los conocimientos expresados en este libro, que me podían ayudar con una alimentación que complementara el tratamiento que recibía. Esta se basó en un 90 % de pescado y mariscos, acompañados siempre de verduras, sopas de verduras, pan integral fermentado con masa madre, palta, aceitunas, aceite de oliva, y en el desayuno todos los días dos huevos con omega-3, cada uno iba en una torreja de pan a la que le agregaba una pasta, molida, que mi nieto bautizó como «matacáncer».

Esta pasta estaba hecha con cúrcuma, jengibre en igual proporción, pimienta, ajo, aceite de oliva, las hojas de ocho ramas de romero fresco, la cáscara de 15 mandarinas, a las que se le quitó previamente toda la parte blanca, y cuatro cucharadas de canela. Agregaba a ello tres porciones diarias de frutos rojos entre los siguientes: ciruelas, duraznos, cerezas, frutillas, arándanos, mandarinas o pepinos. Los resultados obtenidos con la PSA en la tercera sesión de quimioterapia (cabazitaxel y enzalutamida), complementada con dicha dieta, produjeron un descenso espectacular de la PSA, que bajó de 3,84 a 0,57 en solo 21 días.

Sesenta y tres días más tarde, en marzo de 2024, su valor llegaba a 0,13, valor que se ha incrementado levemente a 0,17 entre septiembre y octubre, llegando a 0,25 en diciembre de 2024, fecha en que he enviado a edición este libro (ver figura 1).

La alimentación complementaria con alimentos de propiedades anticancerígenas puede ser una herramienta valiosa para mejorar la calidad de vida y la supervivencia de los pacientes con cáncer. Sin embargo, es fundamental recordar que no reemplaza los tratamientos médicos, sino que los complementa. Siempre es necesario consultar con un especialista para recibir las recomendaciones adecuadas.

Tal como hemos analizado, el cáncer no se limita a una enfermedad genética o biológica. Se trata de un proceso complejo en el que el estilo de vida y el entorno juegan un papel crucial. En este contexto, las estrategias de estilo de vida se convierten en un complemento invaluable para la atención médica tradicional.

Mientras que la complementaria, con alimentos que poseen propiedades anticancerígenas, emerge como una herramienta poderosa para mejorar la calidad de vida y la supervivencia de los pacientes. Los alimentos mencionados en este capítulo ofrecen un apoyo significativo en la lucha contra la enfermedad.

Debo insistir que la alimentación complementaria no reemplaza los tratamientos médicos, sino que los complementa. Su objetivo es fortalecer el cuerpo y optimizar las condiciones para la recuperación. La consulta profesional, siempre será esencial para obtener recomendaciones personalizadas y una evaluación individualizada, la consulta con un especialista en nutrición oncológica o un médico especialista en cáncer es también un paso fundamental.

Capítulo 7

La epigenética y su rol prometedor en el control del desarrollo del cáncer

Investigaciones recientes han demostrado que los cambios epigenéticos, como la metilación del ADN y las modificaciones de las histonas, juegan un papel crucial en la iniciación, progresión y metástasis del cáncer. Estos cambios pueden alterar la expresión de genes que controlan el crecimiento celular, la apoptosis (muerte celular programada) y la reparación del ADN, lo que lleva al desarrollo de células cancerosas.

La epigenética es un campo de estudio novedoso que explora los cambios en la función de los genes que son hereditarios, pero que no se deben a alteraciones en la secuencia de ADN. En otras palabras, la epigenética se centra en cómo se «lee» el ADN, no en lo que dice. Imaginémonos el ADN como un manual de instrucciones para construir un organismo. La secuencia de ADN, la disposición de las bases A, T, C y G (adenina, timina, citosina y guanina) es el texto en sí. La epigenética, en cambio, son las anotaciones, subrayados y resaltados que se agregan al manual, que indican qué partes del manual se deben leer y cómo se deben interpretar.

Estos cambios epigenéticos no alteran la secuencia de ADN en sí, sino que actúan como interruptores moleculares que controlan la actividad de los genes. Pueden encender o apagar genes, o ajustar su volumen de expresión.

Sin embargo, es importante destacar que la epigenética es un campo de investigación relativamente nuevo y aún se está explorando su potencial para el control del cáncer. Se necesitan más estudios para comprender completamente los mecanismos epigenéticos involucrados en el cáncer y para desarrollar terapias epigenéticas seguras y eficaces.

Como hemos señalado, los cambios epigenéticos se pueden producir por metilación del ADN, generando que la adición de grupos metilo a las moléculas de ADN pueda silenciar genes; también por modificaciones de histonas, que son proteínas que empaquetan el ADN en la célula. Las modificaciones químicas que se producen en las histonas pueden cambiar la forma en que el ADN se enrolla, afectando su accesibilidad y, por lo tanto, su expresión.

Actuales investigaciones en epigenética han revelado que estos cambios heredables pueden tener un impacto profundo en nuestra salud y desarrollo. Los factores ambientales, como la dieta, el ejercicio, el estrés y la exposición a toxinas, pueden influir en los patrones epigenéticos, lo que a su vez puede aumentar el riesgo de enfermedades como el cáncer, enfermedades cardíacas y trastornos mentales.

Las potenciales aplicaciones de la epigenética se orientan a:

- Diagnóstico y tratamiento de enfermedades: La epigenética puede usarse para identificar biomarcadores epigenéticos que indiquen el riesgo de desarrollar una enfermedad o para monitorear la respuesta a un tratamiento.
- Terapia génica: Las técnicas epigenéticas podrían usarse para corregir cambios epigenéticos defectuosos que contribuyen al desarrollo de enfermedades.
- Desarrollo de nuevos medicamentos: Los fármacos epigenéticos, que modifican los patrones epigenéticos, podrían usarse para tratar una variedad de enfermedades.

Como podemos ver, la epigenética es un campo de investigación en rápido crecimiento con un enorme potencial para mejorar nuestra comprensión de la salud y la enfermedad. A medida que aprendamos más sobre cómo funcionan los mecanismos epigenéticos, podremos desarrollar nuevas herramientas para prevenir, diagnosticar y tratar enfermedades.

En el caso del cáncer, los patrones epigenéticos alterados pueden servir como biomarcadores para su detección temprana y la predicción del pronóstico de la enfermedad.

Las terapias epigenéticas, como los inhibidores de la metilación del ADN y los modificadores de histonas, tienen el potencial de ser utilizadas para tratar una variedad de tipos de cáncer. Los inhibidores de la metilación del ADN son fármacos que bloquean la actividad de las enzimas que añaden grupos metilo al ADN, lo que puede reactivar genes supresores de tumores que han sido silenciados por la metilación. Un ejemplo de este tipo de fármaco es la azacitidina, que se utiliza para tratar la leucemia mieloide aguda.

Otros fármacos que actúan como modificadores de histonas alteran la forma en que estas se unen al ADN, lo que puede cambiar la accesibilidad del ADN y la expresión de genes. Un ejemplo de este tipo de fármaco es el vorinostat, que se utiliza para tratar el linfoma cutáneo de células T. Recordemos que las células T, también conocidas como linfocitos T, son un tipo de glóbulo blanco que desempeña un papel crucial en el sistema inmunitario. Son responsables de reconocer y destruir células infectadas por virus, bacterias y otros patógenos, así como células cancerosas. Las células T se forman en la médula ósea y maduran en el timo, un órgano linfoide ubicado en el pecho. También se les conoce como células asesinas, y existen otros tipos que no destruyen células directamente, sino que actúan ayudando a otras células del sistema inmunitario a que lo hagan.

De acuerdo con Dispenza (2023), en la decimocuarta edición de su libro *El placebo eres tú*, se puede influir mentalmente en los cambios epigenéticos para sanar enfermedades. El Dr. Dispenza, profesor de la Universidad de Atlanta, se ha convertido en un ícono en el revolucionario campo de la neurociencia, especializado en cardiopatía e imagen cerebral; plantea la idea sobre el poder de la mente para influir en los cambios epigenéticos y sanar enfermedades. Si bien la investigación científica aún está explorando las complejas relaciones entre la mente, el cuerpo y la epigenética, existen algunas bases científicas que sustentan las afirmaciones de Dispenza.

Por ejemplo, el estrés crónico libera hormonas como el cortisol, que pueden modificar negativamente los patrones epigenéticos y aumentar el riesgo de enfermedades. Por el contrario, las técnicas de relajación y manejo del estrés, como la meditación y el yoga, podrían reducir los niveles de cortisol y promover cambios epigenéticos positivos. Las emociones positivas como la gratitud, la alegría y el amor se asocian con la liberación de hormonas y neurotransmisores que favorecen la salud y la expresión de genes relacionados con la longevidad y el bienestar. El poder de creer en la capacidad de sanarse a sí mismo puede tener un efecto placebo significativo, activando mecanismos epigenéticos que promueven la recuperación.

Si bien las investigaciones, como hemos señalado, aún se encuentran en sus primeras etapas, existen estudios que han demostrado que las prácticas de meditación y *mindfulness* (poner atención de manera intencional al momento presente, sin juzgar. Aprender a relacionarnos de forma directa con aquello que está ocurriendo en nuestra vida, en el momento presente), pueden inducir cambios epigenéticos beneficiosos en genes relacionados con el estrés, la inflamación y la respuesta inmune. De la misma forma, la terapia cognitivo-conductual puede ayudar a modificar patrones de pensamiento negativos que influyen en la epigenética y contribuyen a la depresión y la ansiedad.

Las experiencias emocionales positivas pueden conducir a cambios epigenéticos que favorecen la salud mental y física. Sin embargo, es importante destacar que la epigenética no es un proceso mágico o instantáneo. Requiere un compromiso constante con prácticas como la meditación, el manejo del estrés y el cultivo de emociones positivas para lograr cambios duraderos. La relación entre la mente y la epigenética aún está en curso, pero de acuerdo con Dispenza, las evidencias sugieren que nuestros pensamientos, emociones y creencias pueden influir en la expresión de nuestros genes y nuestra salud en general. Si bien todo esto no se trata de curas milagrosas, las prácticas para cultivar una mente sana y positiva pueden ser herramientas valiosas para complementar los tratamientos médicos y promover el bienestar general.

La meditación trascendental, según Dispenza, permite alcanzar la iluminación espiritual y aquietar la mente repitiendo un *mantra* durante una sesión de 20 minutos, dos veces al día (señalemos que mantra literalmente significa pensamiento; sin embargo, también se entiende como una vibración, un sonido, sílabas o frases que repercuten positivamente en la concentración). Esta práctica, de acuerdo con Dispenza, llamó la atención de Herbert Benson, cardiólogo de Harvard, quien al ver que podía ayudar a reducir el estrés y los factores de riesgo cardiovascular, creó una técnica similar a la que llamó «respuesta de relajación», descrita en su libro de 1975 que lleva este mismo título. Descubrió que, cuando los pacientes cambiaban sus hábitos mentales, podían desactivar las respuestas de estrés, provocando que la tensión arterial bajara y se normalizara el ritmo cardiaco, entrando en un profundo estado de relajación.

Dispenza también señala que Vincent Peale, en 1952, publicó el libro *El poder del pensamiento positivo*, en el cual popularizó la idea de que lo que pensamos produce efectos reales en nuestras vidas, tanto en el sentido positivo como negativo. Esta idea llamó la atención de la comunidad médica en 1976, cuando el editor Norman Cousins publicó un artículo en el *New England Journal of Medicine* sobre cómo había usado la risa para revertir una enfermedad que para él podía haber sido mortal. Historia que volvió a contar en un libro convertido en superventas, *Anatomía de una enfermedad*, donde relata que, convencido de que su persistente estado emocional negativo había contribuido a su enfermedad, decidió que también era posible revertirla con un estado emocional más positivo; para ello, sin dejar su tratamiento, incluyó en su vida una rutina de ver películas cómicas, descubriendo que 10 minutos de risa diarios provocaron la cura de su enfermedad.

Si bien no hubo una explicación que permitiera entender o explicar la recuperación lograda, las investigaciones actuales, de acuerdo con Dispenza, plantean la hipótesis de que podría deberse a procesos epigenéticos. Agrega, además, que el cambio de actitud de Cousins le cambió la química del cuerpo, y esta a su vez alteró su estado interno, permitiéndole programar nuevos genes, desactivando a aquellos que le causaban la enfermedad y reactivando, en cambio, aquellos responsables de su recuperación. Años después, relata Dispenza, el Dr. Keiko Hayashi, de la Universidad de Tsukuba en Japón, señaló lo mismo en un estudio que él realizó con pacientes diabéticos, quienes miraron durante una hora programas cómicos.

Estos pacientes habrían logrado reactivar 39 genes, 14 de los cuales se relacionaban con la actividad de las células asesinas naturales (células T). Si bien ninguno de estos genes participó directamente en la regulación de la glucosa en la sangre, los niveles de glucosa de los pacientes mejoraron bastante después de ver programas cómicos, comparado con aquellos sometidos solo a programas sobre cómo llevar una vida saludable para controlar su diabetes.

Los investigadores concluyeron que la risa había influido en muchos genes implicados en la respuesta inmunológica, lo que contribuyó a mejorar la glucosa en la sangre. Las emociones positivas producidas por el cerebro de los pacientes fomentaron las variaciones genéticas que activaron a su vez células asesinas naturales y mejoraron de algún modo su respuesta a la glucosa, entre otros potenciales efectos beneficiosos.

Inspirándose en la experiencia de Cousins y en la medicina alternativa mente-cuerpo en pleno desarrollo en esa época, señala Dispenza, el Dr. Bernie Siegel, cirujano de la Universidad de Yale, comenzó a estudiar por qué algunos pacientes con cáncer con pocas probabilidades de superarlo sobrevivían, y en cambio otros con mejores probabilidades morían.

En base a sus resultados, Siegel definió a los sobrevivientes de cáncer sobre todo como aquellos que mantenían un espíritu optimista y luchador, concluyendo que no había enfermedades incurables, sino solo pacientes incurables.

Siegel también escribió sobre la esperanza como una poderosa fuerza curativa, y sobre el amor incondicional como la farmacia natural que proporciona elixires que actúan como el estimulante más poderoso del sistema inmunitario. Agreguemos a ello lo señalado por Cousins sobre el *placebo*, descrito en el libro de Dispenza, que apunta a que muchos pacientes que reciben placebo, y no lo saben, se recuperan porque piensan que reciben un medicamento verdadero que les hará bien: «El proceso no funciona por ningún efecto mágico de la pastilla, sino porque el cuerpo humano es el mejor boticario y porque las mejores medicinas las receta el propio cuerpo».

Veamos cómo funciona nuestro cerebro, de acuerdo con Dispenza. Según este autor, nuestro cerebro, compuesto de un 75 % de agua, está formado por unos cien mil millones de células nerviosas denominadas neuronas, dispuestas a la perfección en el ambiente acuoso en el que flotan. Cada neurona se parece a un árbol elástico, sin hojas, con ramas serpenteantes y sistemas radiculares que se conectan y desconectan a otras neuronas.

Una célula nerviosa o neurona en particular puede tener desde 1000 hasta más de 100.000 conexiones, dependiendo de dónde resida en el cerebro. Por ejemplo, en la neocorteza, nuestro cerebro pensante, tiene de 10.000 a 40.000 conexiones por neurona. Denota Dispenza que, si bien se solía ver al cerebro como un computador, hoy en día se sabe que cada neurona es un biocomputador en sí misma, con más de 60 megabytes de memoria RAM, capaz de procesar enormes cantidades de información, ejecutando miles de funciones por segundo.

A medida que aprendemos cosas nuevas y tenemos nuevas experiencias en la vida, nuestras neuronas crean conexiones nuevas, intercambiando información electroquímica unas con otras. Estas conexiones, conocidas como conexiones sinápticas, son el lugar donde las células intercambian la información, justo en el espacio que corresponde a la rama de una neurona y la raíz de otra, y que se denomina sinapsis.

Continúa señalando que, si el aprendizaje crea nuevas conexiones sinápticas, recordar es mantener estas conexiones. Un recuerdo, por tanto, es una relación o conexión a largo plazo entre las células nerviosas. La creación de estas conexiones y las formas en que cambian a lo largo del tiempo alteran la estructura física del cerebro.

De esta manera, a medida que el cerebro hace estos cambios, nuestros pensamientos producen una mezcla de distintas sustancias químicas llamadas neurotransmisores (por ej. serotonina, dopamina y acetilcolina, entre otras). Por tanto, cuando se tiene un pensamiento, los neurotransmisores de la rama de una neurona-árbol cruzan el espacio sináptico para llegar a la raíz de otra neurona-árbol. En cuanto cruza este espacio, la neurona descarga información en forma de impulsos eléctricos.

Cuando se continúa teniendo los mismos pensamientos de siempre, la neurona sigue activándose de la misma forma, con lo que se fortalece la relación entre las dos células nerviosas para que, la siguiente vez que se activen, transmitan la señal con mayor velocidad. Por eso el cerebro revela la evidencia física de no solo haber aprendido algo, sino también de recordarlo. Este proceso de reforzamiento selectivo, de acuerdo con Dispenza, se conoce como *potenciación sináptica*.

Este autor también señala que, cuando las marañas de neuronas se activan al unísono para apoyar un nuevo pensamiento, en la célula nerviosa se crea una sustancia química adicional (una proteína) que penetra al núcleo, donde se integrará al ADN. La proteína cambia entonces varios genes, y como la labor de los genes es crear proteínas que mantengan tanto la estructura como la función del cuerpo, la célula nerviosa produce rápidamente una nueva proteína para crear nuevas ramas entre las células nerviosas.

De esta forma, cuando se repite un pensamiento o una experiencia varias veces, además de reforzar las conexiones entre las células nerviosas, afectando las funciones fisiológicas, aumenta la cantidad de conexiones, afectando la estructura física del cuerpo. Así el cerebro se enriquece más a nivel microscópico.

Luego agrega que el genoma o las hebras del ADN saben lo que cada una de las otras partes está realizando en una interconexión sumamente coreográfica, donde cada átomo, molécula, célula, tejido y sistema del cuerpo funcionan a un nivel de coherencia energética que equivale al estado del ser consciente o inconsciente de la personalidad individual. De manera que sería lógico que los genes puedan activarse o desactivarse debido al entorno externo de la célula, lo que algunas veces dignifica el entorno dentro del cuerpo (el estado del ser emocional, biológico, neurológico, mental, energético e incluso espiritual) y otras, el entorno exterior al cuerpo (un trauma, la temperatura, altitud, contaminación, bacterias, virus, comidas, alcohol, etc.).

Es así como los genes se clasifican por la clase de estímulo que los activa y desactiva. Por ejemplo, los genes que dependen de la experiencia o la actividad se activan cuando se están teniendo experiencias nuevas, asimilando nueva información y curándose. Estos genes generan síntesis proteicas y mensajeros químicos para ordenar a las células madre que se metamorfoseen en cualquier tipo de células que uno necesite en ese momento para curarse.

Agreguemos que las células madres adultas se encuentran en pequeñas cantidades en muchos tejidos de nuestro cuerpo, como la médula ósea, la grasa y la sangre. Estas células madre pueden dividirse y diferenciarse para reparar tejidos dañados por lesiones, enfermedades o el envejecimiento. Las células madre hematopoyéticas, que se encuentran en la médula ósea, son responsables de producir todas las células sanguíneas del cuerpo, incluidos los glóbulos rojos, los glóbulos blancos y las plaquetas.

Estas células madre son esenciales para mantener un sistema inmunitario saludable y para combatir infecciones. En algunos casos, las células madre pueden usarse para regenerar órganos dañados. Por ejemplo, las células madre de la médula ósea se pueden usar para tratar ciertos tipos de leucemia, y las células madres embrionarias se han utilizado en estudios experimentales para regenerar tejidos cardíacos y nerviosos.

Continuando con Dispenza, este nos señala que los genes que dependen del estado conductual se activan durante períodos de intenso estado emocional, de estrés o de diferentes niveles de conciencia (como el sueño). Tienden un puente entre nuestros pensamientos y el cuerpo; es decir, son la conexión mente-cuerpo. Estos son los genes que nos ayudan a entender cómo se puede influir en nuestra salud a través de estados mentales y corporales que fomentan el bienestar, la resistencia física y la curación.

Agrega, además, que estudios recientes han revelado que sentir emociones positivas y expansivas como la bondad y la compasión, emociones que todos podemos tener, libera un neuropéptido conocido como oxitocina, que desactiva los receptores en las amígdalas o núcleos amigdaloides, dos estructuras pequeñas en forma de almendra ubicadas en el sistema límbico del cerebro, que juegan un papel fundamental en la generación del miedo y la ansiedad.

Al liberarnos del miedo, heredado de nuestros antepasados reptiles, como nos señala Carl Sagan en el primer capítulo, podemos ser mucho más confiados, indulgentes y bondadosos. Dejamos atrás el egoísmo y nos volvemos altruistas. En tanto adoptamos este nuevo estado de ser, nuestros neurocircuitos nos ofrecen mayores posibilidades que antes no se podían siquiera imaginar, al no gastar todas nuestras energías tratando de averiguar cómo sobrevivir. Recordemos lo que nos plantea la filosofía estoica a la cual nos hemos referido en el capítulo 3 de este libro.

Investigaciones actuales, de acuerdo con Dispenza, están revelando que nuestros pensamientos y sentimientos, y también nuestras decisiones, conductas y experiencias, producen un profundo efecto curativo y regenerativo en nuestro cuerpo. Indica que los científicos contemporáneos están descubriendo áreas del cuerpo, como los intestinos, el sistema inmunológico, el hígado y el corazón, y muchos otros órganos, que contienen sitios receptores de oxitocina, los cuales son muy sensibles a sus efectos beneficiosos y se asocian con un aumento de la cantidad de vasos sanguíneos en el corazón; la estimulación de la función inmunológica; el incremento de la motilidad gastrointestinal y la normalización de los niveles de azúcar en la sangre.

Por lo tanto, al desconectarnos del cuerpo, el entorno y el tiempo, los tres elementos principales en los que nos centramos cuando vivimos en un estado de supervivencia, de acuerdo con Dispenza, podemos ir más allá de uno mismo y entrar en un estado de pura conciencia en el que el ego no existe. En este nuevo estado, mientras visualizamos lo que queremos, el corazón se encuentra más abierto, y las emociones positivas fluyen a través de nosotros, mientras el bucle de sentir lo que se piensa y pensar de acuerdo con lo que se siente por fin actúa a nuestro favor. El estado mental egoísta del modo de supervivencia desaparece, y la energía que se gastaba en ello ahora se aprovecha para crear.

Este autor continúa señalando que muchas de las personas expuestas en su libro, cuyos cuerpos aceptaron una posible situación imaginada, respondieron a esa imagen mental. Así, pacientes que llevaban años padeciendo de párkinson y que lograron aumentar sus niveles de dopamina por medio de sus pensamientos vieron desaparecer sus movimientos abruptos o repetidos que causaba su parálisis cerebral espástica, que mantiene sus músculos rígidos.

Otros que padecían una depresión crónica experimentaron con el paso del tiempo cambios físicos en su cerebro, transformando su débil estado emocional en alegría y bienestar. Pacientes con fuertes dolores de rodillas que apenas podían caminar mejoraron milagrosamente después de someterse a falsas cirugías de rodilla, manteniéndose en excelente estado con el pasar de los años.

En todos estos casos, indica Dispenza, se podría decir que los pacientes aceptaron la sugestión de mejorar y luego creyeron en ella, entregándose al resultado esperado sin analizar el proceso. De manera que, cuando aceptaron que podían recuperarse de su enfermedad, se alinearon con una posible realidad futura donde su mente y su cerebro cambiaron en el proceso.

Al creer en el resultado, aceptaron emocionalmente la idea de mejorar y, por tanto, su cuerpo y su mente inconsciente comenzaron a vivir esa realidad futura en el presente. Condicionaron a su cuerpo adoptando una nueva mente, y luego comenzaron a enviar señales a nuevos genes de nuevas formas, que generaron nuevas proteínas para sentirse más sanos, adquiriendo un nuevo estado de ser.

En cuanto aceptaron la nueva condición, depusieron el análisis de cuándo y cómo se manifestaría; simplemente confiaron en un mejor estado de ser, manteniendo el nuevo estado mental y físico durante mucho tiempo. Este prolongado estado de ser activó los genes adecuados y los programó para que siguieran produciéndose.

Sin embargo, este autor también reconoce en su libro que cada uno de nosotros es más o menos sugestionable, donde cada cual tiene su propio nivel de susceptibilidad a los pensamientos, las sugestiones y las órdenes, procedentes tanto de la realidad exterior como interior, dependiendo de innumerables variables. Considera el nivel de sugestionabilidad como si se relacionara inversamente con los pensamientos analíticos: cuanto más fuerte es la mente analítica de una persona, menos sugestionable es; por el contrario, mientras más débil sea su mente analítica, más sugestionable es.

La mente analítica o mente crítica es parte de la mente que se utiliza conscientemente, sabiendo lo que se hace. Es una función de la neocorteza pensante, la parte del cerebro donde reside la mente consciente, la que piensa, observa, recuerda las cosas y resuelve los problemas, analiza, compara, juzga, reconsidera, examina, cuestiona, polariza, inspecciona, razona, racionaliza y reflexiona. Toma lo aprendido de las experiencias pasadas y lo aplica a un resultado futuro o algo aún no experimentado.

Como la neocorteza se divide en dos hemisferios, es lógico que analicemos y pasemos mucho tiempo pensando de forma dual, nos señala este autor: el bien frente al mal, lo correcto frente a lo incorrecto, lo positivo frente a lo negativo, lo masculino frente a lo femenino, lo heterosexual frente a lo homosexual, lo liberal frente a lo conservador, el pasado frente al futuro, lo lógico frente a la emoción, lo viejo frente a lo nuevo, la cabeza frente al corazón. De manera que, cuando se vive estresado, las sustancias químicas que circulan en nuestro cuerpo tienden a que analicemos las cosas más deprisa. Se analizan mucho más para prever resultados futuros y protegernos de las peores situaciones basándonos en nuestras experiencias pasadas.

Señala también que, al estar serenos, es cuando mejor nos funciona nuestra mente analítica y trabaja para nosotros, examinando simultáneamente muchos aspectos de nuestra vida y dándonos respuestas significativas. Nos ayuda a elegir entre una infinidad de opciones para tomar una decisión, aprender cosas nuevas, examinar si debemos creer en algo, juzgar situaciones sociales basándonos en nuestros principios éticos, saber con claridad cuál es nuestro objetivo en la vida, distinguir con convicción lo que se ajusta a las normas morales y evaluar la información sensorial importante.

La mente analítica, como prolongación de nuestro ego, continúa Dispenza, también nos protege para enfrentar el mundo exterior y sobrevivir de la mejor forma posible, siendo esta una de las principales labores de nuestro ego. Siempre está evaluando las situaciones del exterior y analizando el panorama para lograr resultados ventajosos. Cuida del yo y también intenta proteger el cuerpo. Nuestro ego nos avisará cuando existe un posible peligro, y nos impulsará a responder ante esta situación.

Sin embargo, cuando el ego ha perdido el equilibrio por un exceso de hormonas de estrés, la mente analítica se acelera y sobreestimula. Es cuando, en lugar de apoyarnos, actúa en nuestra contra. Analiza demasiado las cosas. Y el ego, al asegurarse de que seamos lo más importante, se vuelve sumamente egoísta. Piensa y siente que debe estar al mando para proteger nuestra identidad. Intenta controlar los resultados, previendo lo que es necesario realizar para crear una situación segura, aferrándose a lo habitual sin querer cambiar; así que guarda rencor, siente dolor y sufre, es incapaz de superar su victimismo. Evita todo lo que le es desconocido, viéndolo como posible peligro, porque el ego no confía en lo desconocido.

Mientras más poderosa se vuelve nuestra mente analítica, menos nos dejamos sugestionar por los resultados, señala Dispenza. Esto ocurre porque es una situación de inminente emergencia, donde no se puede hacer ostentación de una mentalidad abierta, considerando nuevas posibilidades y aceptando nuevos resultados. Es el momento solo de proteger al ego evaluando los conocimientos adquiridos para elegir las mejores posibilidades de sobrevivir. Es el momento de huir de lo desconocido.

Por eso, cuando la mente analítica se encuentra sobreestimulada por las hormonas de estrés, se vuelve estrecha de miras, no confía ni cree en nada nuevo, es menos propensa a permitir sugestionarse y creer en el poder del pensamiento o en la posibilidad de conocer lo desconocido. Por tanto, depende de cada uno de nosotros que la mente analítica o el ego nos apoye o actúe en nuestra contra.

En resumen, lo que nos plantea Dispenza en su libro es que la sugestión, definida como la capacidad de influir en los pensamientos, sentimientos o comportamientos de otra persona, es un mecanismo poderoso que puede tener un impacto significativo en nuestra salud física y bienestar emocional. Este autor sostiene que la sugestión funciona a través de la neurociencia, específicamente a través de la plasticidad cerebral. La plasticidad cerebral se refiere a la capacidad del cerebro para cambiar y adaptarse a nuevas experiencias. Cuando estamos expuestos a la sugestión, nuestro cerebro puede crear nuevas conexiones neuronales y modificar las existentes, lo que puede generar cambios en nuestra biología y comportamiento.

Las evidencias científicas que presenta en su libro respaldan esta idea. Por ejemplo, cita estudios que demuestran que los placebos, que son sustancias inertes sin ningún efecto farmacológico real, pueden ser efectivos para tratar una variedad de condiciones, como el dolor, la depresión y la ansiedad. Esto se debe a que la expectativa del paciente de que el placebo funcionará (creyendo que se le está suministrando un medicamento efectivo) desencadena cambios en el cerebro que producen un efecto real.

Dispenza también discute el papel de la sugestión interna, que se refiere a nuestra propia capacidad para influir en nuestros propios pensamientos, sentimientos y comportamientos. Él cree que, al desarrollar un control consciente sobre nuestra sugestión interna, podemos aprovechar el poder del placebo para sanarnos y transformarnos a nosotros mismos.

Dispenza nos ofrece varias estrategias para aumentar la sugestión interna, incluyendo:

- Visualización: Imaginar vívidamente los resultados deseados.
- Afirmaciones positivas: Repetir frases positivas que refuercen nuestra creencia de sanar.

- Atención plena: Prestar atención al momento presente sin juzgar.
- Gratitud: Expresar agradecimiento por las cosas buenas de nuestras vidas.

En este mismo contexto, Servan-Schreiber (2007), en su libro ya citado en un capítulo anterior, utiliza el término «mejorar el terreno» para referirse a un enfoque holístico para la prevención y el tratamiento del cáncer que va más allá de la medicina convencional. Este enfoque se basa en la idea de que el cáncer no es solo una enfermedad genética o celular, sino que también está influenciado por una serie de factores externos e internos, como la dieta, el ejercicio, el estrés, el sueño y las emociones.

Según Servan-Schreiber, al mejorar el «terreno», podemos crear un ambiente en el que sea menos probable que el cáncer se desarrolle o progrese. Esto implica hacer cambios en nuestro estilo de vida que fortalezcan nuestro sistema inmunológico, reduzcan la inflamación y promuevan la salud en general.

Algunos de los elementos clave para mejorar el «terreno» incluyen los alimentos a los que ya nos referimos en un capítulo anterior; pero además de ello, también se refiere al manejo del estrés, indicando que el estrés crónico puede debilitar el sistema inmunológico y contribuir al desarrollo del cáncer. Sin embargo, las técnicas de relajación como la meditación, el yoga y la respiración profunda, a las que nos hemos referido previamente, pueden ayudar a reducir el estrés; dormir lo suficiente es también esencial para la salud en general y puede ayudar a fortalecer el sistema inmunológico; controlar las emociones negativas como la ira, la tristeza y el resentimiento, que afectan el sistema inmunológico. Encontrar maneras de manejar las emociones difíciles de manera saludable resulta beneficioso para nuestra salud.

Por tanto, mejorar el «terreno» no es una cura para el cáncer. Sin embargo, puede ser una herramienta poderosa para prevenir la enfermedad, mejorar las posibilidades de tratamiento y promover una mejor calidad de vida en general.

Si bien son muchos los factores que pueden generar la aparición de un cáncer, este solo podrá desarrollarse y expandirse si el «terreno» le es favorable. No hay un modo de prevenir el cáncer ni frenar su avance cuando ya se ha desarrollado, si no modificamos profundamente dicho «terreno». Para lo cual Servan-Schreiber nos señala que, en lugar de darle lucha, debemos cambiar nuestra manera de pensar, donde nuestro principio guía ha de ser, por encima de todo, dotar a nuestra vida de una mayor conciencia para modificar tanto nuestra actitud como la de nuestras células.

En su libro, este autor, ya citado, señala que a fines de los 1980, los médicos de un hospital universitario estadounidense se habían congregado para escuchar a un destacado psicólogo disertar sobre su investigación acerca del nexo entre cáncer y estrés, cuyos resultados señalaban que los factores psicológicos poseían un incuestionable efecto sobre el avance de los tumores.

Agrega que muchos de nosotros hemos enfrentado conflictos crónicos que parecían irresolubles o a obligaciones abrumadoras que nos asfixian, y si bien estas situaciones no crean el cáncer, hoy se sabe que pueden darle la oportunidad de que se desarrolle mucho más rápido, como se indica en un artículo publicado en *Nature Reviews Cancer* en 2006.

Los factores que contribuyen a la aparición del cáncer son tan numerosos y variados que es imposible culparse de desarrollar la enfermedad. Sin embargo, si ya se nos ha diagnosticado un cáncer, tenemos la oportunidad de aprender a vivir de otra forma, sabiendo que nos puede ayudar a recuperarnos.

Servan-Schreiber agrega, además, que las heridas causadas por la vida y que causan daño siempre están presentes, y cuando se les recuerda resultan muy dolorosas y perturbadoras. Estas cicatrices mal curadas drenan una importante cantidad de energía y socavan la capacidad de defensa del propio organismo. Es así como, en un estudio realizado en la Universidad de Helsinki, en Finlandia, por el Dr. Kirsi Lillberg, sobre más de diez mil mujeres que habían sufrido la pérdida de una relación afectiva importante, se encontró que duplicaron el riesgo de cáncer de mama. Concluyeron que las rupturas y los divorcios dolorosos están más directamente relacionados con el cáncer que el fallecimiento de un cónyuge.

Agrega, también, sobre la importancia de apaciguar nuestros miedos, ya que el miedo puede afectar negativamente el tratamiento, afectar la calidad de vida y dañar las relaciones con familiares y amigos. Por ejemplo, basta con decir la palabra cáncer para que aflore el miedo a la muerte; de manera que aprender a combatir el cáncer es aprender a alimentar la vida que corre por las venas, lo cual no significa combatir la muerte.

Llevar a cabo este aprendizaje nos permitirá alcanzar la esencia de la vida, descubrir una plenitud y una paz que la hace atractiva y bella. Puede que la muerte forme parte de este triunfo, agrega el autor; sin embargo, existen personas que viven su vida sin apreciar su verdadero valor, mientras que otros viven la muerte con tal dignidad que parece un logro excepcional que da sentido a todo lo vivido. Al prepararse así para la muerte, se pone en marcha la energía para vivir.

Resumiendo, tanto Dispenza como Servan-Schreiber coinciden en la idea de que nuestra mente tiene un poder profundo para influir en nuestra salud física. Ambos autores enfatizan la importancia de la conexión mente-cuerpo, reconociendo que ambas están íntimamente conectadas y que los pensamientos, emociones y creencias pueden afectar nuestra biología. Dispenza explora a fondo el efecto placebo y cómo nuestras expectativas y creencias pueden influir en los resultados de los tratamientos médicos.

Servan-Schreiber, aunque no se centra tanto en este concepto, también reconoce la importancia de la mente en la curación. Sin embargo, como enfoques complementarios, se puede señalar que ambos autores promueven la integración de la medicina convencional con prácticas complementarias como la meditación, el yoga y la nutrición para abordar la salud de manera holística. Abordan, además, el tratamiento del cáncer desde una perspectiva integral, combinando la medicina convencional con enfoques complementarios.

Esta visión se alinea perfectamente con los conceptos de Dispenza sobre el poder de la mente y la importancia de un enfoque integral para la salud. Ambos autores nos sugieren que la mente puede ser una poderosa herramienta terapéutica en el tratamiento del cáncer, al cultivar pensamientos positivos, practicar técnicas de relajación y visualizar la curación, provocando con ello la activación de mecanismos de curación en el cuerpo.

La importancia del enfoque holístico que hacen ambos autores enfatiza la relevancia de abordar la salud de manera integral, teniendo en cuenta no solo los aspectos físicos, sino también los emocionales, mentales y espirituales. Nos ofrecen perspectivas valiosas sobre el papel de la mente en la salud y el bienestar, al combinar la medicina convencional con prácticas complementarias y el cultivo de una mente positiva, lo cual resulta muy beneficioso para las personas que enfrentan el cáncer.

Las enseñanzas de Dispenza, especialmente sobre la neuroplasticidad y el poder de la mente para reconfigurar el cerebro, se transforman en una herramienta poderosa para las personas que viven con cáncer. Este autor enfatiza la importancia de la visualización para crear nuevas conexiones neuronales. Visualizar la salud, la curación y el bienestar puede ayudar a reducir el estrés y fortalecer el sistema inmunológico.

Al cambiar nuestra percepción de la enfermedad y adoptar una nueva identidad como personas sanas y fuertes, podemos influir en nuestros hábitos y comportamientos, promoviendo así la curación y cambiando nuestra respuesta biológica ante la enfermedad.

Las prácticas de meditación y *mindfulness* ayudan a calmar la mente, reducir la ansiedad y aumentar la conciencia corporal. Al estar más presentes en el cuerpo, podemos identificar y gestionar mejor el dolor y otros síntomas; además, pueden complementar de manera efectiva los tratamientos convencionales para el cáncer.

Finalmente, quisiera agregar en este capítulo una pregunta que me he planteado al estudiar un poco la genética de poblaciones, con fines de conservación de los moluscos bivalvos bentónicos que estudio. Leyendo libros sobre este tema, encuentro que el término gen (porción de ADN), utilizado para designar un factor hereditario, sea cual sea su dimensión, ocupa un lugar preciso en el cromosoma denominado *locus*. Además, cualquier gen puede ser transformado, por mutación, en un gen diferente que ocupa el mismo locus, y también una de varias formas alternas o variantes de las secuencias de ADN de un gen específico se denomina *alelo* (Binder, 1970; Pérez, 1996).

Los alelos en una célula diploide provienen uno de cada padre; de manera que los individuos que tienen alelos diferentes en un mismo locus son heterocigotos, mientras que los que poseen alelos idénticos son homocigotos. Además, los individuos heterocigotos en un locus tienen, a menudo, un fenotipo que corresponde a uno de los alelos de ese locus, que es el dominante (el que se expresa); el otro alelo, recesivo, no puede manifestarse y lo hace solo si se encuentra en estado homocigoto (Binder, 1970).

Por otra parte, lo que señala Pérez (1996) respecto a que los alelos los podemos distinguir por sus productos proteicos, generalmente enzimas de diferentes tejidos en un campo eléctrico, donde las formas diferentes de una misma enzima diferenciadas por su movilidad en el campo eléctrico permiten señalar si un locus es monomórfico, si solo una forma de enzima es detectada, o si es polimórfico si dos o más alelos son revelados por la detección de enzimas diferentes.

Agreguemos que los individuos polimórficos tienen una mayor adaptabilidad, al poseer una mayor variabilidad genética que les permite adaptarse a cambios ambientales, enfermedades o nuevos nichos ecológicos. Pueden ser más resistentes a enfermedades, ya que su polimorfismo puede dificultar la propagación de enfermedades infecciosas, teniendo en cuenta que no todos los individuos son susceptibles a los mismos patógenos. Esta característica en los individuos polimórficos se conoce como vigor *híbrido* o *heterosis*.

En base a lo señalado, me hice la siguiente pregunta: ¿hay alguna relación entre individuos heterocigóticos y una mayor supervivencia al cáncer, y sobre qué locus actúa?

Me costó encontrar una respuesta para esta pregunta; sin embargo, lo poco que hallé abre esperanzas para el control futuro de esta enfermedad.

Existe una creciente evidencia en internet que sugiere que los individuos heterocigotos para ciertos alelos pueden presentar una mayor resistencia al desarrollo y progresión de algunos tipos de cáncer. Fenómeno que ya hemos señalado y que se conoce como *heterosis*, *vigor híbrido* o *ventaja heterocigótica*. Se han propuesto varias hipótesis para explicar esta asociación:

- Efecto fundador: En algunas poblaciones, la heterocigosidad para ciertos genes puede ser más frecuente debido a eventos históricos como el efecto fundador. Estos individuos podrían haber heredado alelos que les confieren una ventaja selectiva, incluyendo una mayor resistencia al cáncer.

El efecto fundador es un concepto clave en genética de poblaciones y se refiere a un fenómeno que ocurre cuando un pequeño grupo de individuos se separa de una población más grande y establece una nueva colonia en un lugar diferente. Al ser un grupo reducido, la nueva población lleva consigo solo una pequeña muestra del acervo genético de la población original. Esto significa que muchos alelos pueden perderse en el proceso, reduciendo la diversidad genética en la nueva población. Sin embargo, los alelos que eran poco comunes en la población original pueden ser más frecuentes en la nueva población, simplemente por azar.

Esto puede llevar a la fijación de alelos que eran desventajosos en la población original, pero que ahora se vuelven comunes en la nueva población. Con el tiempo, la nueva población puede desarrollar características únicas que la distinguen de la población original, debido a la deriva genética y a la selección natural que actúan sobre un acervo genético más reducido.

El efecto fundador puede acelerar el proceso de evolución, ya que la deriva genética puede causar cambios rápidos en las frecuencias alélicas en poblaciones pequeñas.

En algunas poblaciones humanas, el efecto fundador se ha relacionado con la alta frecuencia de ciertas enfermedades genéticas, que pueden ser el resultado de la fijación de alelos deletéreos en la población fundadora.

Por tanto, comprender el efecto fundador es crucial para la conservación de especies amenazadas, ya que las poblaciones pequeñas son más vulnerables a este fenómeno y pueden perder rápidamente su diversidad genética. En resumen, el efecto fundador es un proceso importante en la evolución que puede tener consecuencias significativas para las poblaciones pequeñas. Al reducir la variabilidad genética, puede hacer que las poblaciones sean más vulnerables a los cambios ambientales y a las enfermedades.

- **Dominancia incompleta**: En algunos casos, los alelos mutantes pueden tener efectos deletéreos cuando están en homocigosis, pero pueden tener efectos menos severos o incluso beneficiosos cuando están en heterocigosis. Esto se debe a que el alelo normal puede compensar parcialmente la función del alelo mutante.
- **Efecto protector**: Algunos alelos heterocigotos pueden codificar proteínas con funciones protectoras, como la reparación del ADN o la regulación del ciclo celular. Estas proteínas pueden ayudar a prevenir la acumulación de mutaciones y el desarrollo de células cancerosas.

La respuesta respecto a en qué locus actúa es compleja y depende del tipo de cáncer y de los genes involucrados. Se han identificado varios genes en los que la heterocigosidad se ha asociado con una mayor resistencia al cáncer, incluyendo:

- **Genes de reparación del ADN**: Los individuos heterocigotos para genes como *BRCA1* y *BRCA2*, que están involucrados en la reparación del ADN, pueden tener un menor riesgo de desarrollar cáncer de mama y ovario.
- **Genes del sistema inmunológico**: La heterocigosidad en genes del sistema inmunológico puede conferir una mayor capacidad para reconocer y eliminar células cancerosas.
- **Otros genes**: Se han identificado numerosos otros genes en los que la heterocigosidad se ha asociado con una mayor resistencia al cáncer, pero se requiere más investigación para comprender los mecanismos moleculares subyacentes.

Las implicaciones de este tipo de descubrimiento sobre la relación entre heterocigosidad y resistencia al cáncer podrían ser sumamente importantes para su prevención y tratamiento. Por ejemplo, podría permitir el desarrollo de nuevas estrategias de prevención basadas en la identificación de individuos con una mayor susceptibilidad al cáncer. Además, podría ayudar a explicar por qué algunas personas son más resistentes al cáncer que otras y podría conducir al desarrollo de nuevos tratamientos.

La heterocigosidad puede conferir una ventaja selectiva en algunos casos, incluyendo una mayor resistencia al cáncer. Sin embargo, los mecanismos moleculares subyacentes aún no se comprenden completamente y se requieren más investigaciones para entender el papel de la heterocigosidad en la prevención y el tratamiento del cáncer.

Otra pregunta relacionada con el tema surgió mientras trabajaba en la producción de larvas de ascidias (tunicados) del norte de Chile, con fines formativos para los estudiantes en la universidad donde trabajo. Para ello, busqué información sobre su desarrollo embrionario y metamorfosis, ya que me llamaba la atención que, en algunas especies, al acercarse a la metamorfosis, su cola comenzaba a vaciarse en la parte distal, desapareciendo completamente junto a la notocorda, que en ese estadio es la estructura que los acerca a los vertebrados.

Agreguemos que la notocorda es una estructura ancestral que ha sido fundamental en la evolución de los vertebrados. Aunque en muchas especies adultas, incluyéndonos, ha sido reemplazada por la columna vertebral, su presencia en el desarrollo embrionario y su papel en la formación del sistema nervioso central son una clara evidencia de su importancia en la historia evolutiva de los vertebrados, incluyendo nuestro propio grupo.

Los tunicados, a los cuales pertenece la especie *Pyura chilensis* (el piure que tanto nos gusta consumir a los chilenos), son invertebrados coloniales o solitarios. Las ascidias solitarias pueden caracterizarse por rasgos típicos como un individuo adulto sésil que presenta dos sifones (uno inhalante y otro exhalante, que permiten la circulación del agua de mar), una faringe sostenida por un endostilo y una gran estructura de cesta branquial. Estos organismos han contribuido notablemente a los estudios de biología del desarrollo y biología celular, puesto que son un grupo hermano de los vertebrados y, como hemos señalado, en su estadio larval presentan notocorda (estructura embrionaria derivada del endodermo que actúa como inductor del sistema nervioso y eje para la formación del esqueleto axial).

Las larvas, denominadas «larvas renacuajo», en algunos tunicados como *Ciona*, nadan durante períodos más largos y con mayor frecuencia durante las primeras horas después de la eclosión. El comportamiento de natación cambia durante la fase de natación libre y pasa de ser fotopositivo (nadando en la superficie donde hay luz) a fotonegativo (en un ambiente más oscuro) durante el período premetamórfico. La competencia para la metamorfosis se adquiere unas horas después de la eclosión (8-12 horas en el caso de *Ciona intestinalis*) y conduce a la búsqueda de un sustrato por parte de las larvas.

Uno de los eventos más dramáticos de este proceso es la regresión de la cola de la larva, que ocurre unas horas después de la adhesión, para lo cual se han informado dos mecanismos no excluyentes: el primero involucra las propiedades contráctiles de la capa epitelial de la cola o las células de la notocorda; el segundo implica una muerte celular apoptótica masiva de casi todas las células que componen la cola, observada en *C. intestinalis* (Chambon et al., 2002; Tarallo y Sordino, 2004) y *Molgula oculata* (Jeffery, 2002).

Recientemente, utilizando microscopía en vivo, se observaron ambos mecanismos durante la regresión de la cola de *Ciona intestinalis*, y parecen ser secuenciales, ya que la contracción inicial de la punta de la cola precede a la apoptosis (Krasovec et al., 2019). La apoptosis parece ser la fuerza impulsora de la regresión de la cola en ascidias solitarias y afecta a casi todos los tipos de células que la componen (las células de la túnica, epidérmicas, notocorda, musculares de la cola y del sistema nervioso central). La característica más notable es que a través de imágenes secuenciales *TUNEL*, se ha confirmado in vivo que la apoptosis comienza en la punta de la cola y continúa hasta la base de la cola mediante una onda anteroposterior perfecta (Chambon et al., 2002; Krasovec et al., 2019).

Este vaciamiento observado en la cola, que no correspondía a una regresión celular, sino a un proceso de apoptosis como se ha señalado, me llevó a preguntarme, como enfermo de cáncer, considerando que las ascidias están ayudándonos a comprender la biología del desarrollo y la biología celular: ¿hay investigaciones que apunten a comprender los mecanismos de esta apoptosis? ¿Se podrá descubrir alguna sustancia involucrada que reactive la apoptosis perdida por nuestra enfermedad?

Esto es lo que encontré y quiero compartir con ustedes:

La metamorfosis de las larvas de tunicados, durante la cual pierden la cola por apoptosis, representa un modelo biológico muy interesante y único. Este proceso altamente regulado y esencial para el desarrollo del organismo adulto ha sido estudiado en profundidad, identificándose genes y proteínas clave involucradas en la inducción y ejecución de la apoptosis en estas larvas.

La idea de aprovechar los mecanismos de apoptosis en tunicados para desarrollar nuevas terapias contra el cáncer es tentadora, pero de existir investigaciones sobre ello, estas se abordan con mucha cautela. Ello se debe a que, aunque la apoptosis es un proceso fundamental en todos los organismos multicelulares, existen diferencias significativas en los mecanismos moleculares que la regulan entre diferentes especies. Por lo tanto, extrapolar directamente los hallazgos obtenidos en tunicados a humanos no es sencillo.

Por otro lado, el cáncer es una enfermedad heterogénea y compleja, caracterizada por una gran diversidad de alteraciones genéticas y moleculares. Desarrollar una terapia basada en la inducción de apoptosis que sea eficaz para todos los tipos de cáncer es un desafío inmenso.

Sin embargo, el estudio de la apoptosis en tunicados puede abrir nuevas vías de investigación en el campo de la oncología. Por ejemplo, el análisis de los genes y las proteínas involucrados en la apoptosis en tunicados podría llevar a la identificación de nuevas moléculas que podrían ser blanco de fármacos anticancerígenos.

Por otro lado, las larvas de tunicados podrían servir como modelos experimentales para estudiar los mecanismos moleculares de la apoptosis y evaluar la eficacia de nuevas terapias. Si bien la apoptosis en larvas de tunicados es un fenómeno interesante y con un gran potencial para la investigación biomédica, es importante tener en cuenta las limitaciones y complejidades asociadas con la traducción de estos hallazgos al campo clínico.

No obstante, en esta revisión bibliográfica realizada para responder mi pregunta, encontré que en el trabajo de Biasuz, et al.

(2021), estos autores señalan que las ascidias producen una variedad de metabolitos secundarios con potenciales propiedades terapéuticas en medicina humana, con una gama de actividades biológicas tales como citotoxicidad, actividades antibióticas e inmunosupresoras, inhibición de topoisomerasas y quinasas dependientes de ciclinas. Además, mencionan que la ecteinascidina, aislada a partir de la especie de tunicado *Ecteinascidia turbinata*, actualmente se utiliza como fármaco contra el cáncer para tratar el sarcoma de tejidos blandos y el cáncer de ovario.

El mecanismo de acción de la ecteinascidina es el de un compuesto marino anticancerígeno que se centra en interferir con la replicación del ADN de las células cancerosas, actuando a nivel molecular de la siguiente manera:

- **Alquilación del ADN**: Se une covalentemente al ADN, formando aductos que distorsionan su estructura. Un grupo alquilo es una molécula de alcano a la que le falta un átomo de hidrógeno.
- **Inhibición de la topoisomerasa I**: Impide la función de esta enzima esencial para la replicación y reparación del ADN. La topoisomerasa I introduce cortes temporales en una de las hebras del ADN para aliviar la tensión torsional generada durante la replicación. La ecteinascidina estabiliza el complejo ADN-topoisomerasa I, evitando que se vuelva a unir y causando roturas dobles en el ADN.
- **Inducción de apoptosis**: Las roturas del ADN inducidas por la ecteinascidina activan una cascada de eventos que conducen a la apoptosis, o muerte celular programada, de las células cancerosas.

La ecteinascidina es considerada de alta especificidad contra el cáncer porque se dirige específicamente a las células cancerosas en rápida división, que tienen una mayor demanda de replicación del ADN. Posee también una potente actividad antitumoral; incluso a bajas concentraciones, la ecteinascidina puede inducir una muerte celular significativa en las células cancerosas. Además, tiene un amplio espectro de actividad, demostrando eficacia contra una variedad de tipos de cáncer, incluyendo sarcomas de tejidos blandos y cáncer de ovario.

Sin embargo, una de sus mayores limitaciones y desafíos, a pesar de sus prometedoras propiedades, es su disponibilidad limitada. La extracción de la ecteinascidina a partir de fuentes naturales es un proceso costoso y poco eficiente; no obstante, esto puede mejorarse con la acuicultura y la producción artificial en laboratorios. Agreguemos que la aplidina es otro compuesto derivado de ascidias marinas con actividad antitumoral. Este compuesto, y muchos otros, están siendo estudiados en profundidad para comprender sus mecanismos de acción y desarrollar nuevos tratamientos contra el cáncer.

La túnica de los tunicados, por ejemplo, es una fuente rica en polisacáridos y otros compuestos bioactivos. Estos compuestos podrían tener propiedades moduladoras del sistema inmunológico o antiinflamatorias, que indirectamente podrían influir en el desarrollo de ciertas enfermedades, incluido el cáncer. Por ello, actualmente se llevan a cabo investigaciones para comprender mejor la composición química de la túnica de los tunicados y explorar su potencial terapéutico. Es posible que en el futuro se descubran nuevos compuestos bioactivos con propiedades anticancerígenas.

Espero de corazón que esta información, un poco fuera del contexto de este capítulo, pueda ser de ayuda a algunos de mis lectores. Y pido disculpas sinceras a quienes no les interese.

Capítulo 8

Apoyos estatales a enfermos de cáncer

Todo lo que el Estado de Chile establece como política para ayudar a los enfermos y enfrentar el cáncer ha sido plasmado en el *Plan Nacional de Cáncer 2018-2028*, presentado por el Dr. Emilio Santelices Cuevas, Ministro de Salud durante el período 2018–2019. Este plan trataré de resumir en el presente capítulo, pues considero que es de suma importancia conocer qué es lo que nos brinda el Estado de Chile, con los dineros de todos nosotros los contribuyentes, para paliar esta enfermedad.

En su presentación, el ministro señala que, por su incidencia, el Servicio de Salud de Chile entiende el cáncer como un problema de salud pública indiscutible en cualquier contexto en el que ocurra. Igualmente, estima que, por los costos involucrados en su abordaje, es también un importante problema social y económico, con repercusiones y costos que afectan a las personas, sus familias y comunidades, así como al sistema de salud y al país en su conjunto.

Visto así, el propósito de ese ministerio es contar con un Plan Nacional de Cáncer y su respectivo Plan de Acción, que permitan implementar estrategias para alcanzar los objetivos propuestos para la atención oportuna de esta patología en todo el país, con una mirada integral de cómo el Estado enfrenta la enfermedad, incluyendo la promoción de la salud, prevención, detección precoz, diagnóstico oportuno de la enfermedad, tratamiento adecuado, cuidados paliativos, seguimiento y rehabilitación, garantizando el acceso a la atención que involucre al conjunto de la sociedad chilena.

En su introducción y fundamentos, el plan señala: «actualmente, en el mundo, el cáncer produce millones de muertes al año, generando altos costos económicos y sociales, tanto por los valores asignados al tratamiento, como por el compromiso que genera en la productividad laboral de las personas afectadas y de su entorno familiar y/o cuidadores».

Reconoce que el cáncer está asociado a determinantes sociales de la salud, tales como nivel socioeconómico, nivel educacional, condiciones laborales, calidad de recursos básicos como el agua y diversos servicios sanitarios, factores de riesgo como la mala nutrición o estilos de vida no saludables, además de condiciones estructurales asociadas a políticas públicas, socioeconómicas, culturales y medioambientales. Esto permite evidenciar marcadas inequidades en la distribución de esta patología, lo que complejiza su abordaje, dado que es posible observar regiones con mayor mortalidad por ciertos tipos de cáncer, así como diferencias entre hombres y mujeres.

El plan también denota que, en la actualidad, el cáncer es la segunda causa de muerte a nivel nacional; sin embargo, en algunas regiones del país ya es la primera, superando a las causadas por problemas relacionados con el sistema circulatorio. Se proyecta que durante el próximo decenio se convierta en la principal causa de muerte en Chile, afectando principalmente a las mujeres.

Para abordar el cáncer, el sistema sanitario chileno reconoce que debe contar con estrategias de promoción orientadas a la población sana, así como con estrategias de prevención adecuadas a la epidemiología local, que provean a las personas y familias afectadas de un manejo oportuno y de calidad.

Reconoce también que estas estrategias no solo son competencia del Ministerio de Salud, sino también de otras carteras, tales como el Ministerio de Desarrollo Social, Ministerio del Deporte, Ministerio de Educación, Ministerio del Medio Ambiente, la Comisión Nacional de Investigación Científica y Tecnológica (CONICYT) y el Ministerio de Ciencias y Tecnologías, entre otros. Incluye también a las diversas organizaciones de la sociedad civil, como universidades, fundaciones, centros de investigación, consejos consultivos, organizaciones de pacientes y otras organizaciones no gubernamentales (ONG) relacionadas con el cáncer en Chile.

En este sentido, el plan menciona que la Organización Mundial de la Salud (OMS) ha recomendado adoptar líneas estratégicas básicas para implementar planes nacionales orientados a controlar el cáncer, haciendo énfasis en la promoción, prevención, detección temprana, diagnóstico, tratamiento de alta calidad, alivio del dolor y cuidados paliativos, seguimiento, investigación científica y vigilancia epidemiológica. Por otro lado, la Organización Panamericana de la Salud (OPS) pone énfasis en la aplicación de programas de relevancia regional, como el cáncer cervicouterino, y en la operacionalización ejecutiva de los planes locales.

El marco global del plan señala que la OMS ha planteado que las líneas estratégicas para el control del cáncer deben necesariamente vincular los esfuerzos dirigidos a la prevención de las enfermedades crónicas de forma global.

En esta línea, la organización sanitaria multilateral ha explicitado al menos seis líneas de aproximación al control de las patologías neoplásicas, que se indican a continuación:

1. **Prevención**: Considerando actividades para abordar el consumo de tabaco, controlar el uso y abuso de alcohol, promover una alimentación saludable y controlar infecciones relacionadas etiológicamente con ciertos tipos de neoplasias.

2. **Detección temprana**: Con énfasis en el tamizaje adaptado a la realidad local.

3. **Diagnóstico y tratamiento**: Con énfasis en proveer los recursos humanos y tecnologías necesarias para la correcta detección y manejo, teniendo en cuenta los patrones regionales de comportamiento de las enfermedades.

4. **Alivio del dolor y cuidados paliativos**: Se promueve que los principios del sistema de cuidados paliativos deben aplicarse tan temprano como sea posible a todo paciente afectado por una enfermedad crónica potencialmente fatal. Esta propuesta se fundamenta en que las problemáticas de más difícil manejo al final de la vida tienen su origen en etapas más tempranas de la historia de la enfermedad, cuando su manejo terapéutico es más sencillo y exitoso.

Es importante señalar que los cuidados paliativos son un enfoque integral para el cuidado de pacientes con enfermedades graves, como el cáncer, y se centran en mejorar su calidad de vida y la de sus familias. Los cuidados paliativos no son lo mismo que la eutanasia o el suicidio asistido; estos cuidados buscan aliviar el dolor y el sufrimiento, mientras que la eutanasia y el suicidio asistido buscan poner fin a la vida.

Los cuidados paliativos pueden brindarse en cualquier etapa de la enfermedad, desde el momento del diagnóstico hasta el final de la vida. Estos cuidados incluyen alivio del dolor y otros síntomas como la náusea, la fatiga, la ansiedad y la depresión.

También brinda apoyo emocional y espiritual, ayudando a los pacientes y a sus familias a afrontar las emociones difíciles que acompañan la enfermedad. Ofrece atención social y práctica, apoyando a los pacientes y sus familias a lidiar con los aspectos prácticos de la enfermedad, como el cuidado personal, el transporte y los problemas financieros. Además, ofrece atención al final de la vida, asistiendo a los pacientes y sus familias a prepararse para la muerte y a morir con dignidad.

Estos cuidados son proporcionados por un equipo de profesionales de la salud, que incluye médicos, enfermeras, trabajadores sociales, psicólogos y otros. Se pueden brindar en una variedad de entornos, incluidos hospitales, clínicas, hogares de ancianos y domicilios, y son un componente esencial de la atención médica para pacientes con cáncer.

Dentro de sus beneficios podemos señalar que mejoran la calidad de vida de los pacientes y sus familias; reducen el dolor y otros síntomas; ayudan a los pacientes a vivir más tiempo con su enfermedad; y ayudan a los pacientes a morir con dignidad, entre otros.

5. **Investigación**: Considerando las distintas etapas que van desde los aspectos biomédicos básicos hasta la evaluación poblacional de la aplicación de políticas de salud.

6. **Vigilancia epidemiológica del cáncer**: Basada en la estructura de una agencia central que sistematice los datos nacionales.

Por otro lado, la OCDE, con una mirada que pone énfasis en las políticas públicas para el desarrollo, ha sugerido la aplicación de cuatro líneas de acción de forma permanente para optimizar los resultados de los países afiliados en esta área. Estas son:

1. Disponer de los recursos adecuados y su uso efectivo en el cuidado de la persona con cáncer, con énfasis en el buen manejo de los recursos, independientemente del volumen que cada nación destine a este objetivo sanitario.

2. Asegurar que el manejo del cáncer sea de alta calidad técnica y rápidamente accesible para las personas afectadas.

3. Realizar mejoras continuas en los servicios, fortaleciendo la gobernanza del sistema de manejo del cáncer, teniendo como piedra fundamental la existencia de Planes Nacionales de Control del Cáncer como el que exponemos en este capítulo.

4. Monitorear y establecer metas de rendimiento, asegurando la adecuada disponibilidad de los datos poblacionales de manejo del cáncer, con el fin de priorizar y mejorar el cuidado.

El pronóstico de muertes por cáncer que plantea este Plan Nacional de Cáncer es que, en el año 2016, el cáncer en Chile fue la segunda causa de muerte, después de las enfermedades del sistema circulatorio; sin embargo, cada año mueren más personas por cáncer, y se esperaba que hacia el año 2023 el cáncer fuera la primera causa de muerte en el país según sus proyecciones de mortalidad.

Este plan también indica que la distribución del cáncer por zona geográfica en nuestro país, según el Registro Poblacional de Cáncer, revela que existen diferencias en su incidencia entre las distintas regiones del país. Al analizar la mortalidad por región, se señalan siete regiones en las que la tasa de cáncer supera la tasa de mortalidad por enfermedades del sistema circulatorio. Estas son Arica y Parinacota, Tarapacá, Antofagasta, Maule, Biobío, Los Lagos y Aysén.

En el norte de Chile destaca la mayor incidencia de cánceres, probablemente asociados a factores ambientales, como la exposición a arsénico. En cambio, en las regiones del sur, los de mayor riesgo son los cánceres de los órganos digestivos. Al comparar las estimaciones de cáncer según regiones del país, se observan diferencias entre regiones. Es así como se identificaron las regiones de Antofagasta y de Los Ríos como las que muestran tasas de incidencia superiores a la tasa nacional en el caso de los hombres. En cambio, en las mujeres, las regiones de Magallanes y Los Ríos presentaron las tasas más altas.

El plan también indica cómo acceder a servicios, señalando que las patologías oncológicas afectan a distintos grupos de la población, por lo que es posible encontrar demanda por prestaciones de salud para cáncer con diversas magnitudes a nivel de la comunidad. Según los datos generados por el Instituto Nacional de Estadística en el año 2017, la población general en Chile ascendía a 17 574 003, de los cuales 13 382 856 personas correspondían a usuarios de FONASA, lo que representa un 79,2 % de los habitantes.

De este 79,2 %, en el año 2017, el 19 % correspondía a menores de 15 años, el 68 % tenía entre 15 y 64 años y el 13 % tenía 65 o más años. Estos datos permitían concluir que la edad es uno de los principales factores de riesgo en la distribución de este problema de salud, ya que aproximadamente el 60 % de los casos de cáncer ocurren en mayores de 65 años, grupo en el que también se observa la mayor mortalidad.

Los diversos tipos de cáncer afectan a diferentes grupos de habitantes y muestran ciertas especificidades que permiten describir la demanda por servicios de salud. Por ejemplo, en las mujeres, los cánceres con mayor incidencia son el de mama, el colorrectal y el de cuello cervicouterino; en los hombres, los tres primeros lugares son los de próstata, estómago y colorrectal.

Como antecedente, la población FONASA accede a prestaciones de servicios en todos los niveles de complejidad de la red asistencial. Desde la atención primaria, donde el enfoque es la promoción y prevención del cáncer, encontrando en este nivel, además, acciones relacionadas con tamizaje y sospecha precoz; en el nivel secundario, la oferta incluye diagnóstico, tratamiento ambulatorio, rehabilitación y cuidados paliativos; mientras que en el nivel terciario se encuentra la oferta de mayor complejidad, orientada a los tratamientos más intensivos.

El acceso se realiza según el flujo de derivación de la red, tanto para cánceres incluidos en el programa de Garantías Explícitas en Salud (GES) como para aquellos que tienen otras vías de financiamiento.

Mientras que, para los casos en que la oferta pública es insuficiente, se realizan gestiones para la compra a instituciones privadas a través de convenios con el Estado.

¿Qué es la Garantía Explícita en Salud (GES)?

«El Ministerio de Salud de Chile, el año 2002 acuñó el término "AUGE", con el cual nombraría el nuevo Sistema de Garantías que se incluirían en la reforma de salud. De acuerdo a la Ley 19.966, el Régimen General de Garantías establece las prestaciones de carácter promocional, preventivo, curativo, de rehabilitación y paliativo, y los programas que el Fondo Nacional de Salud deberá cubrir a sus respectivos beneficiarios». Estas garantías incluidas en el Régimen son consideradas un derecho de la población, por lo que sus beneficiarios pueden exigirlas independientemente del plan de aseguramiento al que se afilie.

Desde los comienzos del Régimen, se ha priorizado una lista creciente de problemas de salud. El primer decreto del año 2005 incluyó 25 patologías, las que han aumentado a 80 en el último decreto disponible. Actualmente, el programa incluye 14 condiciones de salud asociadas al cáncer, que se indican a continuación:

Primer grupo de cánceres incluidos, según Decreto N°170 del año 2005

- PS 03. Cáncer cervicouterino.
- PS 04. Alivio del dolor y cuidados paliativos por cáncer avanzado.
- PS 08. Cáncer de mama.
- PS 14. Cánceres infantiles.
- PS 16. Cáncer de testículo (adultos).
- PS 17. Linfoma en personas de 15 años y más.

Segundo grupo. Decreto N°2 del año 2006

- PS 26. Colecistectomía preventiva del cáncer de vesícula (35 a 49 años).

- PS 27. Cáncer gástrico.
- PS 28. Cáncer de próstata.

Tercer grupo. Decreto N° 44 del año 2007

- PS 45. Leucemia en población mayor de 15 años.

Incorporación de cinco nuevas patologías. Decreto N°4 del año 2013

- PS 70. Cáncer colorrectal.
- PS 71. Cáncer de ovario epitelial.
- PS 72. Cáncer de vejiga.
- PS 73. Osteosarcoma.

La Norma Técnico Administrativa para el cumplimiento de las Garantías Explícitas en salud de la Ley 19.966 del año 2013, especifica los detalles de las coberturas incluidas en el decreto vigente GES, por grupo de prestaciones para cada problema de salud. En general, se contemplan las siguientes etapas:

- **Tamizaje**: Estrategia para detectar una enfermedad en una población presuntamente sana, con el objeto de lograr una detección precoz.
- **Diagnóstico**: Procedimiento realizado para confirmar o descartar la sospecha de un cáncer. Estos procedimientos varían en su complejidad, dependiendo del problema de salud garantizado.
- **Etapificación/estudio**: Se realiza una vez confirmada la existencia de un cáncer para determinar la etapa de desarrollo en que este se encuentra.
- **Tratamiento**: Incluye uno o más de los siguientes tipos: cirugía, quimioterapia, radioterapia, hormonoterapia, terapias biológicas u otras terapias de apoyo. Dependiendo

del tipo y complejidad de cáncer, las terapias pueden usarse de manera secuencial o concomitante.

- **Seguimiento**: Incluye todas las prestaciones que se realizan una vez finalizado el tratamiento.

Atenciones en cáncer no GES

La **Ley Ricarte Soto** corresponde a un sistema de protección financiera para diagnósticos y tratamientos de alto costo asociados a un determinado problema de salud. Este sistema es de carácter universal, constituyendo un derecho para todos los ciudadanos adscritos a un seguro de salud, independiente de su sistema previsional, otorgando una cobertura del 100 % de financiamiento del diagnóstico y tratamiento a los beneficiarios de esta ley. Este sistema entró en vigencia en diciembre del año 2015.

Dentro de esta ley, los cánceres cuentan con dos garantías:

1. «Para personas con cáncer de mama que sobreexpresen el gen HER2, quienes tienen acceso a tratamiento con Trastuzumab, con garantía de inicio de tratamiento de 20 días desde la validación de la indicación por parte del Comité de Expertos Clínicos del Prestador Aprobado. La importancia de este tratamiento está asociada al aumento de sobrevida global y progresión de la enfermedad en las personas tratadas con el fármaco. Esta garantía entró en vigor en diciembre de 2015, con el primer decreto de esta ley.

2. Para personas con enfermedad progresiva por tumores neuroendocrinos pancreáticos, quienes tienen acceso a tratamiento con Sunitinib o Everolimus, con garantía de inicio de tratamiento a los 15 días desde

la validación de la indicación por parte del Comité de Expertos Clínicos del Prestador Aprobado. Este tratamiento beneficia la sobrevida global de las personas con diagnóstico de tumores neuroendocrinos pancreáticos progresivos y bien diferenciados con enfermedad irresecable (no se puede extirpar mediante cirugía), localmente avanzada y metastásica. Esta garantía entró en vigencia en marzo de 2018, con el tercer decreto de esta ley».

Pago por prestaciones valoradas (PPV)

El sistema de financiamiento de las patologías que no están incluidas en el GES se realiza bajo el arancel que define FONASA para prestaciones valoradas. En el caso de los cánceres, encontramos los siguientes grupos:

- **Quimioterapia** para los siguientes tipos de cáncer:

  - Neoplasia trofoblástica gestacional
  - Cáncer de ovario germinal
  - Cáncer de recto
  - Cáncer colorrectal y rectal, etapas III y IV
  - Cáncer anal
  - Mieloma múltiple
  - Mieloma refractario
  - Osteosarcoma metastásico
  - Sarcoma de Ewing
  - Cáncer de pulmón de células no pequeñas no mutadas
  - Cáncer de pulmón de células no pequeñas mutadas
  - Cáncer de pulmón de células pequeñas

- **Cirugías** en los siguientes casos:

  - Sarcoma de Ewing en adultos
  - Osteosarcoma infantil
  - Reconstrucción compleja microquirúrgica en patología de cabeza y cuello
  - Tumores malignos de la piel
  - Tumores de la vía aérea
  - Cáncer pulmonar
  - Tumores hepáticos

- **Radioterapia** en sus distintas modalidades.

Auxilio extraordinario

El auxilio extraordinario es un fondo de cobertura nacional que tiene por objeto financiar una prestación médica no sostenible por el paciente o su familia, indicada en modalidad institucional por los niveles secundarios y terciarios del Sistema Público de Salud y que no está contemplada en el arancel de FONASA, ni disponible en los presupuestos de las entidades del Sistema Nacional de los Servicios de Salud u organismos autónomos. De las solicitudes recibidas para financiamiento vía auxilio extraordinario, en cinco años se ha otorgado financiamiento a 707 personas que padecían los siguientes tipos de cáncer:

- Cáncer (carcinoma)
- Cáncer renal
- Cáncer de colon
- Cáncer de pulmón
- Cáncer de recto
- Cáncer de páncreas
- Cáncer vesicular
- Cáncer vesicular biliar

- Cáncer de endometrio
- Cáncer de ovario
- Cáncer de endometrio metastásico KPS 100 %
- Cáncer biliar
- Cáncer de recto avanzado
- Cáncer hepático
- Cáncer maxilofacial
- Melanoma de piel
- Cáncer cervicouterino
- Cáncer de cérvix
- Cáncer de mama
- Cáncer de próstata
- Cáncer de esófago
- Cáncer gástrico
- Cáncer testicular

Sistemas de apoyo existentes en la red de salud pública en oncología en Chile, según el Plan Nacional del Cáncer

- **Sistema de apoyo diagnóstico y terapéutico**: Estos incluyen servicios de diagnóstico por imagen, medicina nuclear diagnóstica y terapéutica, electrofisiología diagnóstica y terapéutica, endoscopias, servicio de laboratorio, hemodinámica y patología clínica. Deben integrarse de manera transversal en todas las redes, incorporando estándares de calidad y distribuyéndose óptimamente en los territorios locales y macrorregionales. Este plan también incorpora la coordinación intraestablecimiento, intra e interservicios, con centros derivadores (atención primaria de salud, nivel secundario, nivel terciario) incluyendo unidades de apoyo.

- **Sistema de asistencia farmacéutica o farmacia oncológica**: Define todo lo relacionado e integrado entre acciones farmacéuticas y el paciente oncológico, de acuerdo con los protocolos de cáncer del adulto y cáncer infantil, especificando el quehacer integrado y las actividades según niveles de atención. Incluye la selección, programación, adquisición, almacenamiento, preparación, distribución y dispensación de medicamentos, así como la dosificación, monitorización, identificación de efectos adversos, eficiencia económica y gestión continua del seguimiento fármaco-terapéutico, la validación de la prescripción, la adherencia al tratamiento, la conciliación de medicamentos y la fármaco-vigilancia.

- **Sistemas de información en salud**: Esto involucra el Departamento de Estadísticas en Salud (DEIS), que es un referente técnico-estadístico en la producción de información y estadísticas de salud a nivel nacional e internacional, para contribuir al mejoramiento de la salud de la población chilena. Está constituido por tres áreas funcionales:

  - Área de Producción de Estadísticas en Salud
  - Área de Análisis y Estándares
  - Área de Proyectos de Estadística e Información de Salud

Dentro de los sistemas de información establecidos por este plan, destacan:

- **Sistema de Información para la Gestión de Garantías Explícitas de Salud (SIGGES)**: Diseñado para monitorear el cumplimiento de las garantías de oportunidad establecidas por los Decretos GES, se alimenta de datos que provienen de formularios diseñados para este propósito.

- **Registro Poblacional de Cáncer (RPC)**: Estos registros recogen información de todos los casos nuevos de cáncer, con el fin de establecer su incidencia y el riesgo poblacional de presentarlo. Son considerados por la OMS y por su Agencia Internacional de Investigación sobre el Cáncer (IARC) como el «gold estándar» para la entrega de información epidemiológica. En Chile, los RPC que funcionan se encuentran en la Región de Antofagasta, Región de Los Ríos, Provincia de Biobío, Provincia de Concepción, Región de Arica, Región de Maule y Registro Nacional de Cáncer Infantil.

Este plan también se fundamenta en los cuidados paliativos que deben recibir los pacientes de cáncer, indicando que la OMS tiene, desde el 2014, dentro de sus lineamientos estratégicos, la recomendación de incluir los cuidados paliativos en los sistemas de salud como un elemento continuo de atención de quienes padecen enfermedades crónicas, vinculando dichos cuidados con los programas de prevención, detección precoz y seguimiento.

Agrega, además, que en Chile el Programa de Cuidados Paliativos ha sido impulsado desde el año 1985 por el Ministerio de Salud, desarrollándose estrategias de atención integral para las personas con cáncer avanzado. Actualmente, los cuidados paliativos oncológicos cuentan con financiamiento garantizado desde el año 2005, luego de ser incluidos como problema de salud en la Ley AUGE. De esta forma, las prestaciones sanitarias tienen incluida la garantía de acceso en cinco días para tratamiento luego de confirmado el diagnóstico. Este financiamiento incluye alivio del dolor y cuidados paliativos por cáncer progresivo y alivio del dolor por cáncer no progresivo.

El Plan contempla también el seguimiento clínico de las personas con cáncer, que tiene relación con controlar los efectos secundarios, detectar precozmente las posibles recaídas y/o recidivas, y ofrecer a la persona una continuidad de la atención en el tiempo. Sin embargo, dadas las características del manejo de estas personas que suele ser interdisciplinario, se debe planificar adecuadamente para que no se vuelva redundante e ineficaz.

Los intervalos apropiados de seguimiento para cada paciente varían dependiendo del tipo de cáncer que padece y de las características propias que este posee. En general, las visitas al prestador de salud son más numerosas inmediatamente después del tratamiento, luego se distancian a medida que ha pasado más tiempo desde el inicio del tratamiento, siendo probable que haya curación de la enfermedad. Por lo general, los seguimientos se continúan al menos una vez al año para determinar cualquier tipo de necesidades nuevas que surjan o posibles nuevas intervenciones necesarias. Es necesario un cuidado coordinado entre ambos proveedores, tanto de salud oncológico como primarios, para permitir la transición desde el cuidado de especialidad al cuidado de salud primaria.

Este Plan también se fundamenta en la necesidad de contar con una Red Oncológica que se organiza en el Sistema Público; esta Red es un sistema de atención integrado por todos los nodos y puntos de atención del área oncológica que forman parte de la red general de salud pública en sus niveles de atención primarios, secundarios, terciarios y las eventuales cooperaciones necesarias público-privadas. Su adecuada organización en Red optimiza el servicio y disposición de los recursos, focalizados hacia una atención integral interdisciplinaria con competencias técnicas acordes a las necesidades de salud de quienes la necesiten. Esta red reconoce a la Atención Primaria como el principal nodo integrador.

El Plan Nacional del Cáncer adiciona que actualmente el país cuenta con 25 establecimientos que realizan atención y cuidados oncológicos para adultos; el tipo de integralidad de atención se define de acuerdo al nivel de complejidad de los establecimientos (hospitales) y a las líneas que estos puedan desarrollar, detallada en su cartera de servicios.

Este Plan se fundamenta en la necesidad de un enfoque de Determinantes Sociales y Cáncer, en que considera que la salud de las personas está determinada principalmente por sus condiciones sociales, postulando que las desventajas comienzan antes del nacimiento y se acumulan en el curso de vida de las personas. La OMS identifica tres elementos centrales del modelo de Determinantes sociales:

- Por un lado, el contexto social y político, que abarca múltiples elementos estructurales, culturales y funcionales de un sistema social, difíciles de cuantificar a niveles individuales.
- Determinantes estructurales, que definen la posición socioeconómica de una persona o grupo.
- Determinantes intermedios, que derivan de la estratificación social determinando las diferencias en la exposición y vulnerabilidad de las personas. Dentro de este marco, el sistema de atención de salud es un factor más, pero no el que determina la salud de los individuos.

Estos tres determinantes interactúan con las predisposiciones genéticas de cada sujeto, influyéndose mutuamente. Dentro de estas condiciones están los determinantes estructurales como ser parte de pueblos originarios, la cultura, el género, el nivel de ingreso, la escolaridad y otras condiciones como la vivienda, las condiciones laborales, la extrema ruralidad, condiciones ambientales, dispersión geográfica y el acceso restringido a servicios sanitarios y sociales, los cuales pueden liberar la exposición a factores de riesgo que impactan directamente sobre la salud y calidad de vida de las personas y su acceso a servicios que provocan exposiciones y vulnerabilidades diferenciales frente a factores de riesgo. Concluyéndose que, las circunstancias sociales y económicas tienen impacto en el curso de vida, en la salud, perturbando de modo diferenciado a toda la escala social. A medida que esta escala desciende en el nivel de ingresos y educación, la salud empeora progresivamente.

Así las cosas, quienes se ubican en los más bajos estratos sociales, poseen doble riesgo de padecer enfermedades graves, de no someterse a una atención de salud oportuna y de calidad, comparados con quienes están en los estratos más altos. Entre ambos estratos, los estándares muestran una gradiente social continua que demuestra situaciones de desigualdad e inequidad, que deben ser reconocidas y abordadas con estrategias diferenciadas. Por ello es de suma importancia que se tomen todas las medidas, que permitan mejorar las condiciones de vida cotidiana, acciones que deben comenzar antes del nacimiento, continuar durante la primera y segunda infancia, la adolescencia, y perpetuarse hasta la edad avanzada.

Agrega este Plan, que es importante, además, considerar que las desigualdades sociales en torno a la prevalencia del cáncer implican inequidades en la prevención, incidencia, prevalencia, detección y tratamiento de la persona afectadas por esta enfermedad y sus determinantes. Estas desigualdades que afectan a los determinantes sociales como la ocupación, el ingreso y el nivel educacional, entre otros, permiten que, la mayoría de los ciudadanos socialmente vulnerables posean más probabilidades de desarrollar algún tipo de cáncer, morir producto de este y/o tener una mala calidad de vida sin la oportunidad de cuidados paliativos a lo largo de su vida.

Para intervenir y subsanar estas desigualdades, nace el concepto de equidad en salud, definido como «la ausencia de diferencias injustas y evitables o remediables en salud entre grupos o poblaciones definidos socialmente, económicamente, demográficamente o geográficamente». Lo que se traduce en el acceso, financiamiento y/o la distribución equitativa de servicios de calidad, de acuerdo con las necesidades sanitarias de grupos específicos. La equidad en salud es un valor ligado a los derechos humanos y la justicia social.

Sin embargo, y en este sentido, la OCDE considera que Chile es el país más inequitativo en cuanto a distribución económica. A pesar de su desarrollo económico, las brechas entre la población de mayores ingresos y la de menores ingresos, continúan siendo las más altas de los 34 países de la Organización. Inequidad que se manifiesta no solo en los ingresos económicos, sino, además, en las condiciones de vida, existiendo una correlación entre quienes pertenecen a grupos vulnerables, con la menor calidad y acceso deficiente en temas de educación, salud, vivienda, entre otros.

La respuesta sanitaria de Chile, para disminuir las inequidades y mejoras a la calidad de vida de la población, se estableció en la Estrategia Nacional de Salud formulada para la década 2011-2020, cuyos objetivos sanitarios se mantienen respecto a los formulados en la década anterior, sin embargo, se incorpora ahora el objetivo de calidad, que involucra, mejorar la salud de la población, disminuir las inequidades en salud, aumentar la satisfacción de la población y asegurar la calidad de las prestaciones de salud.

Este Plan Nacional del cáncer, también considera el reconocimiento pleno del ejercicio de los derechos de las personas a lo largo del curso de la vida, permitiendo la toma de decisiones de manera libre e informada en aspectos que les atañen directamente. Y se plantea como uno de sus objetivos, disminuir las barreras de acceso a la atención, facilitando el acceso igualitario y oportuno a diagnóstico, tratamiento, seguimiento, rehabilitación y cuidados paliativos. Para cumplir con este objetivo, señala, que es necesario que todas las personas, independiente de su etnia, sexo, localización geográfica o nivel socioeconómico, posean las mismas oportunidades para acceder a servicios que aminoren el riesgo de desarrollar cáncer, de descubrirlo tempranamente, y de recibir tratamientos de calidad oportunamente a lo largo de todo el curso de vida.

Así las cosas, y luego de haberles presentado un resumen de los fundamentos que erigen este Plan Nacional de Cáncer, veamos lo que nos presenta su Plan de Acción 2018-2028.

Su Plan de Acción nos indica como justificación el análisis crítico de las problemáticas actuales, realizado por la «Comisión Asesora Ministerial en Materias de Cáncer» (Decreto N° 62, del 15 de mayo de 2018), en su calidad de consejo consultivo científico-técnico interdisciplinario, recogidos a partir de lo que se ha planteado en las distintas mesas de trabajo integradas por representantes de las sociedades científicas, instituciones médicas, universidades y la sociedad civil, entre otros actores.

A través de ellas, es posible distinguir las brechas y principales necesidades existentes en oncología desde sus distintos niveles de acción, que identifican la existencia de múltiples nodos críticos que involucran al sistema de salud en la atención oncológica, reflejados en que la organización de la oferta de servicios se manifiesta de manera inequitativa para patologías GES y no GES, en la cual solo las GES cuentan con garantías de acceso, oportunidad, calidad y protección financiera. Se suma a ello, la inequidad de oferta de servicios y recurso humano en oncología, concentrada en las grandes ciudades, no existiendo estándares de accesibilidad, disponibilidad, aceptabilidad y calidad a lo largo del país, lo cual dificulta el acceso y oportunidad de atención a la población general, especialmente a la beneficiaria del sistema público de salud.

Lo señalado afecta una serie de costos económicos, laborales, sociales y emocionales existentes por la patología, no cubiertos ni considerados, frente a desigualdades territoriales que obligan a pacientes y familias a trasladarse largas distancias para recibir atención de calidad. Al evaluar los costos que involucra ser diagnosticado y tratado por cáncer, a partir de un enfoque integral, no solo debe incluirse a quien padece la enfermedad, sino también a quien la cuida.

La visión de este Plan Nacional señala: «Ser un Plan Nacional de Cáncer que garantice una atención de calidad para la población del país, otorgando un acceso oportuno y equitativo a la atención, disminuyendo progresivamente la incidencia y mortalidad por cáncer y mejorando la calidad de vida de las personas, familias y sus comunidades».

Su misión: «El Plan Nacional de Cáncer es capaz de desarrollar acciones destinadas a la promoción, educación, prevención y control del cáncer, basadas en la mejor evidencia científica disponible, considerando los determinantes sociales de la enfermedad, articulando los distintos niveles de atención e intersectorialidad, para garantizar el acceso y la continuidad a la atención de salud de manera oportuna, humanizada y efectiva».

Siendo sus objetivos específicos:

1. Generar una mayor conciencia respecto de la importancia del cáncer y el rol de la sociedad civil en su prevención y tratamiento.

2. Fortalecer en la población estilos de vida saludables, para potenciar su autocuidado a través de la educación en salud, promoción de factores protectores y prevención de factores de riesgo asociados al cáncer mediante estrategias innovadoras, intra e intersectoriales.

3. Favorecer la generación de entornos que permitan a la población gozar de una mejor salud, brindándoles información respecto a los factores de protección y evitando su exposición a elementos ambientales que han sido identificados como factores de riesgo para el cáncer.

4. Mejorar la cobertura de inmunización como estrategias de prevención del cáncer en la población.

5. Mejorar la cobertura de tamizaje, así como la oportunidad y calidad de la confirmación diagnóstica y la articulación con el centro de referencia pertinente.

6. Propender a una atención integral, oportuna y de calidad en el contexto del tratamiento, de acuerdo a la mejor evidencia científica disponible.

7. Garantizar acceso oportuno y atención integral de cuidados paliativos a las personas y su red de apoyo, conforme a la ley N° 19.966, que establece un Régimen de Garantías Explícitas en Salud.

8. Brindar apoyo a los pacientes y sus familias en todo el ciclo de su enfermedad e iniciativas que integren al entorno del paciente a su tratamiento y seguimiento de la enfermedad.

9. Mejorar la gestión de la red, especialmente para dar cumplimiento a las garantías explícitas en salud (GES) en cáncer, sin dejar de lado aquellas condiciones actualmente no cubiertas por GES.

10. Fortalecer el recurso humano en formación y cantidad necesaria para su planificación futura para contar con el equipo humano interdisciplinario calificado requerido por la Red Oncológica Nacional.

11. Fortalecer la Red Oncológica Nacional en aspectos de infraestructura y equipamiento, para asegurar acceso a prestaciones de calidad y oportunas, a todas las personas con cáncer que residen en el territorio nacional, con resolución integral de la mayoría de las personas en la región en la que viven.

12. Fortalecer los sistemas de registro, información y vigilancia epidemiológica del cáncer, de manera de facilitar la generación, calidad y acceso a la información, con el fin de apoyar la toma de decisiones en salud pública.

13. Promover investigación en diversas disciplinas relacionadas con el ámbito de la salud, en particular en temáticas relacionadas con cáncer, de manera que la investigación sea un insumo que permita reducir el impacto del cáncer en la población.

14. Instar por un financiamiento consistente, permanente e incremental, de acuerdo a las necesidades detectadas para la progresión y desarrollo del Plan Nacional de Cáncer.

15. Fortalecer la rectoría, regulación y fiscalización, asegurando la calidad de los procesos clínicos establecidos para diagnóstico y tratamiento de personas con cáncer, así como aseguramiento de los aspectos técnicos y del funcionamiento de los equipos, que permitan asegurar la calidad de las atenciones otorgadas a los usuarios.

Finalmente, el Plan nos presenta el marco jurídico relacionado al derecho de la salud de las personas que padecen de cáncer en Chile, en los cuales se deben mover. Estas normas de derecho han sido divididas según el rango normativo respectivo en este Plan de Acción, y que en los casos más trascendentes he ampliado ligándolos con las leyes y normas con las cuales se integran:

• Constitución política: Constitución Política de la República (Artículo 19 N°9 El derecho a la protección de la salud). El artículo 19 de nuestra Constitución vigente consagra asegurar a todas las personas: «El derecho a la protección de la salud. El Estado protege el libre e igualitario acceso a las acciones de promoción, protección y recuperación de la salud y de rehabilitación del individuo. Le corresponderá, asimismo, la coordinación y control de las acciones relacionadas con la salud. Es deber preferente del Estado garantizar la ejecución de las acciones de salud, sea que se presten a través de instituciones públicas o privadas, en la forma y condiciones que determine la ley, la que podrá establecer cotizaciones obligatorias. Cada persona tendrá el derecho a elegir el sistema de salud al que desee acogerse, sea este estatal o privado». Este artículo de la Constitución se apoya en la Ley 18.469 que regula el Ejercicio del Derecho Constitucional a la Protección de la Salud y crea un régimen de prestaciones de salud. Cuyo Artículo 1° indica que: «El ejercicio del derecho constitucional a la protección de la salud comprende el libre e igualitario acceso a las acciones de promoción, protección y recuperación de la salud y a aquellas que estén destinadas a la rehabilitación del individuo, así como la libertad de elegir el sistema de salud estatal o privado al cual cada persona desee acogerse». Mientras que en su Artículo 28 señala: «Los afiliados, con las excepciones que establece esta ley, deberán contribuir al financiamiento del valor de las prestaciones y atenciones que ellos y los respectivos beneficiarios soliciten y que reciban del Régimen, mediante pago directo, en la proporción y forma que más adelante se indican. El valor de las prestaciones será el que fije el arancel aprobado por los Ministerios de Salud y de Hacienda a proposición del Fondo Nacional de Salud».

Este artículo de la Constitución está íntimamente ligado a la Ley 19.966, que corresponde al Régimen General de Garantías en Salud, donde se incluye el AUGE o GES como lo conocemos. Esta ley en sus artículos 1 y 2 señala: Artículo 1: «El Régimen General de Garantías en Salud, en adelante el Régimen General de Garantías, es un instrumento de regulación sanitaria que forma parte integrante del Régimen de Prestaciones de Salud a que se refiere el artículo 4° de la ley N° 18.469, elaborado de acuerdo al Plan Nacional de Salud y a los recursos de que disponga el país. Establecerá las prestaciones de carácter promocional, preventivo, curativo, de rehabilitación y paliativo, y los programas que el Fondo Nacional de Salud deberá cubrir a sus respectivos beneficiarios, en su modalidad de atención institucional, conforme a lo establecido en la ley N° 18.469». Artículo 2: «El Régimen General de Garantías contendrá, además, Garantías Explícitas en Salud relativas a acceso, calidad, protección financiera y oportunidad con que deben ser otorgadas las prestaciones asociadas a un conjunto priorizado de programas, enfermedades o condiciones de salud que señale el decreto correspondiente. El Fondo Nacional de Salud y las Instituciones de Salud Previsional deberán asegurar obligatoriamente dichas garantías a sus respectivos beneficiarios».

Las Garantías Explícitas en Salud serán constitutivas de derechos para los beneficiarios y su cumplimiento podrá ser exigido por estos ante el Fondo Nacional de Salud o las Instituciones de Salud Previsional, la Superintendencia de Salud y las demás instancias que correspondan.

Asimismo, las garantías señaladas en los incisos precedentes serán las mismas para los beneficiarios de las leyes N° 18.469 y N° 18.933, pero podrán ser diferentes para una misma prestación, conforme a criterios generales, tales como enfermedad, sexo, grupo de edad u otras variables objetivas que sean pertinentes.

Las Instituciones de Salud Previsional estarán también obligadas a asegurar el otorgamiento de las prestaciones y la cobertura financiera que el Fondo Nacional de Salud confiere como mínimo en su modalidad de libre elección, en los términos del artículo 31 de esta ley.

- Leyes: (No se incluyen normas administrativas generales)

1. Decreto con Fuerza de Ley n.º 1 de septiembre de 2005 del Ministerio de Salud que fija texto refundido, coordinado y sistematizado del Decreto Ley n.º 2.763, de 1979, y de las leyes n.º 18.933 y n.º 18.469. (Establece la organización del Sistema de Salud Chileno y la regulación del derecho consagrado en el artículo 19 n.º 9 de la Constitución Política de la República).

2. Ley n.º 19.937 que modifica el D.L. n.º 2.763, de 1979, con la finalidad de establecer una nueva concepción de la autoridad sanitaria, distintas modalidades de gestión y fortalecer la participación ciudadana (esta ley se encuentra incorporada en Decreto con Fuerza de Ley n.º 1).

3. Ley n.º 19.966 que establece un régimen de garantías en salud (GES).

4. Decreto con Fuerza de Ley n.º 725, de 11 de diciembre de 1967 del Ministerio de Salud, Código Sanitario.

5. Ley n.º 20.584 que regula los derechos y deberes que tienen las personas en relación con acciones vinculadas a su atención en salud.

6. Ley n.º 19.378 que establece estatuto de atención primaria de salud municipal.

7. Ley n.º 20.609 que establece medidas contra la discriminación.

8. Ley n.º 16.744 que establece normas sobre accidentes del trabajo y enfermedades profesionales.

9. Ley n.º 20.585 sobre otorgamiento y uso de licencias médicas.

10. Ley n.º 21.063 que crea un seguro para el acompañamiento de niños y niñas que padezcan las enfermedades que indica, y modifica el Código del Trabajo para estos efectos.

11. Ley n.º 19.419 que regula actividades que indica relacionadas con el tabaco.

12. Ley n.º 20.606 sobre composición nutricional de los alimentos y su publicidad.

13. Ley n.º 20.850 que crea un sistema de protección financiera para diagnósticos y tratamientos de alto costo y rinde homenaje póstumo a Don Luis Ricarte Soto Gallegos (ya nos referimos previamente a ella).

14. Decreto con Fuerza de Ley n.º 1 de 8 de noviembre de 1989 del Ministerio de Salud, que determina materias que requieren autorización sanitaria expresa.

15. Ley n.º 20.120 sobre investigación científica en seres humanos, su genoma, y prohíbe su clonación.

16. Ley n.º 20.724 que modifica el Código Sanitario en materia de regulación de farmacias y medicamentos (se encuentra incorporada en el Código Sanitario, salvo sus artículos 2 y 3).

- Decretos:

1. Decreto Supremo n.º 594, de 1999, del Ministerio de Salud, sobre Condiciones Sanitarias y Ambientales básicas en los lugares de trabajo.

2. Decreto Supremo n.º 105, de 1998, del Ministerio de Salud, reglamento de empresas aplicadoras de pesticidas de uso doméstico y sanitario.

3. Decreto Supremo n.º 3, de 2016, del Ministerio de Salud, que aprueba Garantías Explícitas en Salud del Régimen General de Garantías en Salud.

4. Decreto Supremo n.º 45, de 2013, del Ministerio de Salud, que aprueba Normas Técnico Administrativas para el cumplimiento de las Garantías Explícitas en Salud de la Ley 19.966.

5. Decreto Supremo n.º 50, de 2016, del Ministerio de Salud, que determina los siguientes Diagnósticos y tratamientos de alto costo con sistema de protección financiera de la Ley n.º 20.850 (Ricarte Soto): a. Diagnóstico y tratamiento basado en Laronidasa para la enfermedad de mucopolisacaridosis tipo I. b. Diagnóstico y tratamiento basado en Idursulfasa para la enfermedad de mucopolisacaridosis tipo II. c. Diagnóstico y tratamiento basado

en Galsulfasa para la enfermedad de mucopolisacaridosis tipo VI. d. Diagnóstico y tratamiento basado en
Nitisinona para la tirosinemia tipo I. e. Tratamiento de
segunda línea basado en Fingolimod o Natalizumab para
la enfermedad de esclerosis múltiple remitente recu-
rrente refractaria a tratamiento habitual. f. Diagnóstico
y tratamiento basado en Taliglucerasa o Imiglucerasa
para la enfermedad de Gaucher. g. Diagnóstico y tratamiento basado en Agalsidasa para la enfermedad de
Fabry. h. Diagnóstico y tratamiento basado en Iloprost
Inhalatorio o Ambrisentan o Bosentan para la hipertensión arterial pulmonar grupo I. i. Tratamiento basado
en Trastuzumab para el cáncer de mamas que sobreex-
presa el gen HER2. j. Tratamiento con medicamentos
biológicos, Etanercept o Abatacept o Adalimumab o
Rituximab, en adultos con artritis reumatoide refractaria
a tratamiento habitual. k. Profilaxis de la infección del
virus respiratorio sincicial con Palivizumab para prema-
turos con y sin diagnóstico de displasia broncopulmo-
nar. l. Tratamiento con Infliximab o Adalimumab en la
enfermedad de Crohn grave refractaria a tratamiento
habitual. m. Nutrición enteral domiciliaria total o parcial, para personas cuya condición de salud imposibili-
ta la alimentación por vía oral. n. Tratamiento basado
en la administración de insulina, a través de infusores
subcutáneos continuos (bombas de insulina con sensor)
para personas con diagnóstico de diabetes mellitus tipo
I, inestable severa.

6. Decreto Exento n.º 109, del 12 de octubre de 2018,
   del Ministerio de Salud, que aprueba Norma General
   Técnica n.º 202, del Fondo de Apoyo Económico
   Auxilio Extraordinario.

7. Decreto Supremo n.º 3, de 2010, del Ministerio de Salud, reglamento del Sistema Nacional de Control de los Productos Farmacéuticos de uso humano.

8. Decreto Supremo n.º 114, de 2005, del Ministerio de Salud, reglamento sobre seguridad de los juguetes.

9. Decreto Supremo n.º 148, de 2003, del Ministerio de Salud, reglamento sanitario sobre manejo de residuos peligrosos.

10. Decreto Supremo n.º 161, de 1982, del Ministerio de Salud, reglamento de hospitales y clínicas.

11. Decreto Supremo n.º 466, de 1984, del Ministerio de Salud, reglamento de farmacias, droguerías, almacenes farmacéuticos, botiquines y depósitos autorizados.

12. Decreto Supremo n.º 977, de 1996, del Ministerio de Salud, reglamento sanitario de los alimentos.

13. Decreto Supremo n.º 70, de 2006, del Ministerio de Salud, reglamento de solariums o camas solares.

14. Decreto Supremo n.º 173, de 2005, del Ministerio de Salud, reglamento de laboratorios privados de salud pública de caracterización de residuos peligrosos.

15. Decreto Supremo n.º 209, de 2005, del Ministerio de Salud, que fija valores de toxicidad de las sustancias para efectos del reglamento sanitario sobre manejo de residuos peligrosos.

16. Decreto Supremo n.º 31, de 2012, del Ministerio de Salud, que aprueba reglamento sobre entrega de información y expresión de consentimiento informado en las atenciones de salud.

17. Decreto Supremo n.º 656, de 2000, del Ministerio de Salud, que prohíbe el uso del asbesto en productos que indica.

18. Decreto Supremo n.º 140, de 2004, del Ministerio de Salud, reglamento orgánico de los servicios de salud.

19. Decreto Supremo n.º 79, de 2010, del Ministerio de Salud, reglamento aplicable a la elaboración de preparados farmacéuticos en recetarios de farmacia.

20. Decreto Supremo n.º 136, de 2000, del Ministerio Secretaría General de la Presidencia, que establece Norma de Calidad Primaria para Plomo en el Aire.

21. Decreto Supremo n.º 12, de 2011, del Ministerio del Medio Ambiente, que establece Norma Primaria de Calidad Ambiental para Material Particulado Fino Respirable MP 2,5.

22. Decreto Supremo n.º 109, de 1968, del Ministerio del Trabajo y Previsión Social, que aprueba el Reglamento para la Calificación y Evaluación de los Accidentes del Trabajo y Enfermedades Profesionales, de acuerdo con lo dispuesto en la Ley 16.744, de 1.º de febrero de 1968, que estableció el seguro social contra los riesgos por estos accidentes y enfermedades.

23. Decreto Supremo n.º 47, de 2017, del Ministerio de Salud, que determina los Diagnósticos y Tratamientos de Alto Costo con Sistema de Protección Financiera de la Ley n.º 20.850 (Ricarte Soto).

24. Decreto Supremo n.º 88, de 2015, del Ministerio de Salud, que establece advertencia sanitaria para envases de productos de tabaco.

25. Decreto Supremo n.º 477, de 1994, del Ministerio de Salud, que establece Norma Primaria de Calidad del Aire para Arsénico.

• Resoluciones:

1. Resolución Exenta n.º 268, de 2015, Ministerio de Salud, que aprueba Protocolo de Vigilancia del

Ambiente y de la Salud de los Trabajadores con Exposición a la Sílice.
2. Resolución Exenta n.º 1236, de 2009, Ministerio de Salud, que regula Examen de Medicina Preventiva.

Agreguemos, además, que existe la CAEC, ya señalada en el capítulo 2, que corresponde a un beneficio adicional otorgado por algunas Isapres como Banmédica, Vida Tres, Consalud, Colmena Golden Cross, Nueva Masvida, Isalud, Cruz Blanca y Esencial, que les permite financiar, cumplidos ciertos requisitos y previo pago de un deducible, hasta el 100 % de los gastos derivados de atenciones, tanto hospitalarias como algunas ambulatorias, realizadas en la Red de prestadores CAEC que cada una designe, dentro del país, y que sean cubiertas por el plan de salud. La CAEC se debe activar cuando a la persona se le diagnostica un problema de salud cuyo tratamiento le represente un alto costo (gasto catastrófico). Para que opere esta cobertura, la persona afiliada o beneficiaria debe concurrir a la Isapre y solicitar su activación.

Las prestaciones ambulatorias, excepcionalmente cubiertas por este beneficio adicional, son las siguientes: a) las drogas inmunosupresoras en caso de trasplantes, b) radioterapia, c) drogas aplicadas en ciclos de quimioterapia para el tratamiento del cáncer, y d) los medicamentos definidos como coadyuvantes o biomoduladores que se usan antes, durante o después de los ciclos de quimioterapia que estén considerados en los programas del Ministerio de Salud.

Resumiendo, podemos concluir que el cáncer se ha convertido en una de las principales preocupaciones de salud pública en Chile, con una creciente incidencia y mortalidad. En respuesta a este desafío, el Estado chileno ha desarrollado el Plan Nacional de Cáncer 2018-2028, una iniciativa integral que busca mejorar la prevención, detección, tratamiento y control de esta enfermedad.

Este Plan Nacional de Cáncer lo podemos ver articulado en torno a cinco objetivos estratégicos tales como:

- Reducir la incidencia y mortalidad por cáncer.
- Mejorar la calidad de vida de las personas con cáncer y sus familias.
- Fortalecer la investigación en cáncer.
- Desarrollar una cultura de prevención del cáncer.
- Garantizar el acceso equitativo a la atención integral del cáncer.

- Estrategias y acciones:

Para alcanzar estos objetivos, el Plan contempla una serie de estrategias y acciones, entre las que destacan:

- Promoción de estilos de vida saludables.
- Fortalecimiento de los programas de detección precoz.
- Acceso universal a tratamiento oportuno y de calidad.
- Implementación de programas de cuidados paliativos.
- Capacitación de profesionales de la salud.
- Financiamiento sostenible para la atención del cáncer.

- Financiamiento:

Este Plan Nacional de Cáncer se financia a través de una combinación de recursos públicos y privados. El Ministerio de Salud asigna un presupuesto anual de $500 mil millones para la implementación del Plan.

Su evaluación y seguimiento considera ser evaluado y monitoreado de forma permanente por un equipo de expertos. Los resultados de esta evaluación son utilizados para mejorar el Plan y asegurar su cumplimiento.

El Plan Nacional de Cáncer es una herramienta fundamental para enfrentar el desafío del cáncer en el país, cuya implementación permitirá mejorar la calidad de vida de las personas con cáncer y sus familias, y reducir el impacto de esta enfermedad en la sociedad chilena.

En su formulación, este plan contó con la participación de la sociedad civil, incluyendo pacientes, organizaciones de pacientes, profesionales de la salud y otros actores relevantes. Posee enfoque de género, reconociendo que el cáncer afecta de manera diferente a hombres y mujeres, e incorpora medidas para abordar las necesidades específicas de cada género.

También contempla en su formulación la equidad, buscando garantizar el acceso equitativo a la atención integral del cáncer, independientemente del nivel socioeconómico, la ubicación geográfica o cualquier otra condición del enfermo.

Se puede concluir que el Plan Nacional de Cáncer 2018-2028 es una iniciativa ambiciosa y necesaria para enfrentar el cáncer en Chile. Su implementación exitosa debiera permitir mejorar la salud y el bienestar de la población chilena. Sin embargo, existen algunas brechas y necesidades en oncología que es necesario señalar, pese a que este Plan las identifica correctamente, tales como:

- Acceso desigual a la atención: Las personas de bajos recursos, en zonas rurales o con ciertas patologías GES enfrentan dificultades para acceder a la atención oncológica.
- Falta de especialistas: Hay una escasez de oncólogos, radioterapeutas y otros profesionales especializados en el tratamiento del cáncer.
- Infraestructura deficiente: Algunos centros de atención oncológica no cuentan con la infraestructura y equipamiento necesarios para brindar una atención de calidad.
- Retrasos en el diagnóstico y tratamiento: Los pacientes pueden experimentar largos tiempos de espera para el diagnóstico, la cirugía, la radioterapia y la quimioterapia.

- Falta de apoyo psicosocial: Los pacientes con cáncer y sus familias necesitan apoyo emocional, social y económico para afrontar la enfermedad.

Respecto al Plan de Acción, si bien el Plan presenta medidas para abordar las brechas y necesidades, se le pueden hacer algunas observaciones, tales como:

- Falta de presupuesto: El presupuesto asignado a este Plan es insuficiente para implementar todas las medidas propuestas.
- Falta de coordinación: No existe una adecuada coordinación entre los diferentes actores del sistema de salud, lo que dificulta su implementación.
- Falta de indicadores de seguimiento: No se han definido indicadores claros para evaluar el impacto del Plan.
- Falta de participación de la sociedad civil: La sociedad civil no ha sido suficientemente involucrada en la elaboración e implementación del Plan Nacional de Cáncer.

Otras observaciones sobre los niveles de acción se advierten a:

- Nivel central: Se requiere un mayor liderazgo y coordinación del Ministerio de Salud para asegurar la implementación efectiva de este Plan.
- Nivel regional: Se necesita fortalecer la capacidad de gestión de los servicios de salud regionales para brindar una atención oncológica de calidad.
- Nivel local: Es fundamental mejorar la infraestructura y el equipamiento de los centros de atención oncológica locales.

Nodos críticos en el sistema de salud que afectan la atención oncológica, como:

- Falta de información: Los pacientes y sus familias no siempre tienen acceso a información clara y oportuna sobre el cáncer.
- Fragmentación de la atención: Los pacientes pueden recibir atención de diferentes profesionales en distintos lugares, lo que dificulta la coordinación del tratamiento.
- Falta de enfoque en la prevención: Se necesita invertir más en programas de prevención del cáncer.

El Plan Nacional de Cáncer reconoce que la organización de la oferta de servicios GES para patologías oncológicas es inequitativa. Algunas de las causas de esta inequidad son:

- Falta de recursos humanos y materiales: Algunos centros de atención no tienen la capacidad para brindar la atención GES en el plazo establecido.
- Dificultades en el acceso a la información: Los pacientes no siempre saben cómo acceder a la atención GES.
- Barreras culturales y lingüísticas: Algunos grupos de población tienen dificultades para acceder a la atención GES debido a barreras culturales o lingüísticas.

Podemos concluir que el Plan Nacional del Cáncer de Chile es un paso importante para mejorar la atención oncológica en el país. Sin embargo, es necesario abordar las críticas y observaciones existentes para asegurar su implementación efectiva y lograr una atención equitativa y de calidad para todos los pacientes con cáncer, especialmente aquellos que se incorporarán a la demanda de atención por esta enfermedad.

Epílogo

Al escribir estas últimas líneas, consciente de que mi tiempo en este mundo podría estar acabándose, siento una profunda gratitud por la vida que he vivido. He tenido altos y bajos, pero, en general, he sido muy feliz.

El cáncer me enseñó a mirar la vida desde otra perspectiva. Me hizo darme cuenta de la importancia de disfrutar cada momento, de pasar tiempo con los que amo y de ser más sensible a las necesidades de los demás. Me enseñó a aceptar la vida con él presente, a sobrellevarla, vivirla plenamente y a apreciar las cosas simples de ella. Quiero pensar también que fue esta enfermedad la que me tocó para poder escribir este libro para ustedes.

Reconozco que cometí muchos errores en mi vida. He herido a algunas personas y, por eso, les pido perdón. A pesar de ello, me siento orgulloso de haber sido como soy, de haber vivido mi vida con honestidad y de haberme querido mucho.

Agradezco a todos los que se han cruzado en mi camino. Cada uno de ellos me ha dejado una enseñanza que me ha ayudado a crecer como persona.

Solo quiero terminar diciendo que he sido un hombre muy feliz, que se quiso mucho. He amado y he sido amado, he aprendido y he crecido, y he vivido cada momento al máximo.

GRACIAS POR LEERME

Referencias utilizadas y consultadas

Biasuz, K., Chambon, J. P., and Krasovec, G. (2021). Solitary Ascidians Cap. 20; December 2021. In book: Handbook of Marine Model Organisms in Experimental Biology. Publisher: CRC Press Lab: Jean-Philippe Chambon's Lab pp: 357- 384. DOI: 10.1201/9781003217503-20

Binder, E. (1970). La genética de las poblaciones. Traducido por Jaime Pomar, Oikos-Tau, S. A. Ediciones. Barcelona España. 128 pp.

Castillo-Baltazar Jessica, Martínez-Pérez Alondra, Espinosa-Raya Judithb, Cuatecontzi-Flores H, Gómez-Pliego R. (2019). Bacterias lácticas con actividad probiótica aisladas de la microbiota del gorgojo chino y su uso en la elaboración de alimentos nutracéuticos. Investigación y Desarrollo en Ciencia y Tecnología de Alimentos. Vol.4: 503-512

Chambon, J.-P., Soule, J., Pomies, P., Fort, P., Sahuquet, A., Alexandre, D., Mangeat, P.-H. & Baghdiguian (2002). Tail regression in Ciona intestinalis (Prochordate) involves a Caspase-dependent apoptosis event associated with ERK activation. Development 129: 3105–3114.

Chen, J.-Y., Huang, D.-Y., Peng, Q.-Q., Chi, H.-M., Wang, X.-Q. & Feng, M. (2003). The first tunicate from the Early Cambrian of South China. PNAS 100: 8314–8318.

Crespo, R., Villaverde, M. L., Girotti, J. R., Güerci, A., Juárez, M. P., & G. de Bravo, M. (2011). Cytotoxic and genotoxic effects of defence secretion of Ulomoides dermestoides on A549 cells. Journal of Ethnopharmacology, 136(1): 204-209.

Darwin, Charles. Traducción Española (1988). El origen de las especies. Espasa-Calpe, Madrid

Dawkins, Richard (1989). El gen egoísta extendido, Traducción J, Robles Suáres y J. Tola Alonso. Grupo Editorial Bruño, S.L. Madrid España. 599 pp.

Dawkins, Richard (1999). El fenotipo extendido: El largo alcance del gen, Traducido por Pedro Pacheco G. Capitán Swing Libros S.A. Madrid España. 478 pp.

Dawkins, Richard (2009). Evolución. Traducido por Jesús Fabregat. Editorial Planeta. 430 pp.

Dawkins, Richard (2015). El relojero ciego. Traducción Manuel Arroyo. Tusquets Editores S.A. Barcelona España, 347 pp.

Dawkins, Richard (2022). El espejismo de Dios. Traducción Natalia Pérez-Galdós. Espasa libros. Barcelona España. 468 pp. Como lo señala Haskins (2009), (Haskins, 2007).

Dispenza, Joe (2023). El placebo eres tú. Traducido Núria Martí Pérez. Ediciones Urano España. 382 pp.

Erwin Schrödinger (1944). ¿Qué es la Vida? Textos de Biofísica - Facultad de Farmacia - Universidad de Salamanca, Traducción PDF, Salamanca, marzo de 2005.

Fuente de Thomas Malthus.wikipedia.org/wiki Thomas_Malthus.

Hitchens, Christopher (2015). Dios no es bueno: Alegato contra la religión. Traducción Ricardo García P. Penguin Randon House Grupo Editor. Impreso en España. 3331 pp.

Jeffery W. R. (1997). Evolution of Ascidian Development: Interspecific modifications of the tadpole larva have revealed some of the mechanisms of evolutionary change in development, Downloaded from https://academic.oup.com/bioscience/article/47/7/417/288707 by guest on 02 March 2024.

Jeffery, W. R. (2002). Programmed cell death in the ascidian embryo: Modulation by FoxA5 and Manx and roles in the evolution of larval development. Mechanisms of Development 118: 111-124.

Krasovec, G., Robine, K., Quéinnec, E., Karaiskou, A. & Chambon, J. P. (2019). Ci-hox12 tail gradient precedes and participates in the control of the apoptotic-dependent tail regression during Ciona larva metamorphosis. Developmental Biology 448: 237-246.

Larrosa, Oscar G. (2020). PSALUD. Ene 31. https://www.mipsalud.com/medicamentos-que-afectan-negativamente-al-sindrome-de-piernas-inquietas/.

Marco Aurelio, Meditaciones (2014). Traducción de Antonio Guzmán Guerra, Alianza Editorial S. A. Madrid, España. 218 pp.

Moorod, J. A., y Promislow, D. E. L. (2016). Envejecimiento y Menopausia. En: Jonathan B. Losos y Richard E. Lenki (eds). Como la evolución configura nuestras vidas: Ensayo sobre biología y sociedad. Biblioteca Buridán. Barcelona España. pp 159-183.

Nietzsche, Friedrich (1844). Así hablaba Zaratustra. Traducido por Carlos Palazón. Ediciones Brontes. S.L. Barcelona España. 189 pp.

Nietzsche, Friedrich (1888). El Anticristo, Traducido 2015 por Luna Forum. Metas Ediciones Madrid, España. 124 pp.

Onfray, Michael (2019). Sabiduría: Saber vivir al pie de un volcán, Editorial Planeta. Barcelona España. 442 pp

Pérez, J. (1996). Mejoramiento genético en acuicultura. Universidad de Oriente, Cumaná Venezuela, 178 pp.

Pita, Miguel (2017). El ADN Dictador: Lo que la genética decide por ti. Editorial Planeta. Santiago, Chile. 346 pp.

Quitral Vilma R., Carla Morales G., Marcela Sepúlveda L. Marco Schwartz M. (2012). Propiedades nutritivas y saludables de algas marinas y su potencialidad como ingrediente funcional. Rev Chil Nutr. 39 (4): 196-202. http://dx.doi.org/10.4067/S0717-75182012000400014.

Regis, Ed. (2008). ¿Qué es la vida? Traducción Jesús Fabegat. Espasa Calpes S.A., España. 206 pp.

Rodríguez, Pepe (2011). Mentiras fundamentales de la Iglesia Católica. Ediciones B, S.A. Barcelona, España. 563 pp.

Rodríguez Torres Alejandra, Jarillo Soto Edgar C., y Casas Patiño Donovan (2018). La consulta médica, su tiempo y duración Medical consultation, time and duration. http://doi.org/10.5867/medwave.2018.05.7264.

Sagan, Carl (1977). Los dragones del Edén: Especulaciones sobre la evolución de la inteligencia humana. Traductor Rafael Andreau. Editorial Paneta. 264 pp.

Schwaertz, Laurent (2017). Cáncer, un tratamiento sencillo nada Tóxico. Traducción Pilar Guerrero. Editorial Obelisco, Barcelona España. 119 pp.

Sellars, John (2021). Lecciones de Estoicismo. Traducido por Abraham Gragera L. Editorial Nomos S.A. Bogotá, Colombia. 116.

Servan-Schreiber, David (2007). Anti cáncer una nueva forma de vida. Edición Roberte Laffon, traducción Inés Balausteguie. Editorial planeta. Madrid España. 358 pp.

Tarallo, R. & Sordino, P. (2004). Time course of programmed cell death in Ciona intestinalis in relation to mitotic activity and MAPK signaling. Developmental Dynamics 230: 251-262.

Tobón, F. Á., Gutiérrez, G. P., & Mejía G., M. L. (2011). Evaluación del perfil neurofarmacológico del aceite de Ulumoides dermestoides (Coleoptera: Tenebrionidae). Rev. Colomb. Entomol. vol.37 no.2 Bogotá July/Dec. 2011.

Vicent, S., Luis-Ravelo, I. Antón, I. Hernández, S. Martínez, J. de las Rivas, A. Gúrpide, F. Lecanda (2006). Las metástasis óseas del cáncer. Bone metastases. Anales del Sistema Sanitario de Navarra, vol.29 no.2 versión impresa ISSN 1137-6627 Pamplona may/ago. 2006.